COLLECTION
FOLIO CLASSIQUE

George Orwell

Dans la dèche à Paris et à Londres

Traduction et édition de Véronique Béghain
Professeure à l'Université Bordeaux Montaigne

Chronologie de Philippe Jaworski

Gallimard

Titre original :

DOWN AND OUT IN PARIS AND LONDON

Traduction et édition dérivées
de la Bibliothèque de la Pléiade.

PRÉFACE

La popularité de Mil neuf cent quatre-vingt-quatre *(1949) et de* La Ferme des animaux *(1945) a occulté le pan non fictionnel de l'œuvre de George Orwell. Sa carrière littéraire s'ouvre pourtant sur trois grands récits autobiographiques de nature documentaire* — Dans la dèche à Paris et à Londres *(1933),* Wigan Pier au bout du chemin *(1937),* Hommage à la Catalogne *(1938)*[1] *— qui ne relèvent pas de la fiction et qui, loin d'être des* juvenilia *négligeables au regard de ces deux romans, participent grandement à la définition de son projet littéraire. Ses textes non fictionnels — récits, essais et articles journalistiques — peuvent apparaître comme son genre de prédilection mais aussi celui où il excelle.*

Genèse

Premier livre publié par George Orwell, en 1933, Dans la dèche à Paris et à Londres *apparaît comme*

1. George Orwell, *Œuvres*, Gallimard, Bibliothèque de la Pléiade, 2020, p. 465-657 et 659-877.

l'acte de naissance de l'écrivain. Pourtant, l'ouvrage est beaucoup plus connu du lectorat anglophone que du lectorat français. Duncan Roberts avance l'hypothèse que la relative obscurité dans laquelle il est resté tient à ce que restaurateurs et critiques littéraires français auraient « pris ombrage des descriptions des cuisines parisiennes[1] ». *Dans* Orwell ou l'horreur de la politique, *le sinologue, essayiste et traducteur Simon Leys estime, pour sa part, que ce récit illustre la « contribution stylistique la plus originale » d'Orwell, « la transmutation du journalisme en art, la recréation du réel sous le déguisement d'un reportage objectif, minutieusement attaché aux faits*[2] ». *Il conclut qu'Orwell « a créé là une forme neuve qu'il devait dans la suite porter à sa perfection*[3] » *dans* Wigan Pier au bout du chemin *et* Hommage à la Catalogne, *ainsi que dans certains essais, relevant en outre que les écrivains américains Truman Capote et Norman Mailer avaient oublié qu'Orwell avait inventé le « roman-sans-fiction*[4] », *dont ils allaient se disputer la paternité un quart de siècle plus tard. Leys ajoute :*

> Ce que l'art invisible et si efficace d'Orwell illustre, c'est que la « vérité des faits » ne saurait exister à l'état pur. Les faits par eux-mêmes ne forment jamais qu'un chaos dénué de sens : seule la création artistique peut les investir de signification, en leur conférant forme et rythme. L'imagination n'a

1. Duncan Roberts, *Orwell à Paris. Dans la dèche avec le capitaine russe*, trad. Nicolas Ragonneau, préface de Thomas Snégaroff, Exils, 2024, p. 156.
2. Simon Leys, *Orwell ou l'horreur de la politique* [1984], Flammarion, coll. « Champs essais », 2014, p. 20.
3. *Ibid.*
4. *Ibid.*

pas seulement une fonction esthétique, mais aussi éthique. Littéralement, il faut *inventer la vérité*[1].

Ce récit contient de fait les prémisses fascinantes de la double réinvention à laquelle ne cessera de travailler l'écrivain : la recréation constante de soi à travers l'expérience et la construction dynamique d'une écriture littéraire à travers le remodelage des genres littéraires.

Pour comprendre la genèse de ce récit, il faut commencer par se tourner vers le deuxième des trois grands récits autobiographiques d'Orwell, Wigan Pier au bout du chemin, *où, au chapitre IX, l'écrivain rend compte du rôle joué par son séjour en Birmanie (1922-1927) dans son expérience d'immersion dans les bas-fonds de l'East End à Londres (1927) : « J'avais le sentiment qu'il me fallait me soustraire non seulement à l'impérialisme, mais aussi à toute forme de domination de l'homme sur l'homme. Je voulais m'abîmer, m'enfoncer parmi les opprimés, être l'un des leurs et me battre à leurs côtés contre les tyrans. » Il précise ses mobiles en ces termes :*

> Quand je pensais à la pauvreté, c'est à l'expérience radicale de la famine que je pensais. C'est donc vers les cas extrêmes que je me suis immédiatement tourné, les gens vivant au ban de la société : les vagabonds, les mendiants, les malfaiteurs, les prostituées. C'était “la lie de la société” et c'était avec eux que je voulais être en contact. [...] Une fois que je me serais mêlé à eux et qu'ils m'auraient accepté, j'aurais touché le fond et — c'est ainsi que je voyais les choses, même si j'avais déjà conscience à l'époque que c'était irrationnel — je

1. *Ibid.*, p. 28.

serais partiellement débarrassé de mon sentiment de culpabilité[1].

S'il convient, en règle générale, de se montrer circonspect à l'égard des justifications qu'un écrivain peut donner à ses entreprises littéraires a posteriori, *on retiendra néanmoins qu'aux yeux d'Orwell, c'est la « mauvaise conscience[2] » d'Eric Blair (son véritable nom), ancien officier de la Police impériale britannique, qui le conduit à tenter d'« expier » son « énorme sentiment de culpabilité[3] » dans les bas-fonds de Londres. « C'est une des théories sur le journalisme d'immersion : ceux qui le pratiquent seraient, d'après certains commentateurs, des gens qui "expient[4]" », écrit du reste la journaliste Florence Aubenas, auteure d'une enquête publiée en 2010 sous le titre* Le Quai de Ouistreham[5]. *On notera en outre qu'Orwell passe entièrement sous silence son séjour parisien de 1928-1929 dans ce chapitre rétrospectif de* Wigan Pier au bout du chemin. *Il l'évoquera cependant dans un essai de 1946 intitulé « Comment meurent les pauvres[6] » (que Bernard Crick, son principal biographe, qualifie de « documentaire*

1. George Orwell, *Wigan Pier au bout du chemin*, dans *Œuvres*, trad. Véronique Béghain, Bibliothèque de la Pléiade, chap. IX, p. 586-588.
2. *Ibid.*, p. 586.
3. *Ibid.*, p. 586-587.
4. Florence Aubenas, « La leçon de journalisme d'Orwell » (entretien avec Valérie Toranian), *Revue des Deux Mondes*, décembre 2020-janvier 2021, p. 38.
5. *Ibid.* Aubenas explique avoir repris les méthodes d'Orwell, sans avoir lu ni *Dans la dèche à Paris et à Londres* ni *Le Quai de Wigan* (*Wigan Pier au bout du chemin*) ; c'est son éditeur qui lui a suggéré ce titre, comme un hommage à Orwell.
6. Voir George Orwell, « Comment meurent les pauvres », *Pourquoi j'écris et autres textes politiques*, trad. Marc Chénetier, Gallimard, coll. « Folio 3€ », 2022, p. 109-128.

en forme de nouvelle[1] ») et, plus marginalement, dans « Paris Puts a Gay Face on Its Miseries » (1945).

Entre récit de voyage et journalisme d'immersion

Écrit à la première personne, le récit a pour narrateur un jeune Anglais qui fait l'expérience de la pauvreté à Paris puis à Londres, et qui a bien des points communs avec Eric Blair. Ce dernier explique ainsi, dans l'introduction à la première traduction française de son livre, qu'il était parti à Paris au printemps 1928 « afin de pouvoir vivre à peu de frais le temps d'écrire deux romans [...] et, par surcroît, d'apprendre le français[2] ». Ne parvenant pas à vendre les romans et articles qu'il y écrivait, il s'était retrouvé sans le sou. Trouvant « plus naturel de rester dans la ville où [il était] plutôt que de rentrer en Angleterre, où il y avait alors environ deux millions et demi de chômeurs[3] », il était resté à Paris jusqu'à la fin de l'année 1929, occupant divers emplois de plongeur.

Il y a cependant quelque chose du trompe-l'œil ou du faux-semblant dans ce livre : pour les besoins de sa démonstration, Orwell dissimule l'artifice contenu dans l'aventure, son narrateur se présentant comme une victime des circonstances et non comme le documentariste qu'Eric Blair a été. Orwell construit ainsi un personnage de narrateur plus naïf que lui-même

1. Bernard Crick, *George Orwell* [1980], trad. Stéphanie Carretero et Frédéric Joly, Flammarion, [2008] 2020, p. 217.
2. Introduction à George Orwell, *La Vache enragée* [1933], trad. René-Noël Raimbault et Gwen Gilbert, Gallimard, coll. « Du monde entier », 1935, p. 7.
3. *Ibid.*, p. 8.

ne l'était à l'époque, narrateur dénué de toute expertise préalable, donnant à l'expérience relatée un vernis d'authenticité, et qui aurait peut-être été incompatible avec la révélation des origines sociales de l'écrivain lui-même, issu de la classe moyenne. Alors que celui-ci choisira par la suite, dans le cadre de l'enquête relatée dans Wigan Pier au bout du chemin, *de mettre en avant son appartenance aux classes moyennes, il joue au contraire, dans ce premier récit, la carte de l'impréparation tout en passant habilement sous silence ses origines sociales. Orwell gomme ainsi la valeur d'expérimentation de ses aventures et son inscription dans la tradition anglaise de l'exploration sociale. Ce qu'il rapporte peut sembler, en l'absence de toute information sur l'auteur, issu d'une confrontation inévitable avec la misère, quand il s'agit en réalité d'une pauvreté délibérément choisie par Eric Blair et limitée dans le temps. Du reste, il suffira à Blair/Orwell de le décider pour échapper à la misère en rentrant en Angleterre. « Il y a une chose fondamentale qui vous différencie de votre sujet, note Florence Aubenas, c'est que ceux qui pratiquent le journalisme d'immersion ont un billet de retour en poche*[1]. »

Caractérisé par une hybridité générique, Dans la dèche à Paris et à Londres *apparaît comme un récit de voyage ou comme une enquête relevant du journalisme d'immersion. Orwell lui-même « espère » que son histoire présentera « le genre d'intérêt que peut présenter un journal de voyage » (chap. XXXVIII, p. 290). Si la rencontre avec l'altérité occupe bien, dans le livre, la place centrale que lui réserve le genre littéraire du récit de voyage, ce genre notoirement réticent à être circonscrit est par ailleurs suffisamment malléable*

1. « La leçon de journalisme d'Orwell », p. 39.

pour accueillir Dans la dèche à Paris et à Londres. *Car, comme l'écrit avec humour l'écrivain britannique Jonathan Raban (1942-2023), « les portes de ce coquin de récit de voyage, en tant que forme littéraire, sont notoirement ouvertes à tous les vents, des genres très différents étant susceptibles d'y finir dans le même lit. Il héberge sans distinction le journal intime, l'essai, la nouvelle, le poème en prose, la note préliminaire et les propos de table brillamment formulés, en faisant preuve de la plus grande hospitalité*[1]. » *Le récit à plus d'un égard « hospitalier » d'Orwell conjugue, quant à lui, portraits individuels, narration, récits exemplaires, descriptions et considérations générales.*

Cependant, les manipulations auxquelles Orwell soumet le matériau autobiographique apparentent également Dans la dèche à Paris et à Londres *à une fiction. Ainsi, le premier volet, qui narre les aventures parisiennes d'Eric Blair, lui est inspiré par des faits postérieurs à ceux dont il est question dans le second volet, inspirés, eux, par les mois passés, pendant l'automne et l'hiver 1927, à explorer le monde des indigents de l'East End. Il avait d'ailleurs envisagé à l'origine de s'en tenir à la stricte chronologie des faits biographiques, puisque les premières épreuves de la page de titre, antérieures au choix de « George Orwell » comme pseudonyme, attestent qu'il avait d'abord retenu un titre suggérant que l'épisode londonien serait évoqué avant l'épisode parisien : « Confessions of a Down and Out in London and Paris by X ».*

Craignant des poursuites judiciaires, Victor Gollancz, l'éditeur anglais de Down and Out in Paris and

1. Cité dans Tim Youngs (éd.), *The Cambridge Introduction to Travel Writing*, Cambridge, Cambridge UP, 2013, p. 2 (je traduis).

London, *a souhaité que soient renommés les lieux et personnes mentionnés dans le récit, et c'est donc à lui notamment que l'on doit la dissimulation partielle des sources autobiographiques du livre. Orwell, de son côté, ne s'est jamais caché d'avoir manipulé les faits. Dans l'introduction à la première traduction française du livre, il écrit : « Quant à la véracité de mon récit, je crois pouvoir affirmer que je n'ai rien exagéré, sinon dans la mesure où tout écrivain exagère, c'est-à-dire en choisissant. Je ne me suis pas cru obligé de relater les faits dans l'ordre même où ils se sont passés, mais tous ceux que j'ai rapportés sont réellement arrivés à un moment ou à un autre*[1]. *» Au chapitre* IX *de* Wigan Pier au bout du chemin, *où il aborde la genèse de son premier récit, il note que « pratiquement tous les épisodes qui y sont évoqués sont authentiques, même s'il y a eu un peu de recomposition de [s]a part*[2] *». « Cet incident a été inventé pour expliquer le voyage, mais toutes les expériences décrites ensuite sont authentiques », écrit-il encore à propos d'un épisode du chapitre* XXIV, *dans les marges d'un exemplaire dédicacé à son amie Brenda Salkeld*[3]. *Il s'agit sans doute pour Orwell de donner au matériau autobiographique une efficacité et une cohérence susceptibles de hisser son livre au rang des œuvres proprement littéraires. Aussi les données individuelles sont-elles agrégées dans des portraits à valeur typique, comme il le signale dans le propos liminaire de* La Vache enragée *: « Je me suis toutefois abstenu, autant que possible, de faire des*

1. *La Vache enragée*, p. 8.
2. *Wigan Pier au bout du chemin*, chap. IX, p. 590.
3. Voir Peter Davison (éd.), *Orwell and the Dispossessed : « Down and Out in Paris and London » in the Context of Essays, Reviews and Letters Selected from « The Complete Works of George Orwell »*, Londres, Penguin Books, 2001, p. 61 (je traduis).

portraits particuliers. Tous les personnages que j'ai décrits dans les deux parties de ce livre ne l'ont été qu'à titre de types représentatifs de la classe de Parisiens ou de Londoniens à laquelle ils appartiennent, et non en tant qu'individus[1]. *» Par ailleurs, afin de rendre audible la voix d'individus d'ordinaire réduits au silence, mais aussi à des fins de dramatisation, Orwell insère fréquemment dans son récit des dialogues, qu'il va jusqu'à théâtraliser. Aux chapitres* I *et* XXV, *il fait ainsi dialoguer deux femmes, puis un vieillard et un docker, au moyen d'un jeu de répliques introduites par les noms des locuteurs*[2].

Plusieurs critiques et biographes se sont donné pour tâche de démêler le vrai du faux dans ce brouillage délibéré de la fiction et de la réalité, tentant de distinguer ce qui, dans son récit, relevait des pérégrinations bien réelles à Paris et à Londres de celui qui était encore Arthur Blair[3]. *Toutefois, la publication d'*Orwell à Paris. Dans la dèche avec le capitaine russe, *signé de Duncan Roberts, musicien et grand admirateur d'Orwell, a sensiblement rebattu les cartes.*

Un récit autobiographique ?

Dans une lettre d'août 1947 à Richard Usborne, l'écrivain résume cette période ainsi :

> Après avoir quitté l'université, j'ai servi pendant cinq ans dans la Police impériale en Birmanie, mais,

1. *La Vache enragée*, p. 8.

2. MADAME MONCE, LA FEMME DU TROISIÈME ÉTAGE, LE VIEILLARD, LE DOCKER; voir chap. I, p. 37 et chap. XXV, p. 192.

3. Voir, par exemple, Bernard Crick, *George Orwell*, p. 218-222.

> comme cet emploi ne me convenait absolument pas, j'ai démissionné lorsque je suis rentré en permission en 1927. Je voulais être écrivain et j'ai passé la majeure partie des deux années qui ont suivi à Paris, en puisant dans mes économies, en écrivant des romans que personne n'allait publier et que j'ai donc détruits par la suite. Quand je me suis retrouvé à court d'argent, j'ai travaillé quelque temps comme plongeur, avant de rentrer en Angleterre, où j'ai enchaîné les emplois mal payés, en donnant des cours essentiellement, tout en faisant de temps à autre l'expérience du chômage et de la plus grande pauvreté. (On était en pleine récession.) Presque tous les épisodes décrits dans *Dans la dèche à Paris et à Londres* se sont bel et bien produits, mais à des moments différents, et je les ai entrelacés pour en faire une histoire suivie[1].

*Le livre doit ainsi beaucoup, dans sa première partie, au séjour de dix-huit mois que fait Orwell à Paris entre le printemps 1928 et la fin de l'année 1929. Celui qui s'appelait alors Eric Blair comptait profiter de ce séjour non seulement pour travailler à l'écriture de deux romans (dont il ne reste rien), mais aussi pour perfectionner son français, qu'il avait commencé à apprendre à Eton, où il avait eu comme professeur l'écrivain Aldous Huxley (1894-1963). Il pouvait par ailleurs compter sur la présence à Paris de sa tante du côté maternel, Hélène Kate Limouzin (dite Nellie), qui habitait avec son époux, Eugène Adam, un appartement situé au 14, avenue de Corbera, dans le 12*e *arrondissement. C'est là qu'Eric Blair s'installe à son arrivée à Paris, en juin 1928. De ce couple*

1. *George Orwell : A Life in Letters*, éd. Peter Davison, Londres, Harvill Secker, 2010 ; Penguin Books, 2011, p. XI (je traduis).

bohème aux idéaux progressistes, chez qui il pouvait trouver refuge si le besoin s'en faisait sentir, il n'est cependant pas une seule fois question dans le récit ; et on ignore à quelle fréquence il les revit une fois qu'il eut pris ses quartiers dans le 5e arrondissement, au 6, rue du Pot-de-Fer, dans le quartier Mouffetard. À cette adresse se trouve alors l'Hôtel des Bons Amis, tenu par les Ferrari — un couple d'immigrés italiens qui inspirera le portrait de « Madame F. et son mari » —, lequel a également en gérance le bistrot du rez-de-chaussée, sur lequel se modèle le bistrot évoqué au début du récit. L'Hôtel des Bons Amis devient, dans le livre, l'Hôtel des Trois Moineaux, situé dans la rue fictive du Coq-d'Or. Il y séjourne jusqu'à l'automne 1929.

Orwell passe entièrement sous silence son séjour à l'hôpital Cochin, où il a été admis pour une grippe le 7 mars 1929, séjour qu'il évoquera cependant plus tard dans l'essai « Comment meurent les pauvres ». C'est là malgré tout qu'il rencontre celui qui va lui inspirer la figure centrale de Boris. Pendant longtemps, nul parmi les biographes de l'écrivain n'avait identifié cet ex-officier russe devenu maître d'hôtel, mais la longue et minutieuse enquête menée, entre 2017 et 2021, par Duncan Roberts a permis d'en mettre au jour l'identité. Dans Orwell à Paris, *Roberts révèle que ce personnage tire nombre de ses traits d'un ancien officier du corps expéditionnaire de l'armée russe nommé Anatole Kupper, dont Orwell fait la connaissance à l'hôpital Cochin, où Anatole, âgé de 33 ans, est soigné pour de l'arthrite au genou gauche. Roberts évoque longuement le parcours de cet homme né en 1896 et mort en 1951, qui avait débarqué à Marseille en 1916 et choisi de rester en France en 1918, passant*

« d'un emploi à l'autre dans l'hôtellerie et la restauration pendant la majeure partie des Années folles[1] *».*

Si derrière l'Hôtel X, dont il est question dans les chapitres IX *à* XVII*, les biographes d'Orwell avaient déjà reconnu l'Hôtel Lotti de la rue de Castiglione, dans le 8e arrondissement, Roberts est, de son côté, le premier à localiser précisément l'Auberge de Jehan Cottard*[2] *du livre, dont il retrouve la trace dans un quartier du 15e arrondissement, fréquenté alors par une partie de la communauté russe exilée qui avait fui la révolution de 1917. Il identifie le restaurant évoqué aux chapitres* XIX *à* XXI *comme étant l'Auberge de la Ferme, située au 72, rue Fondary, qui avait ouvert ses portes le 5 octobre 1929. Des recherches en archives permettent même à Roberts d'identifier les propriétaires et gérants du restaurant : Viktor Nikitine, ex-capitaine russe arrivé en France en 1924, et sa compagne française, Paulette Ferra.*

La deuxième partie du livre, située à Londres, s'inspire d'une entreprise d'immersion de Blair dans les quartiers pauvres de l'East End, déjà partiellement évoquée, quand paraît Dans la dèche à Paris et à Londres, *dans un essai paru en avril 1931 dans la revue* The Adelphi *sous le titre « The Spike ». Il travaille du reste à cet essai quand il se trouve à Paris en 1928-1929 et publie dans l'hebdomadaire français* Le Progrès civique, *daté du 5 janvier 1929, une traduction française de « A Day in the Life of a Tramp », première version de « The Spike ». La dimension*

1. *Orwell à Paris*, p. 141.

2. Le nom de l'hôtel est un hommage au poète François Villon, qui évoque dans une ballade un de ses compagnons de beuverie nommé Jehan Cotart. Voir François Villon, *Œuvres complètes*, éd. et trad. Jacqueline Cerquiglini-Toulet, Folio classique, p. 172.

expérimentale de ce séjour en immersion est occultée dès lors que le narrateur du récit de 1933 présente son séjour parmi les indigents et les vagabonds anglais comme le résultat d'un malheureux contretemps qui l'a réduit de manière fortuite à embrasser le sort des pauvres et à fréquenter les asiles de nuit[1].

Filiations littéraires et traditions sociologiques

Les stratégies narratives et la composition voulues par l'auteur ont dissimulé l'aspect calculé de l'expérience et la dimension palimpsestique du récit. Mais le livre doit aussi beaucoup à la tradition anglo-américaine de l'exploration sociale. Orwell avait lu, dès sa jeunesse, Le Peuple de l'Abîme, *qu'avait publié Jack London en 1903 et qu'il mentionne notamment dans une chronique de 1943 écrite pour la BBC*[2], *notant que cette enquête a inspiré diverses œuvres dans la même veine, en omettant d'évoquer la sienne... Là encore, Orwell dissimule ses sources. Il pratique pourtant, de façon assez empirique et sans conceptualisation préalable, semble-t-il, l'enquête directe et la technique de l'« observation participante », telles que l'écrivain américain les avait abordées de manière intuitive, avant qu'elles ne s'institutionnalisent, à la faveur de la rénovation de la méthode sociologique associée à ce que l'on a appelé l'École de Chicago. La démarche d'Orwell évoque l'expérience immersive de*

1. Voir le début du chapitre XXIV, p. 184.
2. George Orwell, "Landmarks in American Literature" (March 5th 1943), *Seeing Things as They Are : Selected Journalism and Other Writings*, Londres, Penguin Classics, p. 212-217.

Nels Anderson menant la vie d'un vagabond, avant de publier, en 1923, sous le titre The Hobo : The Sociology of the Homeless Man, *la première monographie issue de ce nouveau courant. Comme le fait Orwell dans le deuxième volet de* Dans la dèche à Paris et à Londres, *London avait pris pour terrain de son enquête les quartiers de l'East End à Londres, où l'écrivain américain avait séjourné durant sept semaines à la fin de l'été 1902*[1]*. Les deux livres ont en commun leur structure épisodique et leur hybridité générique. En outre, certains épisodes du livre d'Orwell se lisent comme d'authentiques décalques de ceux qu'évoque London, telle la visite chez le fripier du chapitre* XXIV *(p. 184), qui rappelle une scène identique relatée au chapitre* I *du* Peuple de l'Abîme[2]. *Au-delà du* Peuple de l'Abîme, *c'est dans le sillage de réformistes, journalistes et philanthropes tels que James Greenwood, J. H. Stallard, Robert Widdup, Beatrice Webb ou encore Nellie Bly et Elizabeth Banks que se place Orwell, voire dans les pas d'Haroun-al-Rachid, calife des* Mille et une nuits, *« prince déguisé » auquel fait référence l'expression anglaise* « to go Haroun al Raschid », *par quoi l'on désigne une déambulation nocturne dans les bas-fonds de Londres semblable à celles du calife sillonnant les rues de Bagdad déguisé en marchand.*

1. Voir la Notice que nous avons consacrée au *Peuple de l'Abîme* (Jack London, *Romans, récits et nouvelles*, Gallimard, Bibliothèque de la Pléiade, t. I, p. 1320-1343).
2. Voir Jack London, *Romans, récits et nouvelles*, t. I, p. 143-144.

De Paris à Londres

Orwell explore les marges à partir des deux sites distincts que sont Paris et Londres, en accordant un traitement différencié aux lieux et aux individus dans les deux sections du livre. La première ébauche du récit ne contenait d'ailleurs que le volet parisien, ce qui explique la nature bigarrée du texte finalement publié.

Inutile de chercher dans le premier volet du livre un portrait pittoresque et avantageux de la vie parisienne des Années folles ! Orwell ne s'intéresse à la capitale et à ses habitants qu'en ce qu'ils nourrissent son propos : l'évocation de la pauvreté. Lui-même fait remarquer, dans son introduction à La Vache enragée, *« que ce livre n'a pas la prétention de donner une idée complète de la vie à Paris et à Londres, mais seulement d'en décrire l'un des aspects particuliers », ajoutant qu'il « serai[t] navré que [ses lecteurs parisiens] pussent croire qu'[il] nourrisse la moindre animosité contre une ville dont [il] conserve le plus sympathique souvenir*[1] *». Nul portrait flatteur et idéalisé de la vie de bohème, donc, ni dans son autoportrait en apprenti écrivain improductif puis en plongeur, ni dans les portraits qu'il livre de Parisiens et Parisiennes pour la plupart réduits à vivre d'expédients. Deux passages de nature réflexive (sur le « système de castes complexe » propre aux grands hôtels au chapitre* XIII, *p. 117 ; sur les plongeurs au chapitre* XXII*) se détachent du récit, dotés de la clarté et des qualités démonstratives qui seront l'une des marques de fabrique de l'essayiste, polémiste et analyste des sociétés de son temps. Certains des individus dépeints peuvent être dits « hauts*

1. Introduction à *La Vache enragée*, p. 9.

en couleur », tels Boris, Charlie ou encore la cuisinière de l'Auberge de Jehan Cottard. Si le narrateur note que les « bas quartiers parisiens » sont peuplés d'« excentriques » (chap. I*, p. 40), un épisode en particulier tranche sur le reste de cette section : le long récit enchâssé, offert au chapitre* II *par Charlie, d'un véritable viol, sous couvert de rapport sexuel tarifé et présenté comme le comble des « raffinements de l'amour » (p. 48), épisode dont l'incongruité fait étonnamment verser le récit dans le genre sensationnel. Cependant, si Orwell dramatise son propos, ici et là, par l'insertion de scènes mémorables — de querelles notamment —, c'est peut-être le récit d'une amitié entre deux hommes que tout sépare qui en fait le principal ressort dramatique, quand bien même les deux hommes se quittent fâchés, l'amitié résistant mal à la misère. Aux yeux de Duncan Roberts, cette amitié serait d'ailleurs un des « éléments les plus fiables de sa narration*[1] *». Ce singulier duo s'inscrit dans un des schémas habituels du récit de voyage, documentaire ou fictionnel, qui met fréquemment en scène des couples de voyageurs dissemblables (Don Quichotte et Sancho Panza, Robinson et Vendredi chez Defoe, John Steinbeck et son chien dans* Voyage avec Charley*).*

Le volet londonien n'est pas dépourvu de rencontres fortuites qui se prolongent parfois, elles aussi, en amitiés : avec Paddy, principal compagnon d'infortune du narrateur, avec Bozo, le mendiant-artiste qui parle français et qui a lu Zola, Shakespeare et Swift. La section londonienne se distingue cependant par l'approche plus factuelle et journalistique qu'a Orwell de son sujet, les situations évoquées s'y révélant moins volontiers truculentes. On perçoit ce

1. *Orwell à Paris*, p. 215.

que cette deuxième partie, plus documentaire, doit à l'enquête menée en 1927. Orwell n'idéalise pas plus l'Angleterre que le Paris bohème. Dressant la liste de ce qu'il est « tout heureux de retrouver » dans son pays (« les salles de bains, les fauteuils, la sauce à la menthe, les pommes de terre nouvelles bien cuites, le pain bis, la marmelade, la bière faite avec du vrai houblon »), il ajoute : « Toutes choses proprement merveilleuses, si on a les moyens de se les offrir. L'Angleterre est un endroit formidable quand on n'est pas pauvre » (chap. XXIV, p. 185). C'est dans ce second volet qu'Orwell glisse, outre un passage réflexif sur les mendiants (chapitre XXXI), un chapitre entièrement consacré à la langue, composé d'un inventaire de l'argot londonien, de remarques sur l'accent cockney et sur les processus d'émergence et d'évolution des jurons et des insultes. Hétérogène au reste du récit, le chapitre XXXII a pu être lu comme symptomatique de la faiblesse structurelle de l'ouvrage. Il signale cependant l'attention que prête alors déjà au langage celui qui devait consacrer à la langue anglaise plusieurs articles et qui allait développer une importante réflexion sur les liens entre politique et langage, non seulement dans ses essais et écrits journalistiques, mais aussi dans Mil neuf cent quatre-vingt-quatre.

L'argot des bas-fonds

Comme London l'avait fait dans Le Peuple de l'Abîme, *Orwell a choisi de recourir à l'emprunt linguistique (en faisant apparaître dans son texte les termes ou expressions glanés, ici français, là issus de l'argot londonien) pour donner à lire et à entendre le sociolecte des bas-fonds, parisiens comme londoniens. L'enjeu de ces emprunts nous paraît être de deux ordres : favoriser l'immersion du lecteur anglophone dans l'univers linguistique doublement exotique que représente pour un anglophone l'argot français ; faciliter l'identification du lecteur avec le narrateur, qui se trouve en quelque sorte en situation d'acquisition d'une langue seconde. Dans cette perspective, une continuité se dessine entre les deux volets de* Dans la dèche à Paris et à Londres, *qui témoignent du même souci de restituer à l'écrit, par la mise en scène d'un dépaysement d'ordre linguistique, la confrontation avec l'altérité. De plus, on voit ici Orwell mettre, pour la première fois, sa voix d'écrivain au service de ces « gens ordinaires » dont a toujours eu le souci celui qui, quelques années plus tard, allait se faire l'apôtre de la « décence ordinaire » (*common decency*), concept-clé qu'il forge dès* Wigan Pier au bout du chemin[1].

Ses échanges avec son premier traducteur français, René-Noël Raimbault, montrent notamment son intérêt pour la langue verte, qu'il travaille à sortir de l'enfer où l'avait condamnée son éditeur anglais, Victor Gollancz, lequel avait exigé que les jurons soient expurgés de l'édition anglaise, comme nous l'apprend une lettre du 1er juillet 1932 de l'auteur à son futur agent

1. Orwell n'a jamais défini clairement ce concept-clé. Pour le philosophe Bruce Bégout, « cette *decency* n'est pas seulement une qualité morale interne (le sens de l'honnêteté), mais aussi un comportement social et une certaine forme d'estime de soi ». (*De la décence ordinaire. Court essai sur une idée fondamentale de la pensée politique de George Orwell*, Éditions Allia, 2017, n. 1, p. 13). La « décence ordinaire » telle que la conçoit Orwell renvoie d'abord exclusivement à la classe ouvrière, puis s'élargit aux classes moyennes et populaires, avant de caractériser le peuple anglais tout entier dans le contexte de la Seconde Guerre mondiale.

littéraire, Leonard Moore[1]. *Dans une lettre du 9 octobre 1934 à Raimbault, écrite en français, Blair signale que les tirets longs de l'édition anglaise expurgée « représentent des mots qu'il est défendu d'imprimer en Angleterre, mais qui ne causeraient, nous pouvons espérer, aucun scandale en France ». À Raimbault qui lui demande l'autorisation de « corser » certains passages, Blair écrit : « En ce qui concerne la partie parisienne, je pense honnêtement qu'elle est meilleure en français qu'en anglais et je suis ravi de la manière dont vous avez traduit les conversations. Si l'on tient compte du fait que, bien sûr, il y a beaucoup de mots d'argot que je ne connais pas, c'est exactement comme ça que j'imaginais que les personnages parlaient*[2]. *»*

Imaginaire social et stéréotypes

En empiriste méfiant à l'égard de ce qui ne s'ancre pas dans l'expérience sensible, Orwell est aussi soucieux de nourrir son récit de notations sensorielles autant que d'emprunts à la langue qu'il entend parler à Paris et à Londres. Son texte ne manque cependant pas de puiser dans l'« imaginaire social » de son époque, ce que Dominique Kalifa définit comme « un système cohérent, dynamique, de représentation du monde social, une sorte de répertoire des figures et des

1. Dans cette lettre, Blair se plaint également que son éditeur veuille censurer l'épisode relaté par Charlie au chapitre II, qui ne devait finalement pas disparaître, mais se trouver partiellement modifié (voir Peter Davison, « Textual Note », *The Complete Works of George Orwell*, Londres, Martin Secker & Warburg, 1986-1987 et 1998, 20 vol., t. I, p. 217-218).

2. George Orwell, *Correspondance avec son traducteur René-Noël Raimbault*, Éditions Jean-Michel Place, 2006, p. 23 et 53.

identités collectives dont se dote chaque société à des moments donnés de son histoire[1] ». *C'est ainsi qu'il réactive, par ses descriptions, le* topos *de la descente dans l'abîme ancré dans l'histoire littéraire et sociale du tournant du siècle*[2]*, aussi bien que dans un imaginaire remontant à l'Antiquité et à la représentation des Enfers sous les dehors d'un monde souterrain. On voit donc son narrateur s'enfoncer régulièrement dans des caves et des sous-sols, à la chaleur souvent suffocante. Sa peinture des bas-fonds met aussi en exergue les motifs naturalistes récurrents de la crasse et de la puanteur, tandis que celui de la dégénérescence des corps, qu'on peut lier notamment au darwinisme social, affleure dans les descriptions du « petit être pâle et ratatiné » de la pension de Pennyfields (chap. xxv, p. 194) ou du « vieil Irlandais ratatiné » de Romton, avec sa « collection de maux divers et variés » recensés en détail (chap. XXVI, p. 201). Les descriptions du second volet suggèrent la déshumanisation des individus résultant de circonstances objectives : un système économique inégalitaire et une prise en charge désastreuse de la pauvreté (lois et règlements inadaptés, propriétaires véreux, mépris de classe, etc.), dont ils ne sont en rien responsables. Ici, les indigents ressemblent à « un troupeau galeux et disgracieux d'individus presque tous en haillons et visiblement sous-alimentés » ; ailleurs, à de « misérables créatures en chemise grise », voire à des « bâtards décatis et dégénérés » (chap. XXVII, p. 205, 210 et 211). Mais la*

1. Dominique Kalifa, *Les Bas-fonds. Histoire d'un imaginaire*, Seuil, 2013, p. 20.

2. Utilisé dans le contexte d'enquêtes sociales sur les quartiers pauvres par William Booth le premier, il est repris notamment par le réformateur social C. F. G. Masterman dans *From the Abyss*, paru en 1902, avant d'apparaître chez Jack London.

déshumanisation procède aussi du regard que pose sur ses compagnons le narrateur, qui n'en est pas simplement le rapporteur objectif et détaché, au point qu'il dresse de Paddy, mué en archétype du vagabond, le portrait suivant : « Il avait la mentalité caractéristique des vagabonds : vil, envieux, un vrai chacal » (chap. XXVIII, p. 217).

La typification inhérente à la méthode orwellienne induit certains travers qu'accusent les portraits qu'il livre ici et là. En privilégiant les « types représentatifs » au détriment des individus, le narrateur verse ponctuellement dans la caricature abusive, qu'illustrent notamment certains passages teintés de xénophobie et d'antisémitisme. Si Paddy est doté d'une « voix d'Irlandais geignarde et pleurnicheuse », c'est d'abord la vision caricaturale et condescendante des Français développée par le narrateur qui frappe le lecteur contemporain, Orwell l'insulaire n'échappant pas en cela à une francophobie séculaire outre-Manche. On apprend ainsi que « la plupart des Français [...] sont de mauvaise humeur tant qu'ils n'ont pas avalé leur déjeuner ». Un employé du mont-de-piété est décrit comme « le rond-de-cuir français typique » ou encore comme « un petit bonhomme désagréable, mêle-tout, à l'air aigri » dont l'« esprit français se délectait de tant de cuistrerie ». Plus loin, on découvre le narrateur « coincé au milieu d'une masse bringuebalante de passagers, nez à nez avec quelque affreuse trogne de Français empestant l'ail et la vinasse ». L'architecture française n'est pas épargnée : non sans une mauvaise foi assumée et une certaine dose d'autodérision, le narrateur voit « l'œuvre d'architectes français » dans les « énormes hôtels, tout en stuc et clochetons, qui vous regardent fixement depuis la côte anglaise comme des idiots passant la tête par-dessus le mur d'un asile », tandis qu'à son retour en Angleterre il célèbre « les beautés de l'architecture anglaise ». Londres lui apparaît « plus propre, plus calme » et les Londoniens « mieux habillés », leurs visages lui semblant « plus avenants, plus doux, plus semblables, dénués de cette individualité coriace et de cette malveillance caractéristiques des Français[1] ».

Les Américains ne sont pas non plus ménagés, épinglés tantôt pour leur candeur et leur philistinisme supposés, tantôt pour leurs mœurs douteuses. Proies faciles que le « gros Américain fortuné » auquel on rêve de « fai[re] les poches », le client au régime à qui l'on facture vingt-cinq francs pour un petit déjeuner composé de sel et d'eau chaude, ou encore l'Américaine dépouillée d'« une bague en diamant hors de prix ». Les vagabonds américains eux-mêmes font les frais du chauvinisme du narrateur, stigmatisés pour leur « parasitisme cynique et délibéré, tel qu'il est évoqué dans les livres que consacre Jack London au vagabondage en Amérique », alors qu'aux dires du narrateur, « la conscience morale aiguë » des Anglais les prémunirait de tels maux[2].

Aujourd'hui encore, certains inconditionnels de l'œuvre d'Orwell balaient d'un revers de la main l'antisémitisme qui se dégage du récit ici ou là, au prétexte qu'il serait secondaire et qu'Orwell allait adopter par la suite, dans des écrits journalistiques des années 1940, une attitude critique à l'égard des antisémites. Dans sa recension de Réflexions sur la question juive, *Orwell contestera la vision de l'antisémitisme que développe*

1. Respectivement chap. XXVIII, p. 215 ; chap. IV, p. 58 ; chap. VII, p. 81 et 82 ; chap. XVI, p. 140 ; chap. XXIV, p. 185 ; chap. XXV, p. 195.
2. Chap. V, p. 68 ; chap. XV, p. 133 ; chap. XXXVI, p. 277.

Sartre, lui reprochant de tomber dans l'écueil de la catégorisation et de l'essentialisation, quand lui-même défend l'idée que l'antisémitisme n'a rien d'homogène, qu'il est « extrêmement répandu, ne se cantonne pas à une classe en particulier et, surtout, en dehors des pires cas, toujours intermittent[1]*. » Une manière de ne pas s'en exonérer ? Malcolm Muggeridge, ami de l'écrivain, devait reconnaître qu'Orwell « était parfois porté à un vague antisémitisme », voire « qu'il était profondément antisémite*[2] *», même si le biographe d'Orwell conteste cette version des faits. Julian Barnes, de son côté, note que « sa tendance à caricaturer les Juifs frise l'antisémitisme*[3] *». Orwell puise de fait dans d'odieux stéréotypes quand il décrit un fripier âpre au gain (« un Juif rouquin » dont il dit de manière révélatrice qu'il aurait eu plaisir à « lui écrabouiller le nez ») ou un Juif aperçu dans un café de Tower Hill, « le museau dans son assiette », qui « dévorait son bacon avec un air coupable », sans parler de Bozo, que son « nez crochu*[4] *» apparente d'emblée à un Juif. Ou encore lorsqu'il insiste sur « le bien-fondé » d'un proverbe aussi xénophobe qu'antisémite au chapitre* XIII *: « "Mieux vaut se fier à un serpent plutôt qu'à un Juif et à un Juif plutôt qu'à un*

1. George Orwell, "Review : Jean-Paul Sartre, *Portrait of the Anti-Semite*", trad. Erik de Mauny, *The Observer* (November 7th 1948), dans *Seeing Things as They Are*, p. 441 (je traduis).

2. Malcolm Muggeridge, « A Knight of the Woeful Countenance », *The World of George Orwell*, éd. Miriam Gross, Londres, Weidenfeld and Nicolson, 1972, p. 172 ; *Like It Was : A Selection from the Diaries of Malcolm Muggeridge* (1981), cité par Bernard Crick, *George Orwell : A Life*, p. 640.

3. « George Orwell et le foutu éléphant », *Par la fenêtre. Dix-huit chroniques (et une nouvelle)*, trad. Jean-Pierre Aoustin, Mercure de France, 2015, p. 79.

4. Chap. III, p. 55 ; chap. XXIV, p. 192 ; chap. XXX, p. 227.

Grec, mais il ne faut jamais se fier à un Arménien" » *(p.* 120*).*

Dans la dèche à Paris et à Londres *n'est pas exempt, par ailleurs, du virilisme et de l'homophobie qui devaient se manifester plus nettement par la suite dans d'autres textes, dont* Wigan Pier au bout du chemin[1]. *L'homophobie du narrateur transparaît ainsi au chapitre* XXIX *: il identifie dans une pension proche du Strand un « repaire de "tapettes" » ; il suppose par ailleurs à propos d'un ancien d'Eton, à l'aune de la réputation de la pension où il se trouve, qu'il « fréquentait [...] les pensions à dortoirs dans l'espoir d'y rencontrer des "tapettes" » (chap.* XXIX*, p. 224 et 226). Parallèlement, c'est le virilisme d'Orwell qui transparaît dans son insistance symptomatique sur les atteintes à la virilité qu'entraînent les déplorables conditions de vie des vagabonds. La dégénérescence physique semble l'indigner autant pour les périls qu'elle fait courir à la virilité que pour ce qu'elle pourrait refléter de la déliquescence du corps social, ce que suggère la remarque suivante, à propos de Paddy : « C'était la malnutrition, et non un quelconque vice inhérent, qui avait eu raison de sa virilité. » Ailleurs au chapitre* XXVIII*, le narrateur voit dans la « démarche flottante » de Paddy, « sa manière de se voûter », « quelque chose [...] de foncièrement avili » et conclut : « En le voyant marcher, on sentait instinctivement qu'il préférait prendre des coups qu'en donner » (p. 214).*

*

1. Voir la Notice de *Wigan Pier au bout du chemin*, p. 1418-1419 et 1426-1428. Julian Barnes note qu'il « est couramment homophobe, disant "la gauche chochotte" ou "les poètes lopettes" comme si c'étaient des expressions sociologiques acceptées » (« George Orwell et le foutu éléphant », p. 79).

Ce premier récit témoigne ainsi, à certains égards, d'une réinvention de soi, mais aussi des genres littéraires. Comme on l'a vu, il ne faut pas pour autant négliger l'ancrage d'Orwell dans une histoire culturelle, qui s'y lit dans la dimension palimpsestique du texte et dans les motifs qui le traversent, autant que dans le regard porté sur les êtres et les lieux, où se reflètent les perspectives idéologiques d'une certaine époque. Le texte fait cependant écho aux préoccupations de notre temps, car il est aisé de lire Dans la dèche à Paris et à Londres *et les aventures qui y sont narrées comme une entreprise, si peu conceptualisée soit-elle, travaillant à sortir d'une vision essentialisante de l'identité sociale et à contester le déterminisme de classe, ce que l'on appelle aujourd'hui les « assignations de classe ». Orwell mérite d'être relu notamment pour ce qu'il nous dit ici de la perméabilité des frontières sociales : « La peur de la populace relève de la superstition. Elle repose sur l'idée qu'il y aurait une différence fondamentale et mystérieuse entre les riches et les pauvres, comme si on avait affaire à deux races différentes [...]. En réalité, cette différence n'existe pas. Riches et pauvres dans leur ensemble se différencient par leurs revenus et rien d'autre ; et le millionnaire moyen n'est jamais que le plongeur moyen dans un complet neuf » (chap. XXII, p. 177). Et de souligner ailleurs qu'« à y regarder de plus près, on se rend compte qu'il n'y a pas de différence "essentielle" entre la vie d'un mendiant et celle d'innombrables gens respectables » (chap. XXXI, p. 242), le mendiant travaillant dur à sa manière tout en se révélant plus honnête que bien d'autres. Quelques années plus tard, avec* Wigan Pier au bout du chemin, *Orwell s'emploiera à saper le système de classes anglais plus explicitement et plus systématiquement encore.*

« La littérature offre une connaissance par la perception retrouvée[1] *», écrit Claire Pignol. Et elle ajoute : « Dans le récit des expériences singulières de l'économie que vivent les personnages affleure le souvenir d'expériences semblables, qui entretient et renouvelle la connaissance de ce dont nos vies économiques sont constituées*[2]*. » Orwell se constitue en observateur d'une pauvreté qui pourrait paraître d'un autre temps. Mais l'œuvre elle-même constitue un ferment actif d'une critique toujours actuelle, et d'autant plus audible par nos contemporains eux-mêmes que le dispositif narratif choisi par l'auteur favorise chez le lecteur la compassion et l'identification, l'indignation aussi. En dépit de certains biais, le souci éthique et politique qui anime ici le jeune Orwell ne laissera pas indifférents celles et ceux qui découvriront ces pages pour la première fois.*

VÉRONIQUE BÉGHAIN

1. Claire Pignol, « Comment les œuvres littéraires donnent-elles à penser l'économie ? », dans Claire Pignol (dir.), *Cahiers d'économie politique* 2023/2 (n° 83), Hermann, 2023, p. 22.
2. *Ibid.*

Note sur l'édition et la traduction

Down and Out in Paris and London est paru le 9 janvier 1933 aux Éditions Victor Gollancz. La présente traduction, intitulée *Dans la dèche à Paris et à Londres*, se fonde sur le texte de l'édition originale et tient compte des modifications apportées par l'édition établie par Peter Davison pour Martin Secker & Warburg en 1986. Peter Davison a en effet amendé l'édition originale à la lumière, d'une part, des informations livrées par la consultation des épreuves et, d'autre part, de révisions apportées, avec l'assentiment d'Orwell, par la traduction française de René-Noël Raimbault et Gwen Gilbert, publiée sous le titre *La Vache enragée* aux Éditions Gallimard, le 8 mai 1935. Peter Davison s'est efforcé de réviser le texte paru en 1933 en y intégrant notamment les notes de bas de page de l'édition française attribuables à Orwell et certains mots familiers français introduits par les traducteurs. Faute de certitudes sur le sujet, Peter Davison n'a en revanche pas retenu les jurons ou termes grossiers insérés par les premiers traducteurs français en lieu et place des tirets de l'édition originale, qui résultaient des craintes de Victor Gollancz de voir le livre censuré en Angleterre. La traduction française présentée ici n'a pas retenu, quant à elle, les notes de bas de page ajoutées dans l'édition française de 1935 (chap. XXIII, XXXI et XXXII) et maintenues par Peter Davison dans l'édition anglaise de 1986[1]. Le contenu en est cependant restitué dans nos notes, qui s'appuient à cet égard sur la correspondance d'Orwell avec son traducteur, René-Noël Raimbault.

Cette traduction a initialement paru dans les *Œuvres* de George Orwell, aux Éditions Gallimard, dans la Bibliothèque de la Pléiade, en 2020.

Les mots en italique suivis d'une étoile sont en français dans le texte original. Les notes de bas de page sont de l'auteur. Certains mots considérés par l'auteur et son éditeur d'origine comme vulgaires ou injurieux sont remplacés par des étoiles, de même que certains lieux ou patronymes, rendus ainsi anonymes. Enfin, on rencontrera quelques mots entre crochets qui explicitent certains termes argotiques.

V. B.

1. Pour de plus amples éclaircissements sur la méthode que Peter Davison a adoptée, nous renvoyons à « Textual Note », *The Complete Works of George Orwell*, Londres, Martin Secker & Warburg, 1986-1987 et 1998, 20 vol., t. I, p. 217-230 ; « A Note on the Text » (1989), *Down and Out in Paris and London*, Londres, Penguin Books, 2001, p. XVI-XIX.

DANS LA DÈCHE À PARIS ET À LONDRES

Ô mal détestable, vie de pauvreté !

CHAUCER[1].

CHAPITRE I

Rue du Coq-d'Or[1], Paris, 7 heures du matin. Une succession de cris furieux et étranglés montant de la rue. Mme Monce, qui tient le petit hôtel en face du mien, s'est avancée sur le trottoir pour s'adresser à une pensionnaire du troisième étage. Ses pieds nus sont enfoncés dans des sabots et ses cheveux gris lui pendouillent le long du visage.

MADAME MONCE : « *Sacrée salope**! Combien de fois je t'ai dit de pas écraser les punaises sur la tapisserie ? Tu te crois chez toi, ici, hein ? Tu peux pas les balancer par la fenêtre comme tout le monde ? *Espèce de traînée** ! »

LA FEMME DU TROISIÈME ÉTAGE : « *Va donc, eh ! vieille vache** ! »

Sur ce, chœur de cris variés, tandis que des fenêtres s'ouvrent brusquement de tous côtés et que la moitié de la rue se joint à la dispute. Tout le monde se tait brutalement dix minutes plus tard pour regarder passer un escadron de cavalerie.

En croquant cette saynète, je cherche simplement à rendre un peu de l'atmosphère qui régnait rue du Coq-d'Or. Non que la vie de la rue se résumât à des disputes, mais il se passait malgré tout rarement une matinée sans qu'on eût droit à au moins un éclat de ce genre. Disputes, braillements chagrins des marchands ambulants, criailleries des enfants pistant des pelures d'orange sur les pavés et, le soir, ritournelles chantées à pleins poumons et relents âcres des tombereaux à ordures : tel était le climat de la rue.

C'était une rue très étroite — une gorge flanquée de hautes maisons lépreuses, qui chancelaient les unes vers les autres dans des positions curieuses, comme figées en plein effondrement. Toutes étaient des hôtels, remplis jusqu'aux tuiles de pensionnaires, pour la plupart polonais, arabes ou italiens. Au pied des hôtels se trouvaient de minuscules *bistros**, où l'on pouvait se soûler pour l'équivalent d'un shilling. Le samedi soir, environ un tiers de la population masculine du quartier était ivre. On se battait pour des histoires de femmes et les terrassiers arabes qui vivaient dans les hôtels les plus miteux se livraient à de mystérieuses vendettas, qu'ils réglaient à coups de chaise et parfois de revolver. Le soir, les agents de police ne s'aventuraient qu'à deux dans la rue. L'endroit était passablement animé. Et pourtant, au milieu du bruit et de la crasse, vivaient les boutiquiers français respectables qu'on trouve partout ailleurs, boulangers, blanchisseuses et autres, qui se tenaient à l'écart et amassaient tranquillement de modestes fortunes. Un bas quartier parisien plutôt typique.

Mon hôtel s'appelait l'Hôtel des Trois Moineaux. C'était un labyrinthe sombre et branlant de cinq étages, divisé en quarante chambres par des cloisons en bois. Les chambres étaient petites et incurablement sales, car il n'y avait pas de femme de chambre et Mme F., la *patronne**, n'avait pas le temps de passer le balai. Les murs n'étaient pas plus épais que du bois d'allumette et, pour masquer les fissures, ils avaient été recouverts de multiples couches de papier peint rose, qui se décollait des murs et abritait d'innombrables punaises. Elles défilaient en rangs serrés toute la journée près du plafond, telles des files de soldats, avant de descendre le soir, tenaillées par la faim, si bien qu'il fallait se lever à intervalles réguliers pour se livrer à des hécatombes. Parfois, quand ce n'était plus tenable, on faisait brûler du soufre, et elles étaient chassées vers la chambre voisine; en conséquence de quoi le pensionnaire d'à-côté répliquait en traitant à son tour sa chambre au soufre, ce qui faisait migrer les punaises en sens inverse. C'était un endroit crasseux, mais accueillant, car Mme F. et son mari étaient de braves gens. Les chambres étaient louées entre trente et cinquante francs la semaine.

Les pensionnaires constituaient une population flottante, composée pour l'essentiel d'étrangers, qui débarquaient sans bagage et restaient une semaine avant de disparaître. Toutes les professions étaient représentées : cordonniers, maçons, tailleurs de pierre, terrassiers, étudiants, prostituées, chiffonniers. Ils vivaient pour certains dans le plus grand dénuement. Il y avait, dans l'une des mansardes, un étudiant bulgare qui fabriquait des chaussures habillées pour le marché américain. Entre 6 heures du matin et midi, assis sur son lit, il fabriquait une dizaine de paires de chaussures, qui lui rapportaient trente-cinq francs; le reste du temps, il suivait des cours à la Sorbonne. Il étudiait la théologie, et le plancher de sa chambre était jonché de livres ouverts posés à l'envers, qui voisinaient avec les bouts de cuir. Dans une autre chambre logeaient une Russe et son fils, qui se disait artiste. La mère travaillait seize heures par jour, reprisant des chaussettes pour vingt-cinq centimes la pièce, pendant que le fils, correctement vêtu, traînait dans les cafés de Montparnasse. Une des chambres était louée à deux pensionnaires différents, l'un travaillant de jour, l'autre de nuit. Dans une autre encore, un veuf partageait son lit avec ses deux filles, toutes deux adultes et poitrinaires.

L'hôtel avait ses excentriques. Les bas quartiers parisiens en sont peuplés : des gens enlisés dans des vies solitaires, passablement loufoques, qui ont renoncé aux comportements réglés ou décents. La pauvreté les affranchit des normes de conduite ordinaires, tout comme l'argent affranchit les gens du travail. Certains des pensionnaires de l'hôtel menaient des vies inénarrables.

Il y avait, par exemple, les Rougier, un couple d'avortons en haillons d'un âge avancé, qui pratiquait un métier extraordinaire. Ils vendaient des cartes postales sur le boulevard Saint-Michel. Ce qui était curieux, c'est que les cartes postales étaient vendues dans des pochettes scellées et présentées comme des images pornographiques alors qu'il s'agissait en réalité de photographies des *châteaux** de la Loire ; les acheteurs ne s'en rendaient compte qu'une fois qu'il était trop tard et ne venaient naturellement jamais se plaindre. Les Rougier gagnaient environ cent francs par semaine et, à la faveur de strictes mesures d'économie, se retrouvaient toujours à demi affamés et à demi soûls. Ils vivaient dans une telle crasse que la puanteur était sensible depuis l'étage du dessous. Si l'on en croyait Mme F., cela faisait quatre ans qu'ils n'avaient pas changé de vêtements.

Il y avait aussi Henri, qui travaillait dans les égouts. C'était un grand bonhomme mélancolique aux cheveux bouclés, à l'allure plutôt romantique avec ses hautes bottes d'égoutier. La bizarrerie d'Henri tenait à ce qu'il restait positivement plusieurs jours d'affilée sans parler, sauf pour les nécessités de son travail. Un an plus tôt encore, il occupait une bonne place de chauffeur et mettait de l'argent de côté. Un jour, il était tombé amoureux et, lorsque la jeune fille avait repoussé ses avances, il avait perdu son sang-froid et l'avait rouée de coups de pied. Ceux-ci eurent pour effet que la fille tomba éperdument amoureuse d'Henri, et ils vécurent une quinzaine de jours ensemble, dépensant un millier de francs pris sur les économies d'Henri. Là-dessus, la fille lui fut infidèle ; Henri lui planta un couteau dans le bras et passa six mois en prison. Sitôt poignardée, la fille redoubla d'amour pour lui, si bien qu'ils se rabibochèrent et décidèrent qu'Henri achèterait un taxi à sa sortie de prison, qu'ils se marieraient et fonderaient une famille. Mais, une quinzaine de jours plus tard, la fille lui fut de nouveau infidèle et, quand Henri sortit de prison, elle attendait un enfant. Il ne la poignarda pas de nouveau. Il retira le restant de ses économies et sombra dans une période de beuveries à répétition qui se solda par un nouveau séjour d'un mois en prison ; à la suite de quoi il partit travailler dans les égouts. Il n'y avait pas moyen de lui tirer un mot. Si on lui demandait pourquoi il travaillait dans les égouts, il ne répondait jamais rien, se contentant de croiser les poignets pour évoquer des menottes et de désigner le sud, la prison, d'un brusque mouvement de la tête. Les coups du sort lui avaient visiblement fait perdre la raison en un tournemain.

Il y avait encore R., un Anglais, qui passait six mois de l'année à Putney chez ses parents et six mois en France. Quand il était en France, il buvait quatre litres de vin par jour, six litres le samedi ; il était un jour allé jusqu'aux Açores, parce que c'est là qu'on trouve le vin le moins cher de toute l'Europe. C'était une créature douce et casanière, qui ne prenait jamais part aux bagarres ou aux querelles, jamais sobre non plus. Il restait au lit jusqu'à midi, après quoi, et jusqu'à minuit sans discontinuer, il se pochtronnait tranquillement et méthodiquement dans son coin du *bistro**. Pendant tout ce temps-là, il parlait de mobilier ancien d'une voix féminine et raffinée. En dehors de moi, R. était le seul Anglais du quartier.

Bien d'autres gens menaient une existence aussi excentrique que celles-là : M. Jules, le Roumain, qui avait un œil de verre et refusait de l'admettre, Fureux le maçon limousin, Roucolle l'avare — déjà mort de mon temps, toutefois —, Laurent le chiffonnier, un vieux qui refaisait sa signature à partir d'un bout de papier qu'il avait dans la poche. Il serait amusant de raconter certaines de ces vies, si on avait le temps. Je m'efforce de décrire les gens du quartier, non pour en faire des objets de curiosité, mais parce qu'ils font tous partie de l'histoire. C'est à la pauvreté que je m'intéresse, et c'est dans ce bas quartier que j'ai eu mon premier contact avec elle. Avec sa crasse et ses existences étranges, ce quartier a d'abord été une leçon de choses sur la pauvreté, avant de devenir la toile de fond de mes propres expériences. C'est pour cette raison que j'essaie de donner une idée de la façon dont on y vivait.

CHAPITRE II

La vie dans le quartier. Notre *bistro**, par exemple, au pied de l'Hôtel des Trois Moineaux. Une pièce minuscule au sol en brique, semi-enterrée, avec des tables gorgées de vin et la photographie d'un enterrement portant la légende « *Crédit est mort** » ; des ouvriers avec des écharpes rouges coupant du saucisson à l'aide de gros canifs ; Mme F., somptueuse paysanne auvergnate à l'expression bovine et butée, buvant du malaga toute la journée « pour son estomac » ; les *apéritifs** qu'on joue aux dés ; les chansons sur « *les fraises et les framboises**[1] » et sur Madelon se demandant « *Comment épouser un soldat, moi qui aime tout le régiment** ? » ; et les ébats amoureux invraisemblablement dénués de la moindre retenue. La moitié de l'hôtel se retrouvait le soir au *bistro**. Ce n'est pas dans les pubs de Londres qu'on trouverait un tant soit peu de cette gaieté.

On surprenait d'étranges conversations au *bistro**. À titre de spécimen, je vous propose d'écouter Charlie, l'une des curiosités locales.

Charlie était un fils de famille instruit qui s'était sauvé de chez lui et vivait de sommes occasionnellement versées par ses parents. Il faut vous imaginer un très jeune homme au teint très rose, avec les joues fraîches et les cheveux bruns soyeux d'un gentil petit garçon, et des lèvres particulièrement rouges et humides, pareilles à des cerises. Il a de tout petits pieds, des bras anormalement courts, des mains avec des fossettes de bébé. Il danse et gambade tout en parlant, comme s'il débordait de vie et de bonheur au point de ne pas pouvoir tenir en place un seul instant. Il est 3 heures de l'après-midi et le *bistro*★ est désert en dehors de Mme F. et d'un ou deux chômeurs ; mais Charlie se moque du public qu'il a du moment qu'il peut parler de lui. Il déclame comme un orateur perché sur une barricade, dévidant son discours avec force gesticulations des bras, si courts soient-ils. Ses petits yeux quelque peu porcins pétillent d'enthousiasme. Il y a curieusement quelque chose de profondément repoussant dans ce spectacle.

Il parle d'amour, son sujet favori.

« *Ah, l'amour, l'amour ! Ah, que les femmes m'ont tué*★ *!* Hélas, *messieurs et dames*★, les femmes ont causé ma ruine, ma ruine irréparable. À vingt-deux ans, je suis exsangue et je touche le fond. Mais j'ai tant appris et j'ai sondé des abîmes de sagesse ! Comme il est beau d'avoir atteint la sagesse véritable, d'être devenu, dans le sens le plus noble du terme, un homme civilisé, d'être devenu *raffiné, vicieux*★ », etc.

« *Messieurs et dames*★, je vous vois tristes. *Ah, mais la vie est belle*★. Il ne faut pas être triste. Soyez plus gais, je vous en conjure !

Fill high ze bowl vid Samian vine,
Ve vill not sink of semes like zese[1] *!*

« *Ah, que la vie est belle*★ *!* Écoutez-moi, *messieurs et dames*★, fort de ma riche expérience, je vais vous parler d'amour. Je vais vous expliquer le sens véritable de l'amour, cette sensibilité véritable, ce plaisir plus noble, plus raffiné, connu des seuls hommes civilisés. Je vais vous raconter le plus beau jour de ma vie. Hélas, elle est loin l'époque où je pouvais goûter un tel bonheur. Il s'en est allé pour toujours ;

et avec lui la possibilité et le désir mêmes du bonheur s'en sont allés.

« Écoutez donc. C'était il y a deux ans ; mon frère, qui est avocat, se trouvait à Paris, et mes parents lui avaient demandé de m'inviter à dîner. Nous nous détestons, mon frère et moi, mais il ne voulait pas désobéir à mes parents. Nous avons dîné, et il a terminé la soirée complètement soûl après avoir descendu trois bouteilles de bordeaux. Je l'ai ramené à son hôtel et, en chemin, j'ai acheté une bouteille de cognac. Je lui en ai fait boire une bonne rasade une fois là-bas, en lui disant que ça allait le dégriser. Il s'est instantanément écroulé, comme quelqu'un qui fait une attaque, ivre mort. Je l'ai relevé pour l'asseoir contre le lit ; ensuite, je lui ai fait les poches. J'y ai trouvé onze cents francs, dont je l'ai délesté, et j'ai dévalé l'escalier, sauté dans un taxi et filé. Mon frère ne connaissait pas mon adresse. Je n'avais pas de souci à me faire.

« Où va un homme quand il a de l'argent ? Faire les *bordels**, naturellement. Mais vous imaginez bien que je n'allais pas perdre mon temps à me dévergonder vulgairement comme un simple terrassier. Allons bon, j'étais civilisé ! Avec mille francs en poche, je pouvais faire le délicat, me montrer *exigeant**, voyez-vous. Il m'a fallu attendre minuit pour trouver ce que je cherchais. Je m'étais acoquiné avec un jeune homme de dix-huit ans très élégant, qui était *en smoking** et avait une coupe *à l'américaine**, et nous bavardions dans un *bistro** tranquille non loin des boulevards. Nous nous comprenions très bien, lui et moi. Nous avons parlé de choses et d'autres en réfléchissant à des moyens de nous distraire. Et nous voilà embarqués ensemble dans un taxi.

« Le taxi s'est arrêté dans une rue étroite à l'écart,

éclairée tout au bout par un unique réverbère à gaz. Il y avait des flaques sombres au milieu des pavés. Le haut mur aveugle d'un couvent courait sur tout un côté de la rue. Mon guide m'a entraîné vers une grande maison délabrée aux volets clos, à la porte de laquelle il a toqué plusieurs fois. Nous n'avons pas tardé à entendre un bruit de pas, puis des verrous qu'on tire, et la porte s'est entrouverte. Une main est apparue, une grande main crochue, qui nous mettait sa paume ouverte sous le nez et nous réclamait de l'argent.

« Mon guide a glissé son pied dans l'entrebâillement. "C'est combien ?" a-t-il demandé.

« "Mille francs, a répondu une voix de femme. Vous réglez là, tout de suite, ou je vous laisse pas entrer."

« J'ai déposé mille francs dans le creux de la main tendue et donné les cent francs restants à mon guide ; il m'a salué et s'est éloigné. J'entendais la voix à l'intérieur qui comptait les billets, après quoi une vieille chouette décharnée vêtue d'une robe noire a mis le nez dehors et m'a toisé avant de me laisser entrer. Il faisait très sombre à l'intérieur ; je ne voyais rien en dehors de la flamme d'un bec de gaz qui illuminait un pan du mur de plâtre, plongeant tout le reste dans une obscurité profonde. Ça sentait le rat et la poussière. Sans un mot, la vieille a allumé une bougie en l'approchant du bec de gaz, avant de me conduire en clopinant jusqu'à une volée de marches en pierre située au bout d'un couloir dallé.

« "*Voilà**! a-t-elle dit ; vous n'avez qu'à descendre à la cave et faire ce que vous voulez. Je ne vois rien, je n'entends rien, je ne sais rien. Vous êtes libre, vous comprenez, parfaitement libre."

« Ah, *messieurs**, est-il besoin que je vous décrive — vous le connaissez *forcément** — ce frisson de terreur et de joie mêlées qui vous parcourt dans ces moments-là ? J'ai descendu lentement les marches, en avançant à tâtons ; en dehors de ma respiration et du raclement de mes chaussures sur la pierre, j'étais plongé dans le plus grand silence. Au pied de l'escalier, ma main s'est posée sur un interrupteur électrique. Quand j'ai tourné le commutateur, un grand lustre électrifié orné de douze globes rouges a inondé la cave de sa lumière rouge. Et là, surprise, je n'étais pas dans une cave, mais dans une chambre, une chambre aux fastes tapageurs, rouge sang du sol au plafond. Représentez-vous le lieu, *messieurs et dames** ! Moquette rouge au sol, tapisserie rouge sur les murs, sièges recouverts de peluche rouge, et plafond rouge, lui aussi ; du rouge partout, à vous brûler les yeux. C'était un rouge intense, étouffant, comme si la lumière filtrait à travers des bocaux remplis de sang. À l'autre bout de la pièce se dressait un immense lit carré, recouvert de courtepointes, rouges comme tout le reste, et sur lequel était allongée une fille, vêtue d'une robe en velours rouge. À ma vue, elle a eu un mouvement de recul et a tenté de dissimuler ses genoux sous sa courte robe.

« Je m'étais arrêté sur le seuil. "Viens par là, ma poulette", lui ai-je lancé.

« Elle a lâché un gémissement de peur. En un bond, j'étais à côté du lit ; elle a essayé de se dérober, mais je l'ai attrapée à la gorge — comme ça, vous voyez ? — en serrant fort ! Elle s'est débattue, elle a imploré ma pitié, mais, sans desserrer mon étreinte, je lui ai renversé la tête en arrière pour la dévisager. Elle devait avoir une vingtaine d'années ; sous la couche de fard et de poudre, elle avait ce visage massif à l'expression éteinte qu'ont les jeunes ahuris et, dans ses yeux bleus tout aussi ahuris, qui brillaient dans la lumière rouge, on retrouvait le regard torve et effaré qui n'appartient qu'à ces femmes-là. C'était sans doute une petite paysanne, que ses parents avaient vendue comme esclave.

« Sans un autre mot, je l'ai tirée du lit et jetée par terre. Et j'ai fondu sur elle comme un tigre ! Ah, la joie, l'extase incomparable de ce moment ! C'est de cela, *messieurs et dames**, que je voudrais vous entretenir ; *voilà l'amour** ! Voilà l'amour véritable, la seule chose au monde qui mérite notre peine ; en comparaison de laquelle tous vos arts et vos idéaux, toutes vos philosophies et vos croyances, tous vos jolis discours et vos airs supérieurs, ne sont que tristes cendres stériles. Quand on a connu l'amour — le véritable amour —, qu'y a-t-il au monde qui soit plus qu'une pâle imitation de la joie ?

« J'ai redoublé de sauvagerie dans mes assauts. La fille a essayé de s'échapper plus d'une fois ; elle a recommencé à implorer ma pitié, mais je lui ai ri au nez.

« "De la pitié ! me suis-je exclamé, tu t'imagines que je suis venu ici pour te témoigner de la pitié ? Tu t'imagines que j'ai déboursé mille francs pour ça ?" Je vous jure, *messieurs et dames**, que, sans ces satanées lois qui nous privent de notre liberté, elle n'en serait pas sortie vivante.

« Ah, ces hurlements, ces terribles cris de douleur. Mais il n'y avait personne pour les entendre ; là en bas, sous les rues de Paris, nous étions aussi en sécurité que si nous avions été au beau milieu d'une pyramide. Le visage de la fille ruisselait de larmes, qui balayaient la poudre et lui laissaient de longues traînées sales sur les joues. Ah, ce temps à jamais disparu ! Vous, *messieurs et dames**, vous qui n'avez pas cultivé les raffinements de l'amour, pour vous un tel plaisir est presque inconcevable. Et moi-même, à présent que ma jeunesse est révolue — ah, la jeunesse ! —, je ne connaîtrai plus jamais une vie aussi merveilleuse. C'en est fini.

« Oui, tout cela est révolu, et pour toujours. Ah, la misère, la brièveté, les déconvenues des joies humaines ! *Car en réalité**, combien de temps dure l'amour à son apogée ? Un rien de temps, un instant, une seconde peut-être. Une seconde d'extase, et après ça : la poussière, les cendres, le néant.

« Ainsi, l'espace d'un instant, j'ai connu le bonheur à son apogée, l'émotion la plus noble et la plus raffinée à laquelle un être humain puisse accéder. Et, au même moment, c'en était fini, et je me retrouvais... avec quoi ? Toute ma sauvagerie, ma passion, éparpillées comme des pétales de rose. Je me retrouvais glacé et languissant, empli de vains regrets ; dans mon dégoût, j'ai même éprouvé une vague pitié pour la fille en pleurs qui gisait au sol. Ça vous donne la nausée d'être le jouet d'émotions aussi viles, non ? Je n'ai plus accordé un seul regard à la fille, n'ayant plus qu'une idée en tête : sortir de là. J'ai remonté quatre à quatre l'escalier de ce caveau et je me suis précipité dans la rue. Les rues désertes étaient plongées dans une obscurité glaciale, les pavés résonnaient sous mes talons, renvoyant un son creux, désolé. Comme j'avais dépensé tout mon argent, je n'avais même pas de quoi me payer un taxi. J'ai regagné à pied, seul, ma chambre froide et solitaire.

« Mais voilà, *messieurs et dames**, ce dont j'avais promis de vous entretenir. C'est cela l'Amour. C'est cela le plus beau jour de ma vie. »

C'était un drôle de spécimen, ce Charlie. Je l'évoque ici simplement pour montrer la diversité des individus qui prospéraient dans le quartier du Coq d'O

CHAPITRE III

J'ai vécu environ un an et demi dans le quartier du Coq d'Or. Un jour, au cours de l'été, je me suis rendu compte qu'il ne me restait plus que quatre cent cinquante francs en poche, à quoi s'ajoutaient juste les trente-six francs par semaine que je gagnais en donnant des cours d'anglais. Je ne m'étais pas inquiété de l'avenir jusque-là, mais je me suis dit alors qu'il fallait sans tarder faire quelque chose. J'ai décidé de me mettre à chercher du travail et — bien inspiré, comme la suite allait le montrer — j'ai pris la précaution de débourser deux cents francs pour payer un loyer d'avance. Avec les deux cent cinquante francs restants, en plus des cours d'anglais, je pouvais tenir un mois et, en un mois, je devais pouvoir trouver du travail. Je comptais me placer comme guide, ou peut-être interprète, dans une agence de tourisme. Mais le sort en a voulu autrement.

Un jour, un jeune Italien qui se disait compositeur a débarqué à l'hôtel. C'était un individu assez ambigu, du fait de ses favoris qui pouvaient le classer aussi bien parmi les apaches que parmi les intellectuels, et personne ne savait trop dans quelle catégorie le ranger. Son allure n'inspirait guère Mme F., qui lui a fait payer une semaine de loyer d'avance. L'Italien a payé et il est resté six nuits à l'hôtel. Il a mis à profit ce temps-là pour faire faire des doubles des clefs et, la nuit précédant son départ, il a cambriolé une dizaine de chambres, dont la mienne. Par chance, il n'a pas trouvé l'argent que j'avais en poche, si bien que je ne me retrouvais pas complètement à sec. Il ne me restait que quarante-sept francs, soit sept shillings et dix pence[1].

Il n'était plus question de chercher du travail. Il me fallait désormais vivre avec environ six francs par jour, ce qui se révéla d'emblée trop compliqué pour que j'aie le temps de penser à autre chose. C'est à ce moment-là que j'ai commencé à faire l'expérience de la pauvreté, parce qu'avec six francs par jour, si on ne bascule pas à proprement parler dans la pauvreté, on n'en est pas loin. Six francs, c'est un shilling, et on peut vivre avec un shilling par jour à Paris si on sait s'y prendre. Mais ce n'est pas simple.

Le premier contact avec la pauvreté a quelque chose de somme toute étrange. On y a beaucoup songé, parce qu'on a redouté ça toute sa vie, qu'on savait qu'on allait y être confronté un jour ou l'autre ; et c'est une expérience complètement différente, sur un plan très prosaïque. On se disait que ça allait être plutôt simple ; c'est extraordinairement compliqué. On se disait que ce serait terrible ; c'est juste sordide et assommant. C'est la *petitesse* attachée à la pauvreté qu'on découvre pour commencer ; les accommodements constants que cela demande, tout l'embarras de la mesquinerie, le mégotage.

On découvre, par exemple, le secret qui entoure la pauvreté. Par un coup du sort, on en est réduit à subsister avec six francs par jour. Mais, naturellement, on n'ose pas en faire état ; on doit faire semblant de mener la même vie qu'avant. On se retrouve d'emblée pris dans un tissu de mensonges et, même avec tous ces mensonges, on a du mal à s'en tirer. Vous renoncez à porter votre linge à la blanchisserie, et la blanchisseuse vous arrête dans la rue et vous demande pourquoi ; vous bredouillez quelque chose, et voilà qu'elle devient votre ennemie pour la vie, persuadée que vous portez votre linge ailleurs. Le buraliste vous demande de manière insistante pourquoi vous avez réduit votre consommation de tabac. Vous aimeriez bien répondre à certains courriers, mais vous n'avez pas les moyens de vous payer des timbres. Et puis il y a les repas ; c'est ce qu'il y a de plus compliqué. Tous les jours, à l'heure des repas, vous sortez, en apparence pour aller au restaurant, mais vous traînez en fait une heure au jardin du Luxembourg, à regarder les pigeons. Puis vous rentrez à l'hôtel avec de la nourriture dissimulée dans les poches. Vous vous nourrissez de pain et de margarine, ou de pain et de vin, et même la nature de votre régime alimentaire fait l'objet de mensonges. Vous devez acheter du pain de seigle au lieu du pain de ménage, parce que les miches de pain de seigle, quoique plus chères, sont rondes et qu'on peut les dissimuler dans ses poches. Ça vous coûte un franc de plus par jour. Parfois, afin de donner le change, vous êtes obligé de dépenser soixante centimes pour boire un verre, ce qui vous prive de l'équivalent en nourriture. Vous dormez dans des draps sales et vous vous retrouvez à court de savon et de lames de rasoir. Vous auriez bien besoin d'une coupe de cheveux et vous essayez de vous les couper vous-même ; le résultat est tellement affreux que vous êtes finalement obligé d'aller chez le coiffeur et de sacrifier l'équivalent d'une journée de nourriture. Vous mentez à longueur de journée, et ça vous coûte cher.

Vous découvrez à quel point vous êtes vulnérable avec vos six francs par jour. Un petit malheur peut vous priver de nourriture. Vous avez dépensé les quatre-vingts centimes qu'il vous restait en poche pour acheter un demi-litre de lait, que vous êtes en train de faire bouillir au-dessus de la lampe à alcool.

À ce moment-là, une punaise vous descend le long de l'avant-bras ; vous la chassez d'une chiquenaude et *plouf !* elle atterrit directement dans le lait. Vous n'avez plus qu'à jeter le lait et rester le ventre vide.

Vous allez acheter une livre de pain à la boulangerie et vous attendez votre tour pendant que la commise en coupe une livre pour un autre client. Maladroite, elle lui en coupe plus d'une livre. « *Pardon, monsieur**, lui dit-elle, j'imagine que ça ne vous fait rien de payer deux sous de plus ? » Le pain coûte un franc la livre, et vous avez très exactement un franc en poche. À l'idée que vous pourriez à votre tour avoir à payer deux sous de plus et seriez alors contraint d'avouer que vous ne les avez pas, vous êtes pris de panique et vous détalez. Il vous faut plusieurs heures avant d'oser vous aventurer de nouveau dans une boulangerie.

Vous allez acheter pour un franc de pommes de terre à l'épicerie. Mais il y a une pièce de monnaie belge dans le lot de pièces qui compose la somme, et l'épicier n'en veut pas. Vous vous éclipsez de la boutique, où vous ne pourrez plus jamais remettre les pieds.

Vous vous retrouvez par hasard dans les beaux quartiers et vous voyez s'approcher un ami fortuné. Pour l'éviter, vous vous engouffrez dans le café le plus proche. Une fois à l'intérieur, vous êtes obligé de consommer et vous dépensez les cinquante centimes qu'il vous reste pour vous payer un café noir où surnage une mouche morte. On pourrait donner cent autres exemples de malheurs de cet ordre. Ils font partie de la vie quand on est fauché.

On découvre ce que c'est que d'être affamé. Sans rien d'autre dans le ventre que du pain et de la margarine, on va traîner près des devantures des boutiques.

Partout, on doit supporter l'affront d'énormes tas de nourriture gaspillée ; des porcs entiers, des paniers remplis de miches toutes chaudes, des grosses mottes de beurre jaune, des chapelets de saucisses, des montagnes de pommes de terre, d'énormes meules de gruyère. À la vue de tant de nourriture, on ne peut que se lamenter et pleurer sur son sort. On est tenté de chaparder une miche de pain, de s'enfuir avec et de l'engloutir avant d'être rattrapé ; mais on s'abstient de le faire, par pure lâcheté.

On découvre l'ennui, inséparable de la pauvreté ; les moments où on n'a rien à faire et où, sous-alimenté, on n'arrive à s'intéresser à rien. On passe la moitié de la journée allongé sur son lit, avec la sensation d'être le *jeune squelette** du poème de Baudelaire[1]. Il faudrait pouvoir manger pour sortir de cette torpeur. On découvre qu'un homme qui a passé ne serait-ce qu'une semaine à se nourrir de pain et de margarine n'est plus un homme, juste un ventre doté de quelques organes accessoires.

Voilà ce que c'est (et on pourrait compléter le tableau, mais tout est dans la même veine), la vie avec six francs par jour. C'est la vie de milliers de gens à Paris : artistes et étudiants tirant le diable par la queue, prostituées dans une mauvaise passe, chômeurs de tout poil. Ce sont, en quelque sorte, les faubourgs de la pauvreté.

J'ai passé environ trois semaines à vivre de cette manière-là. Les quarante-sept francs se sont rapidement envolés, et il a fallu que je me débrouille avec les trente-six francs par semaine que me rapportaient les cours d'anglais. Manquant d'expérience, je ne maîtrisais pas bien mes dépenses et je me suis parfois retrouvé à passer une journée sans manger. Dans ces cas-là, je vendais quelques vêtements, en les sortant discrètement de l'hôtel par petits paquets pour les apporter dans une friperie de la rue de la Montagne-Sainte-Geneviève. Le fripier était un Juif rouquin, un homme extraordinairement désagréable, qui piquait des colères noires à la vue d'un client. On aurait dit, à le voir, qu'on lui causait du tort en s'adressant à lui. « *Merde**! hurlait-il, encore vous ? Vous vous croyez où ? À la soupe populaire ? » Et il offrait des sommes incroyablement dérisoires. Pour un chapeau acheté vingt-cinq shillings et à peine porté, c'était cinq francs ; pour une bonne paire de chaussures, cinq francs ; pour les chemises, un franc pièce. Il préférait systématiquement troquer plutôt qu'acheter et il avait l'art de vous mettre un article inutile sur les bras en affirmant ensuite que vous aviez accepté le marché. Je l'ai vu un jour délester une vieille dame d'un bon manteau, lui fourrer deux boules de billard blanches dans la main et se dépêcher de la pousser dehors avant qu'elle ait pu protester. Quel plaisir ça aurait été de pouvoir lui écrabouiller le nez, si j'avais pu me le permettre.

J'ai passé trois semaines sordides et pénibles, même si le pire était clairement encore à venir, puisque je n'allais pas tarder à devoir payer mon loyer. Pourtant, la situation était loin d'être aussi désespérée que j'avais pu l'imaginer. En effet, lorsque vous êtes au seuil de la pauvreté, vous faites une découverte qui en éclipse d'autres. Vous découvrez l'ennui, les complications mesquines et les premiers signes de la faim, mais vous découvrez aussi ce qui rachète largement tout le reste dans la pauvreté : le fait qu'elle réduit à néant l'avenir. Dans une certaine mesure, il est tout à fait exact que moins on a d'argent, moins on se fait de souci. Quand vous disposez de cent francs en tout et pour tout, vous êtes sujet aux frayeurs les plus veules. Quand vous n'avez que trois francs, vous êtes plutôt serein ; car, avec trois francs, vous avez de quoi manger jusqu'au lendemain, et vous ne voyez pas plus loin que ça. Vous vous ennuyez, mais vous n'avez pas peur. Vous songez vaguement : « D'ici un jour ou deux, je vais mourir de faim. Effroyable, non ? » Et puis votre esprit passe à autre chose. Le régime pain et margarine sécrète, jusqu'à un certain point, son propre analgésique.

Quand on est pauvre, on tire aussi une grande consolation d'un autre sentiment. Quiconque a été fauché en a sans doute fait l'expérience. C'est le soulagement, voire le plaisir, qu'on éprouve à se savoir enfin authentiquement dans la dèche. On a souvent imaginé toucher le fond, et voilà qu'on y est et qu'on s'en sort. Ça libère vraiment d'un poids.

CHAPITRE IV

Un jour, mes cours d'anglais ont brusquement pris fin. Il commençait à faire très chaud et un de mes élèves, trop paresseux pour continuer, m'a congédié. L'autre a disparu sans prévenir, en me devant douze francs. Il me restait juste trente centimes et pas un brin de tabac. J'ai passé un jour et demi sans manger et sans fumer, après quoi, trop affamé pour attendre plus longtemps, j'ai mis dans ma valise les vêtements qu'il me restait et je les ai apportés au mont-de-piété. Il n'était plus question désormais de faire semblant d'être en fonds, car je ne pouvais pas sortir de l'hôtel avec ma valise sans demander la permission de Mme F. Je me rappelle sa surprise, malgré tout, quand elle m'a vu choisir de venir à elle plutôt que de faire disparaître mes vêtements en douce, le déménagement à la cloche de bois constituant une combine classique dans le quartier.

C'était la première fois que je pénétrais dans un mont-de-piété français. On passait un portail en pierre grandiose (où apparaissait naturellement le « *Liberté, Égalité, Fraternité** » qu'on trouve inscrit jusqu'au fronton des postes de police en France) avant d'accéder à une vaste pièce aux murs nus semblable à une salle de classe, où étaient disposés un comptoir et des rangées de bancs. Une quarantaine ou une cinquantaine de personnes attendaient là. On déposait son gage au comptoir et on allait s'asseoir. Peu après, quand l'employé en avait estimé la valeur, il lançait à la cantonade : « *Numéro** tant, vous en acceptez cinquante francs ? » Parfois, c'était juste quinze francs, voire dix, ou encore cinq ; quelle que fût la somme, toute la salle était au courant. Au moment où j'entrais, l'employé, l'air offusqué, a crié « *Numéro 83**, ici ! », accompagnant ces mots d'un sifflement et d'un petit signe de la main, comme pour appeler un chien. Le *Numéro 83** s'est approché du comptoir ; c'était un vieillard barbu, vêtu d'un pardessus boutonné jusqu'au cou, aux bas de pantalon élimés. Sans un mot, l'employé a envoyé valser le ballot par-dessus le comptoir ; visiblement, il ne valait rien. Il a atterri au sol et s'est défait, laissant voir quatre caleçons de laine. Personne n'a pu s'empêcher de rire. Le pauvre *Numéro 83** a ramassé ses caleçons et regagné la sortie en traînant les pieds et en marmonnant dans sa barbe.

Les vêtements que je mettais en gage, complétés par la valise, avaient coûté plus de vingt livres et ils étaient en bon état. Je les estimais à dix livres, et un quart de cette somme (c'est ce qu'on pouvait s'attendre à obtenir au mont-de-piété) représentait entre deux cent cinquante et trois cents francs. J'ai attendu assez sereinement, escomptant en tirer deux cents francs dans le pire des cas.

L'employé a fini par appeler mon numéro : « *Numéro 97*!*

— Oui, ai-je dit en me levant.

— Soixante-dix francs ? »

Soixante-dix francs pour des vêtements qui valaient dix livres ! Mais il était inutile de discuter ; j'avais vu quelqu'un tenter de le faire, et l'employé avait aussitôt refusé le gage. J'ai pris l'argent et la reconnaissance et je suis sorti. J'avais désormais pour seuls vêtements ceux que je portais — dont un veston passablement râpé au coude —, un pardessus, dont il n'y avait pas grand-chose à tirer, et une chemise de rechange. Par la suite, mais trop tard, j'ai appris qu'il était plus judicieux de se présenter au mont-de-piété l'après-midi. Les employés sont français et, comme la plupart des Français, ils sont de mauvaise humeur tant qu'ils n'ont pas avalé leur déjeuner.

Quand je suis rentré, Mme F. était en train de balayer dans le *bistro**. Elle a monté les marches pour venir à ma rencontre. Je voyais dans ses yeux qu'elle s'inquiétait pour son loyer.

« Alors, a-t-elle dit, qu'est-ce que vous avez tiré de vos vêtements ? Pas grand-chose, hein ?

— Deux cents francs, ai-je répondu sans hésiter.

— *Tiens*!* a-t-elle répliqué, surprise ; eh bien, ce n'est pas si mal. Ces vêtements anglais ne doivent pas être donnés ! »

Ce mensonge m'épargnait quantité de tracas et

s'est curieusement révélé ne pas en être un. Quelques jours plus tard, j'ai bel et bien reçu une somme correspondant très exactement à deux cents francs, qui m'était due pour un article de journal, et, même s'il m'en a coûté, j'en ai sur-le-champ employé jusqu'au dernier penny pour régler mon loyer. Grâce à quoi, alors que j'ai bien failli mourir de faim au cours des semaines qui ont suivi, je n'ai pour ainsi dire jamais été privé de toit.

Il était désormais tout à fait impératif que je trouve du travail, et je me suis souvenu d'un ami, un serveur russe du nom de Boris, qui allait peut-être pouvoir m'aider. Je l'avais rencontré dans la salle commune d'un hôpital, où il était soigné pour de l'arthrite dans la jambe gauche. Il m'avait dit de venir le trouver si j'avais des problèmes d'argent.

Il me faut dire quelques mots de Boris, car c'est un personnage curieux dont j'ai été pendant un bon moment très proche. C'était un grand gaillard d'environ trente-cinq ans à l'allure militaire, qui avait été bel homme, mais que la maladie et l'obligation de garder le lit avaient fait énormément grossir. Comme la plupart des réfugiés russes, il avait vécu une vie riche en rebondissements. Ses parents, tués pendant la révolution, étaient des gens riches, et il avait servi pendant la guerre dans le 2e régiment de tirailleurs sibériens, le meilleur régiment de l'armée russe d'après lui. Après la guerre, il avait d'abord travaillé dans une fabrique de brosses, puis comme porteur aux Halles, avant de devenir plongeur, pour finir par décrocher une place de serveur. Quand il était tombé malade, il travaillait à l'Hôtel Scribe et gagnait cent francs par jour en pourboires. Son ambition était de passer *maître d'hôtel**, de mettre cinquante mille francs de côté et d'ouvrir un petit restaurant chic sur la rive droite.

Boris parlait toujours de la guerre comme de la période la plus heureuse de son existence. La guerre et la vie de soldat étaient sa passion; il avait lu un nombre incalculable de livres de stratégie et d'histoire militaire, et il pouvait vous exposer en détail les théories de Napoléon, de Koutouzov, de Clausewitz, de Moltke et de Foch. Il aimait tout ce qui touchait de près ou de loin aux militaires. Son café préféré était la Closerie des Lilas à Montparnasse, simplement parce que la statue du maréchal Ney trône juste devant. Par la suite, Boris et moi avons eu de temps à autre l'occasion de nous rendre ensemble rue du Commerce. Si nous y allions en métro, Boris descendait toujours à Cambronne plutôt qu'à Commerce, même si Commerce était plus près; il en aimait l'association avec le général Cambronne, qui, sommé de se rendre à Waterloo, avait simplement répondu : « *Merde**! »

La révolution ne lui avait laissé que ses médailles et quelques clichés de son ancien régiment; il les avait gardés alors que tout le reste était parti au mont-de-piété. Il ne se passait pratiquement pas un jour sans qu'il étale les clichés sur son lit et les commente :

« *Voilà, mon ami**! Là, c'est moi à la tête de ma compagnie. Sacrés gaillards, hein? Pas comme ces petits rats de Français. Capitaine à vingt ans. Pas mal, hein? Oui, capitaine dans le 2e régiment de tirailleurs sibériens; et mon père était colonel.

« *Ah, mais, mon ami**, il y a des hauts et des bas dans la vie! Capitaine dans l'armée russe, et *pof!* la révolution, plus un sou. En 1916, j'ai séjourné une semaine à l'Hôtel Édouard-VII; en 1920, j'essayais d'y décrocher une place de veilleur de nuit. J'ai été veilleur de nuit, caviste, nettoyeur, plongeur, porteur, préposé aux toilettes. J'ai donné des pourboires à des serveurs et j'en ai reçu à mon tour, de serveurs.

« Ah, mais je sais ce que c'est que de vivre sur un grand pied, *mon ami**. Je ne dis pas ça pour me vanter, mais l'autre jour j'essayais de faire le compte des maîtresses que j'ai eues dans ma vie et je suis arrivé à plus de deux cents. Oui, au moins deux cents... Mais bon, *ça reviendra**. La victoire appartient à celui qui ne renonce jamais. Courage ! » Et ainsi de suite.

Boris était d'un naturel singulier, versatile. Il rêvait constamment de retrouver la vie militaire, mais il était par ailleurs serveur depuis suffisamment longtemps pour avoir adopté les perspectives propres à cette profession. Alors qu'il n'avait jamais économisé plus que quelques milliers de francs, il ne doutait pas qu'il finirait par pouvoir ouvrir son propre restaurant et devenir riche. Tous les serveurs, comme j'allais le découvrir, ont le même rêve et le même discours ; c'est ce qui les réconcilie avec leur métier. Boris tenait des propos non dénués d'intérêt sur la vie d'hôtel :

« Être serveur, c'est un pari, disait-il ; on peut aussi bien mourir dans la misère que faire fortune en un an. On ne reçoit pas de salaire, on ne peut compter que sur les pourboires (dix pour cent de la note) et sur une commission versée par les marchands de vin sur les bouchons de champagne. Les pourboires sont parfois énormes. Le barman de chez Maxim's, par exemple, gagne cinq cents francs par jour. Plus de cinq cents francs, en saison... Il m'est arrivé à moi de gagner deux cents francs par jour. C'était dans un hôtel de Biarritz, en saison. Tout le personnel, du gérant aux *plongeurs**, travaillait vingt et une heures par jour. Vingt et une heures de travail et deux heures et demie de sommeil, un mois durant. Mais ça valait le coup, à deux cents francs par jour.

« Il y a aussi les coups de chance inespérés. Un jour, quand j'étais à l'Hôtel Royal, un client américain m'a fait venir avant le dîner pour me commander vingt-quatre cocktails au brandy. Je les ai apportés tous ensemble sur un plateau, dans vingt-quatre verres. "Très bien, *garçon**, a dit le client (qui était soûl), j'en bois douze et vous en buvez douze, et si vous arrivez ensuite à marcher jusqu'à la porte, je vous donne cent francs." J'ai marché jusqu'à la porte, et il m'a donné cent francs. Et, tous les soirs pendant six jours, ça a été pareil : douze cocktails au brandy, avec cent francs à la clef. Quelques mois plus tard, j'ai appris qu'il avait été extradé à la demande du gouvernement américain, pour détournement de fonds. Ils sont épatants, non, ces Américains ? »

J'appréciais Boris, et nous avons passé de bons moments, à jouer aux échecs et à parler de la guerre et des hôtels. Boris m'encourageait souvent à devenir serveur. « C'est une vie qui te plairait, disait-il ; du travail, cent francs par jour et une ravissante maîtresse, ça n'est pas désagréable. Tu dis que ce qui t'intéresse, c'est d'écrire. Écrire, c'est de la foutaise. Il n'y a qu'une seule façon de gagner de l'argent en étant écrivain : c'est d'épouser la fille d'un éditeur. Mais tu ferais un bon serveur si tu te rasais la moustache. Tu es grand et tu parles anglais : c'est l'essentiel pour un serveur. Attends que j'arrive à plier cette maudite jambe, *mon ami**. Et alors, si tu cherches un jour du travail, viens me voir. »

À présent que je n'avais plus de quoi payer mon loyer ni manger à ma faim, la promesse de Boris me revenait, et j'ai décidé de lui faire signe sur-le-champ.

Je n'imaginais pas pouvoir accéder à une place de serveur aussi facilement qu'il l'avait promis, mais, comme j'étais naturellement capable de récurer des plats, il pouvait sans doute me trouver une place en cuisine. Il m'avait dit que, l'été, on pouvait se faire embaucher à la plonge en un clin d'œil. J'étais vraiment soulagé de me rappeler que j'avais finalement un ami influent sur qui compter.

CHAPITRE V

Peu de temps auparavant, Boris m'avait donné une adresse rue du Marché-des-Blancs-Manteaux. Sa lettre disait juste que « ça ne marchait pas trop mal » et j'en avais conclu qu'il avait retrouvé sa place à l'Hôtel Scribe et les cent francs par jour qui allaient avec. J'étais rempli d'espoir et je me demandais pourquoi, bêtement, je n'étais pas allé voir Boris plus tôt. Je m'imaginais dans un restaurant à l'ambiance feutrée, avec des cuisiniers joviaux cassant des œufs dans une poêle en chantant des chansons d'amour, et cinq vrais repas par jour. Je suis même allé jusqu'à gaspiller deux francs cinquante pour un paquet de Gauloises bleues, anticipant sur mes futurs revenus.

De bon matin, je me suis rendu à pied rue du Marché-des-Blancs-Manteaux, qui s'est révélée être, à ma plus grande surprise, une ruelle sordide aussi miteuse que la mienne. L'hôtel de Boris était le plus pouilleux de toute la rue. De l'entrée obscure s'échappaient des relents aigres, un mélange d'eaux grasses et de potage synthétique — du bouillon Zip[1], à vingt-cinq centimes le sachet. J'ai été pris d'un doute. Pour avaler du bouillon Zip, il faut être au bord de la famine, ou pas loin. Boris gagnait-il vraiment cent francs par jour ? Un *patron** revêche, assis dans son cagibi, m'a fait savoir que oui, le Russe était là, dans sa mansarde. J'ai grimpé six étages par un étroit escalier en colimaçon, l'odeur de bouillon Zip devenant plus présente à chaque étage. Boris ne répondant pas quand j'ai toqué à sa porte, j'ai ouvert et je suis entré.

C'était une mansarde de neuf mètres carrés, éclairée par une simple lucarne et avec pour tout mobilier un étroit lit en fer, une chaise et une table de toilette bancale. Un long cortège sinueux de punaises progressait lentement sur le mur au-dessus du lit. Boris dormait, nu, son gros ventre formant un petit monticule sous le drap crasseux. Il avait la poitrine constellée de piqûres d'insectes. Il s'est réveillé quand je suis entré et s'est frotté les yeux en poussant un gémissement sourd.

« Nom de Dieu, s'est-il exclamé, nom de Dieu, mon dos ! Sacrebleu, c'est que j'ai le dos en miettes !

— Qu'est-ce que tu as ? me suis-je écrié.

— J'ai le dos en miettes, voilà tout. J'ai passé la nuit par terre. Nom de Dieu ! Si tu savais ce que ça me fait mal !

— Mon cher Boris, tu es malade ?

— Non, c'est juste que je meurs de faim. Oui, je vais mourir de faim si ça continue comme ça. En plus de dormir par terre, ça fait des semaines que je vis avec deux francs par jour. C'est terrible. Tu n'arrives pas au bon moment, *mon ami**. »

Ça ne semblait pas utile de lui demander s'il avait toujours sa place à l'Hôtel Scribe. Je suis redescendu à toute vitesse pour aller acheter une miche de pain. Boris s'est jeté dessus et en a dévoré la moitié, après quoi, requinqué, il s'est assis sur le lit et m'a raconté ce qui lui était arrivé. Il n'avait pas réussi à retrouver du travail à sa sortie de l'hôpital parce qu'il boitait encore beaucoup et, une fois qu'il avait dépensé toutes ses économies et mis au clou tout ce qu'il possédait, il avait passé plusieurs jours sans manger. Pendant une semaine, il avait couché sur les quais, sous le pont d'Austerlitz, au milieu de barriques de vin vides. Cela faisait quinze jours qu'il partageait cette chambre avec un Juif, un mécanicien. Visiblement (ses explications étaient un peu embrouillées), le Juif lui devait trois cents francs et le remboursait en le laissant dormir par terre et en lui donnant deux francs par jour pour se nourrir. Avec deux francs, il arrivait à se payer un bol de café et trois petits pains. Le Juif partait travailler à 7 heures du matin et Boris pouvait alors quitter l'endroit où il couchait (situé sous la lucarne, qui laissait passer la pluie) pour se glisser dans le lit. Il avait du mal à trouver le sommeil là aussi, à cause des punaises, mais ça lui reposait le dos après une nuit par terre.

J'étais terriblement déçu : alors que j'étais venu demander de l'aide à Boris, je le trouvais encore plus mal loti que moi. Je lui ai expliqué que je n'avais plus qu'une soixantaine de francs en poche et qu'il était urgent que je trouve du travail. Mais Boris avait alors fini le pain, si bien qu'enjoué et disert à présent, il m'a lancé sur un ton insouciant :

« Sapristi ! Il n'y a pas de quoi se faire du souci ! Soixante francs ! Mais c'est une fortune ! Donne-moi cette chaussure, s'il te plaît, *mon ami**, que j'écrabouille quelques-unes de ces punaises si elles s'approchent.

— Mais tu penses que j'ai une chance de trouver du travail ?

— Une chance ? Mais c'est une certitude. D'ailleurs, j'ai déjà quelque chose pour toi. Il y a un nouveau restaurant russe qui ouvre dans quelques jours rue du Commerce. C'est *une chose entendue** que je dois en être le *maître d'hôtel**. Je peux sans problème te trouver un travail en cuisine. Cinq cents francs par mois et nourri, sans compter les pourboires avec un peu de veine.

— Et en attendant ? Je ne vais pas tarder à devoir régler mon loyer.

— Oh, on trouvera bien quelque chose. J'ai plus d'un tour dans mon sac. Des gens qui me doivent de l'argent, par exemple, il y en a plein Paris. Il y en aura bien un pour me rembourser sous peu. Et puis, songe à toutes mes anciennes maîtresses ! Une femme n'oublie jamais, tu sais. Il suffit que je demande et elles me dépanneront. En plus, le Juif me dit qu'il compte voler des bobines dans le garage où il travaille ; et il nous paiera cinq francs par jour pour les nettoyer avant de les revendre. Rien qu'avec ça, on peut s'en sortir. Il ne faut jamais se faire de souci, *mon ami**. Il n'y a rien de plus simple que de trouver de l'argent.

— Alors, allons-y tout de suite et tâchons de trouver du travail.

— Patience, *mon ami**. On ne va pas mourir de faim, ne t'en fais pas. Ce sont les aléas de la guerre. J'ai connu bien pire des dizaines de fois. C'est juste une question d'endurance. Souviens-toi de la maxime de Foch : "*Attaquez ! Attaquez ! Attaquez** ! " »

Il était midi quand Boris s'est décidé à se lever. Il possédait désormais pour tout vêtement un complet, assorti d'une chemise, d'un faux col et d'une cravate, ainsi qu'une paire de chaussures usées jusqu'à la corde et une paire de chaussettes toutes trouées. À quoi s'ajoutait un pardessus à mettre au clou s'il était rendu à la dernière extrémité. Il avait aussi une valise, un misérable machin en carton à vingt francs, qui lui était malgré tout essentiel, car le *patron** de l'hôtel la croyait remplie de vêtements; sans ça, ce dernier l'aurait probablement mis dehors. Ce qu'elle contenait en réalité, c'était ses médailles et ses clichés, diverses bricoles et d'épaisses liasses de lettres d'amour. Boris n'en conservait pas moins une apparence plutôt soignée. Il s'est rasé sans savon et avec une lame de rasoir qui devait avoir deux mois, a noué sa cravate de façon à masquer les trous et soigneusement tapissé le fond de ses chaussures de papier journal. Pour finir, une fois habillé, il a sorti un flacon d'encre et noirci ses chevilles aux endroits où les chaussettes laissaient voir la peau. On n'aurait jamais pu deviner, au terme de ces préparatifs, que, tout récemment encore, il couchait sous les ponts enjambant la Seine.

Nous avons gagné un petit café proche de la rue de Rivoli, lieu de rendez-vous connu des gérants et employés d'hôtel. Au fond se trouvait une salle sombre et caverneuse où était attablé du personnel d'hôtel de toutes les catégories : de jeunes serveurs élégants, d'autres moins élégants qui ne mangeaient visiblement pas à leur faim, des cuisiniers replets au teint rosé, des plongeurs sentant le graillon, des femmes de ménage âgées au bout du rouleau. Tous avaient devant eux un verre de café noir encore intact. C'était en fait un bureau de placement, et l'argent dépensé sur les consommations faisait office de commission pour le *patron** du lieu. De temps à autre, on voyait entrer un homme corpulent à l'air important, un restaurateur de toute évidence, qui allait parler au barman, après quoi le barman appelait un des occupants de l'arrière-salle. Mais il ne nous a jamais appelés, Boris ou moi, et nous sommes partis au bout de deux heures, l'usage voulant qu'on n'y passe pas plus de deux heures par consommation. Nous avons appris par la suite, mais trop tard, que l'astuce consistait à graisser la patte du barman ; si on pouvait se permettre de lui glisser vingt francs, on était généralement assuré de trouver une place.

Nous sommes allés jusqu'à l'Hôtel Scribe où nous avons attendu une heure sur le trottoir, dans l'espoir de voir sortir le gérant ; en vain. Puis nous nous sommes traînés jusqu'à la rue du Commerce, pour découvrir finalement que le nouveau restaurant, en pleins travaux de rénovation, était fermé et que le *patron** était absent. Il faisait nuit à présent. Nous avions parcouru quatorze kilomètres de trottoirs et nous étions tellement épuisés que nous avons été contraints de dépenser un franc cinquante en tickets de métro pour rentrer. Marcher était une torture pour Boris, à cause de sa patte folle, et son optimisme déclinait au fil des heures. Quand nous sommes sortis du métro place d'Italie, il touchait le fond. Il s'est mis à dire qu'il était inutile de chercher du travail, qu'il n'y avait pas d'autre solution que de s'en remettre au crime.

« Il vaut encore mieux voler que mourir de faim, *mon ami**. J'y ai souvent pensé. Un gros Américain fortuné, un recoin sombre du côté de Montparnasse, un pavé dans une chaussette et *paf !* Ensuite, on lui fait les poches et on décampe. C'est faisable, non ? Je ne flancherais pas. J'ai été dans l'armée, rappelle-toi. »

Il a fini par renoncer à ce projet, parce que nous

étions tous deux des étrangers, donc facilement identifiables.

Une fois arrivés chez moi, nous avons dépensé de nouveau un franc cinquante pour nous payer du pain et du chocolat. Boris a dévoré sa part et aussitôt retrouvé son entrain comme par magie ; la nourriture semblait agir aussi vite qu'un cocktail sur son organisme. Il a sorti un crayon et s'est mis à dresser la liste des gens sur qui nous pouvions compter pour nous donner du travail. Il y en avait des dizaines, d'après lui.

« Demain, nous trouverons quelque chose, *mon ami**, je le sens. La roue finit toujours par tourner. Et puis, nous avons tous les deux de la ressource ; un homme qui a de la ressource ne peut pas mourir de faim.

« On peut faire tant de choses quand on a de la ressource ! Avec de la ressource, on peut tirer de l'argent de tout. J'avais autrefois un ami, un Polonais, un homme brillant, et tu sais ce qu'il faisait ? Il achetait une bague en or et la mettait au clou pour quinze francs. Après quoi (tu sais le peu de soin que mettent les employés à remplir les reconnaissances), là où l'employé avait écrit "*en or**", il ajoutait "*et diamants**", et il remplaçait "quinze francs" par "quinze mille". Pas bête, hein ? Du coup, tu vois, il pouvait emprunter mille francs sur la garantie de sa reconnaissance. C'est ça que j'appelle avoir de la ressource... »

Tout le restant de la soirée, Boris s'est montré plein d'espoir, évoquant le bon temps que nous prendrions ensemble quand nous serions serveurs à Nice ou à Biarritz, logés dans des chambres chic et disposant d'assez d'argent pour entretenir des maîtresses. Comme il était trop fatigué pour parcourir à pied les trois kilomètres qui le séparaient de son hôtel, il a passé la nuit par terre dans ma chambre, ses chaussures emmaillotées dans son veston en guise d'oreiller.

CHAPITRE VI

Nous n'avons pas non plus réussi à trouver du travail le lendemain, et il a fallu attendre trois semaines pour que la roue tourne. Grâce à mes deux cents francs, je n'avais pas à me tracasser pour le loyer, mais, pour tout le reste, ça se présentait au plus mal. Jour après jour, Boris et moi arpentions Paris, déambulant dans la foule à trois kilomètres à l'heure, las et affamés, sans rien trouver. Je me souviens qu'un jour nous avons traversé la Seine onze fois. Nous lanternions pendant des heures aux abords des entrées de service et, quand le gérant sortait, nous allions ramper devant lui, la casquette à la main. C'était toujours la même réponse : ils ne voulaient ni d'un estropié ni d'un novice. Une fois, nous avons bien failli être embauchés. Pendant tout le temps où Boris s'adressait au gérant, il se tenait bien droit, sans prendre appui sur sa canne, et le gérant n'a pas vu qu'il boitait. « Oui, nous a-t-il dit, nous avons besoin de deux hommes pour la cave. Vous pourriez faire l'affaire. Entrez. » Là-dessus, Boris a fait un pas et tout est tombé à l'eau. « Ah, a dit le gérant, vous boitez. *Malheureusement**... »

Nous nous sommes inscrits dans des agences et nous avons répondu à des annonces, mais, contraints de nous déplacer constamment à pied, nous étions ralentis et nous arrivions visiblement, à chaque fois, une demi-heure trop tard. Un jour, alors que nous étions sur le point d'être embauchés pour nettoyer des wagons de marchandises, on nous a préféré des Français à la dernière minute. Un autre jour, nous avons répondu à l'annonce d'un cirque qui avait besoin de main-d'œuvre. Ils cherchaient des hommes pour déplacer des bancs et changer les litières, en plus de quoi, pendant les représentations, il fallait rester en équilibre sur deux baquets en attendant qu'un lion vous saute entre les jambes. Quand nous sommes arrivés sur les lieux, avec une heure d'avance sur l'horaire indiqué, il y avait déjà une cinquantaine d'hommes qui attendaient. Les lions éveillent manifestement des vocations.

Un jour, une agence à laquelle je m'étais adressé plusieurs mois plus tôt m'a envoyé un *petit bleu**[1], dans lequel il était question d'un Italien qui avait besoin de cours d'anglais. Le *petit bleu** disait juste « Venez sur-le-champ » et promettait vingt francs de l'heure. Boris et moi étions au désespoir. C'était une occasion inespérée, mais je ne pouvais pas la saisir car il était exclu de se présenter à l'agence avec un veston râpé au coude. L'idée nous est venue alors que je pouvais porter le veston de Boris; il n'était pas assorti avec mon pantalon, mais celui-ci était gris et pouvait passer pour de la flanelle à une certaine distance. Le veston étant beaucoup trop grand pour moi, j'étais obligé de le porter déboutonné et d'avoir toujours une main dans la poche. Je n'ai pas traîné, sacrifiant soixante-quinze centimes pour gagner l'agence en autobus. Quand je suis arrivé, j'ai appris que l'Italien avait changé d'avis et quitté Paris.

Un jour, Boris m'a suggéré d'aller aux Halles pour essayer de me faire embaucher comme porteur. Je suis arrivé à 4 heures et demie du matin, au moment où le marché entrait en effervescence. Avisant un petit bonhomme grassouillet coiffé d'un chapeau melon qui donnait des instructions à des porteurs, je l'ai abordé pour lui demander du travail. Sans me répondre, il m'a attrapé la main droite et m'a tâté la paume.

« Costaud, hein ? a-t-il dit.

— Très costaud, ai-je menti.

— *Bien**. Fais-moi voir et soulève-moi ça. »

C'était un énorme panier en osier rempli de pommes de terre. Je l'ai attrapé et je me suis rendu compte que, sans parler de le soulever, je n'arrivais même pas à le déplacer. L'homme au chapeau melon m'a regardé faire, avant de hausser les épaules et de tourner les talons. Je n'ai pas demandé mon reste. Après avoir fait quelques pas, je me suis retourné et j'ai vu pas moins de quatre hommes soulever le panier pour le charger sur une charrette. Il devait peser cent cinquante kilos. Le bonhomme avait vu que je ne lui serais d'aucune utilité et il avait trouvé ce moyen-là de se débarrasser de moi.

Parfois, dans ses moments d'optimisme, Boris dépensait cinquante centimes pour acheter un timbre et il écrivait à l'une de ses anciennes maîtresses pour lui demander de l'argent. Une seule a jamais répondu. C'était une femme qui, en plus d'avoir été sa maîtresse, lui devait deux cents francs. Quand Boris a vu la lettre à la réception et reconnu l'écriture, il était fou d'espoir. Nous avons attrapé la lettre et monté l'escalier quatre à quatre pour aller la lire dans la chambre de Boris, comme des enfants qui ont volé des bonbons. Boris l'a lue, avant de me la tendre en silence. En voici le contenu :

Mon petit loup chéri,

Quel bonheur d'ouvrir ta charmante lettre, qui m'a rappelé le temps de notre idylle et les précieux baisers que j'ai reçus de tes lèvres. Ce sont des souvenirs qui restent gravés pour toujours dans le cœur d'une femme, comme le parfum d'une fleur fanée.

Quant aux deux cents francs que tu me demandes, hélas ! c'est impossible. Tu n'imagines pas, mon tendre ami, à quel point je suis désolée de te savoir dans l'embarras. Mais, que veux-tu, dans cette triste vie, chacun a sa part de misères. Je n'ai pas été épargnée, moi non plus. Ma petite sœur a été malade (ah, la pauvre petite, combien elle a souffert !) et le médecin nous réclame je ne sais quelle somme. Il ne nous reste plus un sou, et je peux t'assurer que nous traversons des moments très difficiles.

Courage, mon petit loup, il faut toujours garder courage ! Souviens-toi que les mauvais jours ne durent pas éternellement et que les maux qui nous semblent si terribles finissent par disparaître.

Sois assuré, mon tendre ami, que je ne t'oublierai jamais. Et accepte les étreintes les plus sincères de celle qui n'a jamais cessé de t'aimer, ton

YVONNE.

Cette lettre a causé à Boris une telle déception qu'il s'est mis sur-le-champ au lit et a refusé de continuer à chercher du travail ce jour-là.

Mes soixante francs ont duré une quinzaine de jours. J'avais renoncé à faire semblant d'aller au restaurant et nous mangions dans ma chambre, l'un assis sur le lit et l'autre sur la chaise. Avec les deux francs de Boris et trois ou quatre francs de ma poche, nous achetions du pain, des pommes de terre, du lait et du fromage, et nous faisions chauffer de la soupe sur ma lampe à alcool. Nous possédions une casserole, un bol et une cuiller; tous les jours, nous faisions assaut de politesses pour savoir qui allait manger dans la casserole et qui dans le bol (la casserole contenait plus) et, tous les jours, à mon secret déplaisir, Boris lâchait le premier et obtenait la casserole. Parfois, nous avions davantage de pain le soir, mais pas toujours. Notre linge était d'une propreté de plus en plus douteuse et cela faisait trois semaines que je n'avais pas pris de bain; Boris disait ne pas en avoir pris depuis des mois. C'est le tabac qui rendait la situation supportable. Nous en étions largement pourvus, car, peu de temps auparavant, Boris avait fait la connaissance d'un soldat (les soldats reçoivent du tabac gratuitement) et lui en avait acheté vingt ou trente paquets à cinquante centimes pièce.

Boris souffrait beaucoup plus de la situation que moi. La marche et les nuits passées sur le plancher lui causaient des douleurs constantes à la jambe et dans le dos et, avec son formidable appétit de Russe, il était tourmenté par la faim, même s'il ne paraissait pas maigrir. Il était étonnamment gai dans l'ensemble et n'était jamais à court d'espoir. Il prétendait avec le plus grand sérieux qu'un saint patron veillait sur lui et, quand nous touchions le fond, il scrutait les caniveaux, affirmant que le saint y laissait souvent tomber des pièces de deux francs. Un jour que nous attendions rue Royale, à proximité d'un restaurant russe où nous comptions aller demander du travail, Boris a brusquement décidé d'entrer dans l'église de la Madeleine pour y brûler un cierge à cinquante centimes en l'honneur de son saint patron. Après quoi, en sortant de l'église, il a déclaré qu'on n'était jamais trop prudent et a solennellement craqué une allumette pour brûler un timbre à cinquante centimes, en sacrifice aux dieux immortels. Les dieux et les saints ne faisaient peut-être pas bon ménage ; quoi qu'il en soit, nous sommes repartis bredouilles ce jour-là.

Certains jours, Boris sombrait dans le plus profond désespoir. Il restait allongé toute la matinée, sanglotant presque et maudissant le Juif avec qui il partageait sa chambre. Le Juif se faisait désormais prier pour lui verser ses deux francs et, pire encore, il s'était mis à prendre des airs supérieurs intolérables. Boris me disait que je ne pouvais pas comprendre, moi qui étais anglais, la torture que c'était pour un Russe de bonne famille d'être à la merci d'un Juif.

« Un Juif, *mon ami**, un authentique Juif ! Et il n'a même pas la décence d'en avoir honte[1]. Quand je pense que moi, qui ai été capitaine dans l'armée russe... Je t'ai déjà dit, *mon ami**, que j'étais capitaine dans le 2ᵉ régiment de tirailleurs sibériens ? Oui, capitaine, et mon père était colonel. Et me voilà réduit à manger le pain d'un Juif. Un Juif...

« Je vais te dire comment sont les Juifs. Un jour, dans les tout premiers mois de la guerre, nous étions en route et nous avions fait halte dans un village pour la nuit. Un vieux Juif horrible, avec une barbe rousse de Judas Iscariote, s'est faufilé dans le cantonnement où je logeais. Je lui ai demandé ce qu'il voulait. "Votre excellence, a-t-il répondu, je vous ai amené une jeune fille, une très belle jeune fille de dix-sept ans tout juste. Ça ne vous coûtera que cinquante francs." "Merci, lui ai-je répondu, mais tu peux repartir avec elle. Je n'ai pas envie d'attraper des maladies." "Des maladies ! s'est écrié le Juif, *mais, monsieur le capitaine**, vous n'avez rien à craindre. C'est ma propre fille!" Voilà ce que c'est la nature des Juifs.

« Est-ce que je t'ai déjà dit, *mon ami**, qu'autrefois, dans l'armée russe, il était de mauvais goût de cracher sur un Juif? Oui, nous pensions que le crachat d'un officier russe était trop précieux pour être gaspillé sur les Juifs... » Etc.

Ces jours-là, Boris se déclarait en général trop souffrant pour sortir et aller chercher du travail. Il restait allongé jusqu'au soir sous ses draps grisâtres, infestés de vermine, à fumer et à lire de vieux journaux. Parfois nous jouions aux échecs. Nous n'avions pas d'échiquier, mais nous inscrivions les coups sur un bout de papier; et, par la suite, nous en avons fabriqué un avec le côté d'une caisse, en utilisant comme pièces des boutons, de la monnaie belge et d'autres bricoles du même genre. Boris, comme beaucoup de Russes, avait une passion pour les échecs. Il avait l'habitude de dire que les règles des échecs étaient les mêmes que celles de l'amour et de la guerre, et que si on était bon à ce jeu-là, on était bon aux deux autres. Mais il disait aussi que, si on avait un échiquier, on ne souffrait pas de la faim, ce qui n'était certainement pas vrai dans mon cas.

CHAPITRE VII

Mes richesses s'épuisaient lentement, passant de huit francs à quatre francs, puis à un franc, pour finir à vingt-cinq centimes, qui ne sont d'aucune utilité, puisque ça permet juste d'acheter un journal. Nous avons été au pain sec pendant plusieurs jours et j'ai ensuite passé deux jours et demi sans rien manger du tout. Une expérience terrible. Il y a des gens qui font des cures de jeûne pendant trois semaines ou plus et qui déclarent qu'il devient assez agréable de jeûner au bout du quatrième jour ; je ne me prononcerai pas, n'ayant jamais dépassé trois jours. On en retire sans doute une impression différente quand on fait ça volontairement et qu'on n'est pas sous-alimenté dès le début.

Le premier jour, trop inerte pour aller chercher du travail, j'ai emprunté une canne à pêche et je suis allé pêcher dans la Seine, avec des mouches bleues en guise d'appât. J'espérais prendre de quoi me nourrir, ce qui n'a pas été le cas, bien sûr. La Seine regorge de vandoises, mais elles sont devenues rusées à l'époque du siège de Paris[1], et on n'en a pas attrapé depuis, si ce n'est au filet. Le deuxième jour, j'ai songé à porter mon pardessus au mont-de-piété, mais je n'avais pas le courage d'aller jusque-là à pied et j'ai passé la journée au lit, à lire *Les Mémoires de Sherlock Holmes*[2]. Sans nourriture, c'est tout ce que je me sentais capable de faire. La faim vous réduit à un état de mollesse et d'hébétude complètes, plus proche du contrecoup d'une grippe que de toute autre chose. C'est comme si on était changé en méduse ou comme si on vous avait pompé tout le sang en y substituant de l'eau tiède. L'inertie totale est le principal souvenir que j'ai de la faim ; ça et le fait de devoir très fréquemment cracher, des crachats étrangement blancs et floconneux, comme la salive de coucou. Je ne sais pas à quoi cela tient, mais tous ceux qui ont connu la faim pendant plusieurs jours l'ont remarqué.

Le matin du troisième jour, je me suis senti beaucoup mieux. J'ai pensé qu'il fallait agir sur-le-champ et j'ai décidé d'aller demander à Boris de partager avec moi ses deux francs, pendant un jour ou deux en tout cas. Quand je suis arrivé chez lui, je l'ai trouvé au lit et en proie à une colère noire. J'étais à peine entré qu'il a explosé, s'étouffant presque :

« Il me les a repris, ce sale voleur ! Il me les a repris !

— Qui a repris quoi ?

— Le Juif ! Il m'a pris mes deux francs, ce chien, ce voleur ! Il m'a dépouillé pendant mon sommeil ! »

Apparemment, la veille au soir, le Juif avait catégoriquement refusé de lui verser ses deux francs quotidiens. Il s'en était suivi une dispute sans fin, au terme de laquelle le Juif avait fini par consentir à lui donner l'argent ; et ce, d'après Boris, d'une manière particulièrement insultante, en lui faisant valoir qu'il était très généreux et en lui arrachant une gratitude abjecte. Et le matin même, il avait repris l'argent avant que Boris ne soit réveillé.

C'était un coup terrible pour moi. J'étais atrocement déçu, dans la mesure où j'avais laissé miroiter à mon ventre de la nourriture, funeste erreur quand on est affamé. Boris était néanmoins loin d'être désespéré, ce qui n'a pas manqué de me surprendre. Il s'est redressé sur son lit, a allumé sa pipe et examiné la situation.

« Écoute, *mon ami**, nous n'avons plus le choix. Il ne nous reste plus que vingt-cinq centimes à nous deux, et je doute que le Juif me verse de nouveau mes deux francs. De toute façon, son comportement est devenu intolérable. Tu me croiras si je te dis que, l'autre soir, il a eu l'indécence de ramener une femme ici, alors que j'étais là, par terre ? Quel sauvage ! Et il y a pire. Le Juif compte mettre les voiles. Il doit une semaine de loyer et il a en tête de décamper sans payer et de me fausser compagnie par la même occasion. S'il déménage à la cloche de bois, je vais me retrouver à la rue et ce maudit *patron** va se payer avec ma valise. Il faut faire quelque chose, et sans tergiverser.

— Très bien. Mais que faire ? J'ai l'impression que la seule solution, c'est de mettre nos pardessus au clou pour acheter à manger.

— Bien sûr, mais il faut d'abord que j'arrive à faire sortir mes affaires d'ici. Quand je pense qu'on pourrait me prendre mes photos ! En tout cas, mon plan de bataille est prêt. Je vais devancer le Juif et déménager moi-même à la cloche de bois. *Foutre le camp** — battre en retraite, tu comprends. C'est le mieux à faire, non ?

— Mais, mon cher Boris, comment tu vas faire, en plein jour ? Tu vas forcément te faire attraper.

— Ah, bien sûr, il va falloir trouver une stratégie. Notre *patron** monte la garde, au cas où certains chercheraient à s'éclipser sans payer leur loyer ; on lui a déjà fait le coup. Sa femme et lui campent dans leur cagibi toute la journée en se relayant. Quels grippe-sous, ces Français ! Mais j'ai pensé à un moyen, si tu acceptes de m'aider. »

Je n'étais pas franchement d'humeur à aider qui que ce soit, mais j'ai demandé à Boris de m'expliquer son plan. Ce qu'il a fait en détail.

« Alors, voilà. Écoute bien. Nous devons commencer par mettre nos pardessus au clou. Tu vas d'abord retourner chercher ton pardessus chez toi et, ensuite, tu vas revenir chercher le mien et le faire sortir en douce, en le dissimulant sous le tien. Tu vas les porter au mont-de-piété de la rue des Francs-Bourgeois. Tu devrais pouvoir en tirer vingt francs pour les deux, avec un peu de chance. Ensuite, tu vas descendre au bord de la Seine, tu vas remplir tes poches de cailloux et les rapporter, et on va en remplir ma valise. Tu commences à comprendre ? Je vais emballer tout ce que je peux raisonnablement porter dans du papier journal et je vais descendre voir le *patron** et lui demander de m'indiquer la blanchisserie la plus proche. Je vais prendre un air particulièrement dégagé, détendu, tu comprends, et naturellement le *patron** va s'imaginer que le ballot ne contient rien d'autre que du linge sale. Si jamais il soupçonne quelque chose, il fera ce qu'il fait à chaque fois, ce sale fouineur : il montera dans ma chambre et il soupèsera ma valise. Et le poids des cailloux lui laissera penser qu'elle est toujours pleine. Sacrée stratégie, hein ? Ensuite, il ne me restera plus qu'à repasser chercher le reste de mes affaires et à les sortir en les glissant dans mes poches.

— Et la valise ?

— Ah, ça ? Il faudra l'abandonner. C'est une cochonnerie qui ne m'a coûté que vingt francs. En plus, on est toujours obligé d'abandonner quelque chose quand on bat en retraite. Pense à Napoléon à la bataille de la Bérézina ! Lui, c'est toute son armée qu'il a abandonnée. »

Boris était tellement content de son stratagème (qu'il appelait *une ruse de guerre**) qu'il en oubliait presque qu'il avait faim. Son principal défaut — à savoir qu'il se retrouverait sans toit une fois qu'il aurait déménagé à la cloche de bois —, il ne s'en préoccupait pas.

Au début, la *ruse de guerre** a bien fonctionné. Je suis retourné chercher mon pardessus (ce qui représentait déjà neuf kilomètres, le ventre vide) et j'ai réussi à faire sortir en douce celui de Boris. Ensuite, il y a eu un pépin. L'employé du mont-de-piété, un petit bonhomme désagréable, mêle-tout, à l'air aigri — le rond-de-cuir français typique — n'a pas voulu des pardessus sous prétexte qu'ils n'étaient pas emballés. Il m'a dit qu'ils devaient être présentés soit dans une valise soit dans un carton. Ça flanquait tout par terre, parce que nous n'avions pas de carton ou quoi que ce soit du même genre, et qu'avec vingt-cinq centimes en poche à nous deux, nous ne pouvions pas en acheter.

Je suis rentré annoncer la mauvaise nouvelle à Boris. « *Merde**! s'est-il exclamé, ça complique tout. Bon, ça ne fait rien, il y a toujours un moyen de s'en sortir. On n'a qu'à mettre les pardessus dans ma valise.

— Mais comment on va pouvoir faire sortir la valise sous les yeux du *patron** ? Il campe pratiquement à la porte du cagibi. C'est impossible !

— Tu te décourages vite, *mon ami**! Et l'opiniâtreté proverbiale des Anglais ? Courage ! Nous allons y arriver. » Boris a pris un moment pour réfléchir avant de m'exposer une nouvelle ruse. La principale difficulté tenait à ce qu'il fallait retenir l'attention du *patron** pendant cinq secondes environ, le temps que nous filions discrètement avec la valise. Il se trouvait toutefois que le *patron** avait un point faible : il s'intéressait au *sport** et se laissait aller à bavarder si on l'entreprenait sur le sujet. Boris a parcouru un article sur les courses cyclistes paru dans un vieux numéro du *Petit Parisien*, après quoi il est descendu, non sans que nous ayons au préalable poussé une reconnaissance dans l'escalier, et il a réussi à engager la conversation avec le *patron**. Pendant ce temps-là, j'attendais au pied de l'escalier, les pardessus sous un bras et la valise sous l'autre. Nous avions convenu que Boris tousserait quand il jugerait le moment favorable. J'ai attendu tout tremblant, car à tout moment la femme du *patron** pouvait apparaître à la porte située face au cagibi, et alors tout tombait à l'eau. Quoi qu'il en soit, Boris n'a pas tardé à tousser. Je me suis dépêché de me faufiler devant le cagibi et de sortir, me félicitant que mes chaussures ne craquent pas. Le plan aurait pu échouer si Boris avait été plus mince, car, avec sa forte carrure, il bouchait toute l'entrée du cagibi. Il a par ailleurs fait preuve d'un remarquable sang-froid, continuant à rire et à bavarder de la façon la plus naturelle qui soit, si fort qu'il couvrait pratiquement tous les bruits que je pouvais faire. Quand j'ai été suffisamment loin, il m'a rejoint au coin de la rue et nous avons détalé.

Sur quoi, avec tout le mal que nous nous étions donné, l'employé du mont-de-piété a de nouveau refusé les pardessus. Il m'a expliqué (on voyait que son esprit français se délectait de tant de cuistrerie) que je n'avais pas les papiers d'identité nécessaires ; ma *carte d'identité** ne suffisait pas et je devais présenter un passeport ou des enveloppes portant une adresse à mon nom. Boris avait quantité d'enveloppes à son nom, mais sa *carte d'identité** était périmée (il ne la faisait jamais renouveler, pour économiser le timbre fiscal), si bien que nous ne pouvions pas mettre les pardessus en gage à son nom. Nous n'avions plus d'autre solution que de nous traîner jusqu'à ma chambre pour récupérer les documents nécessaires avant de porter les pardessus au mont-de-piété du boulevard de Port-Royal.

J'ai laissé Boris m'attendre dans ma chambre et je suis descendu jusqu'au mont-de-piété. Quand je suis arrivé, j'ai trouvé porte close, l'établissement ne rouvrant pas avant 4 heures de l'après-midi. Il était aux alentours d'1 heure et demie et j'avais parcouru douze kilomètres à pied sans avoir rien mangé depuis soixante heures. Le destin semblait nous jouer une série de tours extraordinairement dénués d'humour.

C'est alors que la roue a tourné comme par miracle. Je rentrais chez moi par la rue Broca quand j'ai aperçu tout à coup, scintillant sur le pavé, une pièce de cinq sous. Je me suis jeté dessus, je me suis dépêché de rentrer récupérer notre autre pièce de cinq sous et je suis allé acheter une livre de pommes de terre. Il y avait juste assez d'alcool pour les blanchir dans ce qui nous servait de réchaud, nous n'avions pas de sel, mais nous les avons englouties sans même les peler. Nous avons alors eu l'impression de renaître et nous avons joué aux échecs en attendant la réouverture du mont-de-piété.

À 4 heures, je suis retourné au mont-de-piété. Je n'étais pas très optimiste, dans la mesure où je n'avais obtenu que soixante-dix francs la fois précédente, et je ne voyais pas bien ce que j'allais pouvoir tirer de deux pardessus miteux dans leur valise en carton. Boris avait évoqué la somme de vingt francs, mais je comptais plutôt sur dix francs, voire cinq. Pire encore, on pouvait même ne pas me les prendre, comme ce pauvre *Numéro 83** la fois d'avant. Je me suis assis sur le banc le plus proche du comptoir, pour ne pas voir les gens rire quand l'employé annoncerait cinq francs.

L'employé a enfin appelé mon numéro : « *Numéro 117** !

— Oui, ai-je répondu en me levant.

— Cinquante francs ? »

Ça m'a laissé presque aussi pantois que les soixante-dix francs de la fois d'avant. Je me dis à présent que l'employé a dû confondre mon numéro avec celui de quelqu'un d'autre, car il était impossible de tirer cinquante francs d'emblée de ces pardessus. J'ai filé chez moi et je suis entré dans la chambre les mains dans le dos, sans rien dire. Boris s'amusait avec l'échiquier. Il m'a lancé un regard fébrile.

« Tu as obtenu combien ? s'est-il exclamé. Quoi ? Même pas vingt francs ? Au moins dix francs, tout de même ? *Nom de Dieu**, cinq francs... Pas possible ! *Mon ami**, ne me dis pas que tu as obtenu cinq francs. Si tu me dis ça, je vais vraiment commencer à songer au suicide. »

J'ai jeté le billet de cinquante francs sur la table. Boris est devenu blanc comme un linge, il s'est levé d'un bond, m'a attrapé la main et me l'a serrée à me briser les os. Nous nous sommes précipités dehors pour acheter du pain, du vin, un morceau de viande et de l'alcool pour le réchaud, et nous nous sommes empiffrés.

Après ce repas, Boris a manifesté un optimisme que je ne lui avais encore jamais vu. « Qu'est-ce que je te disais ? Les aléas de la guerre. On a commencé la journée avec cinq sous et regarde où on en est. Je l'ai toujours dit : il n'y a rien de plus simple que de trouver de l'argent. Ce qui me fait penser que j'ai un ami rue Fondary qu'on pourrait aller voir. Il m'a carotté quatre mille francs, cet escroc. C'est le plus grand escroc au monde quand il est à jeun, mais, curieusement, il est assez honnête quand il est soûl. À 6 heures du soir, il devrait être soûl. Allons lui rendre visite. Il y a des chances qu'il me donne un acompte de cent francs. *Merde** ! Il ira peut-être même jusqu'à deux cents. *Allons-y** ! »

Nous sommes allés rue Fondary, où nous avons trouvé notre homme, effectivement soûl, mais nous sommes repartis sans les cent francs. À peine Boris et lui s'étaient-ils retrouvés qu'une très vive altercation a suivi sur le trottoir. L'autre a déclaré qu'il ne devait pas un sou à Boris, mais que c'était au contraire Boris qui lui devait à lui quatre mille francs, l'un et l'autre s'en remettant régulièrement à mon avis sur la question. Je n'ai jamais réussi à savoir ce qu'il en était. La querelle s'est éternisée, d'abord dans la rue, puis dans un *bistro**, puis dans un restaurant à *prix fixe** où nous sommes allés dîner, puis dans un autre *bistro**. Pour finir, après s'être traités mutuellement d'escrocs pendant deux heures, ils sont partis main dans la main faire la tournée des bars, jusqu'à ce qu'il ne reste plus un sou à Boris.

Boris a passé la nuit chez un cordonnier, un réfugié russe comme lui, dans le quartier de la rue du Commerce. Quant à moi, il me restait huit francs, des cigarettes à gogo, et j'étais gavé jusqu'aux yeux d'alcool et de nourriture. Après deux sales journées, mon sort s'améliorait de façon prodigieuse.

CHAPITRE VIII

Nous avions maintenant vingt-huit francs en poche, ce qui nous permettait de nous remettre à chercher du travail. Boris couchait toujours chez le cordonnier, selon un mystérieux arrangement, et il avait réussi à emprunter vingt francs, par ailleurs, à un ami russe. Il avait des amis ici et là, partout dans Paris, d'anciens officiers comme lui pour la plupart. Certains étaient serveurs ou plongeurs, d'autres chauffeurs de taxi, quelques-uns étaient entretenus par des femmes, d'autres encore, qui avaient réussi à emporter de l'argent de Russie, possédaient un garage ou un dancing. De manière générale, les réfugiés russes installés à Paris sont travailleurs et s'accommodent de leur infortune bien mieux que ne le feraient sans doute des Anglais issus du même milieu. Il y a naturellement des exceptions. Boris m'a parlé d'un duc russe exilé qu'il avait croisé un jour et qui fréquentait des restaurants chic. Le duc essayait toujours de trouver un officier russe parmi les serveurs, qu'il faisait gracieusement venir à sa table, après avoir fini de dîner.

« Alors, comme ça, disait le duc, vous étiez dans l'armée, comme moi ? On a connu des jours meilleurs, hein ? Mais, bon, un soldat russe n'a peur de rien. Et dans quel régiment étiez-vous ?

— Le régiment X., monsieur, répondait le serveur.

— Un bien brave régiment ! Je les ai passés en revue en 1912. Au fait, j'ai malheureusement oublié mon portefeuille chez moi. Je suis certain qu'un officier russe ne peut manquer de m'obliger en me prêtant trois cents francs. »

Si le serveur avait trois cents francs, il les lui prêtait et ne les revoyait naturellement jamais. Le stratagème rapportait pas mal d'argent au duc. Les serveurs n'étaient sans doute pas plus gênés que ça d'être escroqués ainsi. Un duc reste un duc, fût-il en exil.

C'est par l'entremise d'un de ces réfugiés russes que Boris a entendu parler d'une piste prometteuse pour nos finances. Deux jours après que nous avions porté nos pardessus au mont-de-piété, Boris a pris un air assez mystérieux pour me demander :

« Dis-moi, *mon ami**, as-tu des opinions politiques ?

— Non, ai-je répondu.

— Moi non plus. Naturellement, on ne peut s'empêcher d'être patriote, mais... Moïse ne parle-t-il pas quelque part de dépouiller les Égyptiens ? Tu es anglais, alors tu dois avoir lu la Bible. Bref, aurais-tu une objection à gagner de l'argent grâce aux communistes ?

— Non, bien sûr que non.

— Eh bien, il semblerait qu'il y ait à Paris une société secrète russe qui pourrait faire quelque chose pour nous. Ce sont des communistes ; de fait, ce sont des agents au service des bolcheviques. Ils se font passer pour une société d'entraide, entrent en contact avec des Russes en exil et essaient de les rallier au bolchevisme. Mon ami les a rejoints, et il pense qu'ils pourraient nous aider si nous allions les voir.

— Mais qu'est-ce qu'ils peuvent bien faire pour nous ? En tout cas, comme je ne suis pas russe, ils ne vont pas m'aider moi.

— Mais si, justement. Visiblement, ils travaillent comme correspondants pour un journal de Moscou et cherchent des articles sur la politique anglaise. Si nous allons les voir sans tarder, ils vont peut-être te charger de rédiger les articles.

— Moi ? Mais je ne connais rien à la politique.

— *Merde** ! Eux non plus. Qui s'y connaît en politique ? C'est simple. Tu n'as qu'à recopier ce qu'on trouve dans les journaux anglais. Il doit bien y avoir une édition parisienne du *Daily Mail*, non ? Inspire-toi de ça.

— Mais le *Daily Mail* est un journal conservateur. Ils détestent les communistes.

— Eh bien, tu n'as qu'à dire le contraire de ce que dit le *Daily Mail*. Comme ça, tu es sûr de ne pas te tromper. On ne peut pas laisser filer cette occasion, *mon ami**. Il y a peut-être des centaines de francs à la clef. »

Ça ne m'enchantait pas du tout, parce que la police parisienne n'est pas tendre avec les communistes, surtout si ce sont des étrangers, et j'avais alors déjà éveillé leurs soupçons. Quelques mois plus tôt, un inspecteur de la Sûreté m'avait vu quitter les bureaux d'un hebdomadaire communiste, ce qui m'avait valu de sérieux ennuis. Si on me surprenait à fréquenter cette société secrète, je risquais l'expulsion. Mais c'était une occasion à ne pas rater. Cet après-midi-là, l'ami de Boris, serveur lui aussi, est passé nous chercher pour nous conduire au rendez-vous. J'ai oublié le nom de la rue, une rue pouilleuse qui partait des quais de Seine, non loin de la Chambre des députés. L'ami de Boris nous avait recommandé la plus grande prudence. Tout en marchant d'un pas tranquille, l'air de rien, nous avons repéré l'entrée du lieu de rendez-vous — il s'agissait d'une blanchisserie — et nous sommes ensuite revenus sur nos pas, en surveillant attentivement les devantures et les cafés des environs. Si l'endroit était connu comme un repaire de communistes, il y avait de grandes chances qu'il soit surveillé, et nous étions décidés à faire demi-tour si nous remarquions quiconque aurait pu ressembler à un inspecteur de la Sûreté. Je n'étais pas rassuré, tandis que Boris, qui raffolait de ces méthodes de conspirateur, avait entièrement perdu de vue qu'il était sur le point de faire affaire avec les assassins de ses parents.

Une fois assurés que la voie était libre, nous nous sommes engouffrés dans la blanchisserie. Une Française qui y faisait du repassage nous a informés que les « messieurs russes » habitaient à l'étage, au fond de la cour. Après avoir grimpé plusieurs volées de marches d'un escalier obscur, nous sommes arrivés sur un palier où se tenait un jeune homme costaud à la mine revêche et aux cheveux implantés bas sur le front. Comme j'arrivais à son niveau, il m'a jeté un regard soupçonneux et m'a barré le passage de son bras en lâchant quelques mots en russe.

« *Mot d'ordre** *!* » a-t-il dit sèchement en me voyant silencieux.

Je me suis arrêté, surpris. Je ne m'attendais pas à ce qu'il y ait un mot de passe.

« *Mot d'ordre** *!* » a répété le Russe.

L'ami de Boris, qui se trouvait juste derrière moi, s'est avancé et a dit quelques mots en russe, qui pouvaient être le mot de passe aussi bien qu'une explication. Cela a paru satisfaire le jeune homme à la mine revêche, qui nous a alors fait entrer dans une petite pièce miteuse aux vitres dépolies. Le local respirait la pauvreté, ses murs punaisés d'affiches de propagande en caractères cyrilliques et d'un grossier portrait de Lénine. Un Russe mal rasé en bras de chemise était assis à la table, occupé à inscrire des adresses sur les bandes timbrées de journaux empilés devant lui. En me voyant entrer, il s'est adressé à moi en français, avec un fort accent russe.

« Quelle négligence ! » s'est-il exclamé sur un ton irrité. « Pourquoi êtes-vous venu ici sans un ballot de linge sale ?

— De linge sale ?

— Tout le monde vient ici avec du linge sale. Ça laisse penser qu'on allait à la blanchisserie du rez-de-chaussée. Apportez un gros ballot la prochaine fois. On n'a pas besoin d'avoir la police à nos trousses. »

On baignait encore plus dans la conspiration que je ne l'avais imaginé. Boris s'est assis sur la seule chaise libre et ils se sont lancés dans une longue conversation en russe. Seul le Russe mal rasé y participait ; l'homme à la mine revêche était adossé au mur et ne me quittait pas des yeux, comme si je restais suspect à ses yeux. Je trouvais ça curieux d'être là, dans ce petit local clandestin avec ses affiches révolutionnaires, à écouter une conversation dont je ne comprenais pas un mot. Les échanges étaient vifs et la discussion animée, ponctuée de sourires et de haussements d'épaules. Je me demandais de quoi ils pouvaient bien parler. Ils doivent se donner du « petit père », me disais-je, et du « petite colombe »[1], et aussi du « Ivan Alexandrovitch », comme des personnages sortis d'un roman russe. Et ils devaient parler de révolutions. L'homme mal rasé disait sans doute avec fermeté : « Nous ne débattons jamais. La controverse est un passe-temps bourgeois. Nos arguments, ce sont nos actes. » J'ai compris ensuite que ce n'était pas tout à fait de cela qu'il retournait. On nous réclamait vingt francs, à titre de cotisation apparemment, et Boris promettait de les payer (nous possédions dix-sept francs en tout et pour tout). Boris a fini par sortir de sa poche notre précieuse réserve et versé cinq francs d'acompte.

Le geste a paru tranquilliser l'homme à la mine revêche, qui s'est alors assis sur le bord de la table. Le Russe mal rasé s'est mis à me questionner en français, en prenant des notes sur un bout de papier. Est-ce que j'étais communiste ? Sympathisant, ai-je répondu, ajoutant que je n'avais jamais adhéré à une quelconque organisation. Est-ce que j'étais au fait de la situation politique en Angleterre ? Oh, bien sûr, bien sûr. J'ai mentionné les noms de divers ministres et glissé quelques remarques condescendantes sur le parti travailliste. Et *le sport** ? Est-ce que je pouvais écrire des articles sur *le sport**? (Le football et le socialisme entretiennent des liens mystérieux sur le Continent.) Oh, bien sûr, à nouveau. Les deux hommes ont hoché gravement la tête. Celui qui était mal rasé a dit :

« *Évidemment**, la situation en Angleterre t'est tout à fait familière. Pourrais-tu te charger d'écrire une série d'articles pour un hebdomadaire de Moscou ? Nous te donnerons des précisions.

— Certainement.

— Alors, camarade, tu auras de nos nouvelles dès demain, par le premier courrier. Ou le second. Nous payons cent cinquante francs par article. Pense à venir avec un ballot de linge sale la prochaine fois. *Au revoir**, camarade. »

Nous sommes redescendus et, après avoir soigneusement vérifié qu'il n'y avait personne dans la rue, nous sommes discrètement sortis de la blanchisserie. Boris était fou de joie. En proie à une sorte d'extase sacrificielle, il s'est précipité dans le plus proche bureau de tabac pour dépenser cinquante centimes sur un cigare. Il en est ressorti rayonnant, martelant le trottoir de sa canne.

« Enfin ! Enfin ! Cette fois, *mon ami**, notre fortune est vraiment faite. Tu les as habilement bernés. Et lui qui te donnait du "camarade" ! Cent cinquante francs l'article ! *Nom de Dieu**, quelle aubaine ! »

Le lendemain matin, en entendant le facteur, j'ai dévalé l'escalier pour aller chercher ma lettre au *bistro**, essuyant la déception de ne rien trouver. Je suis resté chez moi en attendant le deuxième passage du facteur ; toujours pas de lettre. Au bout de trois jours sans nouvelles de la société secrète, nous avons perdu espoir, concluant qu'ils avaient trouvé quelqu'un d'autre pour écrire leurs articles.

Dix jours plus tard, nous avons de nouveau rendu visite à la société secrète, en prenant soin d'apporter avec nous un ballot susceptible de passer pour du linge sale. Mais la société secrète avait disparu ! La femme qui travaillait dans la blanchisserie n'était au courant de rien, et elle s'est contentée de nous dire que « *ces messieurs** » avaient quitté les lieux quelques jours plus tôt, à la suite d'une histoire de loyer. Quels imbéciles nous faisions, plantés là avec nos ballots ! Nous nous sommes consolés en nous disant qu'il nous en avait coûté cinq francs au lieu de vingt.

Et nous n'avons plus jamais entendu parler de la société secrète. Ce qu'elle cachait en réalité, nul ne le savait. Je ne pense pas, pour ma part, qu'ils avaient quoi que ce soit à voir avec le parti communiste; je pense que c'étaient tout simplement des escrocs, qui vivaient aux dépens des réfugiés russes en leur extorquant une cotisation d'entrée dans une société imaginaire. Ils ne couraient pratiquement aucun risque; et ils sont certainement en train de répéter l'opération dans une autre ville. C'étaient des types habiles, qui jouaient admirablement bien leur rôle. Leur local était exactement à l'image de ce que doit être un local clandestin du parti communiste, et le coup du ballot de linge sale, c'était du pur génie.

CHAPITRE IX

Nous avons passé trois jours encore à déambuler dans Paris à la recherche d'un travail, pour partager ensuite dans ma chambre des repas de plus en plus frugaux composés de soupe et de pain. Deux lueurs d'espoir étaient apparues. Tout d'abord, Boris avait eu vent d'un emploi disponible à l'Hôtel X., près de la place de la Concorde[1] et, par ailleurs, le *patron** du nouveau restaurant de la rue du Commerce avait enfin refait surface. Nous nous sommes rendus sur les lieux dans l'après-midi et nous l'avons rencontré. Sur le chemin, Boris évoquait l'immense fortune qui nous était promise si nous obtenions cette place, et l'importance qu'il y avait à faire bonne impression sur le *patron**.

« L'apparence. L'apparence, c'est la clef de tout, *mon ami**. Donne-moi un costume neuf et je peux trouver mille francs à emprunter avant l'heure du dîner. Quel dommage que je n'aie pas acheté de faux col à l'époque où nous avions de l'argent. J'ai retourné le mien ce matin ; mais, à quoi bon, puisque l'envers est aussi sale que l'endroit. Tu trouves que j'ai l'air affamé, *mon ami** ?

— Tu es pâle.

— Sacrebleu ! Comment faire autrement quand on se nourrit de pain et de pommes de terre ? On est condamné à avoir l'air affamé. Ça donne envie aux gens de vous botter le derrière. Attends une seconde. »

Il s'est arrêté devant la vitrine d'un bijoutier et s'est énergiquement giflé les joues pour faire affluer le sang. Sur ce, avant que la rougeur ait disparu, nous nous sommes précipités dans le restaurant pour nous présenter au *patron**.

C'était un homme courtaud à l'air digne et aux cheveux gris ondulés, vêtu d'un élégant costume croisé en flanelle et copieusement parfumé. Boris m'a glissé que c'était un ancien colonel de l'armée russe. Sa femme était également présente, une affreuse Française bouffie à la pâleur cadavérique et aux lèvres écarlates, qui m'évoquait du veau froid garni de tomates. Le *patron** a réservé un accueil cordial à Boris et ils ont échangé en russe pendant quelques minutes. Je me tenais un peu à l'écart, me préparant à lui servir un gros mensonge sur mon expérience de plongeur.

Le *patron** s'est ensuite approché de moi. Je me suis avancé, l'air embarrassé, en traînant les pieds et en essayant de prendre un air servile. Boris m'avait bien fait comprendre qu'un *plongeur** était tout en bas de l'échelle des esclaves et je m'attendais à ce que le *patron** me traite comme du bétail. À ma grande surprise, il m'a chaleureusement empoigné la main.

« Alors, comme ça, vous êtes anglais ! s'est-il exclamé. Comme c'est charmant ! Dans ce cas, inutile de vous demander si vous pratiquez le golf.

— *Mais certainement**, ai-je répondu, voyant que c'était la réponse qu'on attendait de moi.

— J'ai toujours eu envie de jouer au golf. Auriez-vous l'amabilité, cher *monsieur**, de me montrer quelques-uns des principaux coups ? »

C'était apparemment ainsi que les Russes procédaient en affaires. Le *patron** m'a écouté attentivement lui expliquer la différence entre un bois et un fer, avant de m'informer soudainement que c'était tout *entendu** ; quand le restaurant ouvrirait, Boris serait *maître d'hôtel** et moi *plongeur**, avec la perspective de passer préposé aux toilettes si les affaires marchaient bien. Quand le restaurant ouvrirait-il ? ai-je demandé. « Aujourd'hui en quinze très exactement », a-t-il répondu sur un ton ampoulé (il avait une manière particulièrement ampoulée d'agiter la main tout en faisant tomber la cendre de sa cigarette), « aujourd'hui en quinze très exactement, juste à temps pour le déjeuner. » Sur quoi, manifestement très fier, il nous a fait visiter le restaurant.

Le lieu, plutôt exigu, se composait d'un bar, d'une salle de restaurant et d'une cuisine de la taille d'une salle de bains ordinaire. Le *patron** avait choisi de décorer le tout dans un style faussement « pittoresque » (qu'il qualifiait de « *normand** » et qui consistait en fausses poutres appliquées sur le plafond en plâtre et autres choses du même genre) et se proposait de l'appeler l'Auberge de Jehan Cottard, pour lui donner un cachet médiéval. Il avait fait imprimer un petit prospectus, bourré d'inventions concernant l'histoire du quartier et qui allait jusqu'à prétendre, entre autres choses, que sur le site occupé par le restaurant se trouvait autrefois une auberge fréquentée par Charlemagne. Le *patron** était ravi de cette dernière trouvaille. Il faisait également décorer le bar de scènes scabreuses dues à un artiste exposé au Salon. À la fin de la visite, il nous a offert une cigarette de luxe à chacun et, après avoir encore échangé quelques mots, nous sommes rentrés chez nous.

J'étais convaincu qu'il n'y avait rien à espérer de ce restaurant. Le *patron** m'avait fait l'effet d'un fripon, d'un fripon qui plus est incompétent, et j'avais repéré deux hommes faisant le pied de grue devant l'entrée de service, qui étaient manifestement des créanciers. Mais Boris, qui se voyait de nouveau *maître d'hôtel**, refusait de se laisser décourager.

« On a réussi. Plus que quinze jours à attendre. Qu'est-ce que c'est que quinze jours ? Manger ? *Je m'en fous**. Quand je pense que, d'ici trois semaines, j'aurai une maîtresse ! Brune ou blonde ? Je me le demande. Ça m'est égal, pourvu qu'elle ne soit pas trop maigre. »

Deux jours difficiles ont suivi. Il nous restait juste soixante centimes, que nous avons utilisés pour acheter une demi-livre de pain et une gousse d'ail à frotter dessus. L'intérêt de frotter de l'ail sur du pain, c'est que le goût perdure et qu'on a l'illusion d'avoir tout juste fini de manger. Nous avons passé l'essentiel de la journée du lendemain au Jardin des Plantes. Boris essayait d'atteindre les pigeons apprivoisés avec des cailloux, en vain. Après quoi, nous avons composé des menus de dîner au dos de vieilles enveloppes. Nous avions trop faim ne serait-ce que pour essayer de penser à autre chose qu'à manger. Je me souviens du dîner pour lequel Boris avait fini par se décider : une douzaine d'huîtres, du bortsch (cette soupe à la betterave, rouge et légèrement sucrée, accompagnée de crème aigre), des écrevisses, un coquelet *en casserole**[1], un ragoût de bœuf aux pruneaux, des pommes de terre nouvelles, une salade, du pudding et du roquefort, le tout arrosé d'une bouteille de bourgogne et d'un vieux cognac. Boris avait des goûts très internationaux en matière de nourriture. Par la suite, lorsqu'est venu le temps de la prospérité, je l'ai parfois vu avaler des repas presque aussi copieux sans la moindre difficulté.

Une fois que nous n'avons plus eu un sou, j'ai arrêté de chercher du travail et j'ai passé encore une journée sans manger. Je ne croyais pas à l'ouverture de l'Auberge de Jehan Cottard et je n'avais pas d'autre perspective, mais j'étais trop indolent pour faire autre chose que de rester couché. C'est alors que la roue a brusquement tourné. Vers 10 heures du soir, j'ai entendu un cri impatient qui venait de la rue. Je me suis levé pour me mettre à la fenêtre. Boris était là, agitant sa canne et la mine radieuse. Avant même de me dire quoi que ce soit, il a sorti de sa poche une miche de pain ratatinée et me l'a lancée.

« *Mon ami, mon cher ami**, nous sommes sauvés ! Tu sais pourquoi ?

— Tu ne vas pas me dire que tu as trouvé une place ?

— À l'Hôtel X., près de la place de la Concorde : cinq cents francs par mois et nourri avec ça. J'ai commencé aujourd'hui. Nom de Dieu, je m'en suis mis plein la panse ! »

Après une journée de travail de dix ou douze heures et malgré sa patte folle, sa première pensée avait été de faire trois kilomètres à pied pour venir m'annoncer la bonne nouvelle à mon hôtel ! Mieux encore, il m'a donné rendez-vous le lendemain aux Tuileries à l'heure de sa pause de l'après-midi, au cas où il arriverait à me sortir discrètement un peu de nourriture. À l'heure convenue, j'ai retrouvé Boris sur un banc. Il a déboutonné son gilet et en a extrait un gros paquet tout écrasé emballé dans du papier journal ; il contenait du haché de veau, un morceau de camembert, du pain et un éclair, le tout en vrac.

« *Voilà** *!* s'est exclamé Boris, c'est tout ce que j'ai réussi à sortir en douce. Ce saligaud de portier est finaud. »

Il n'est guère plaisant de manger à même le papier journal sur un banc public, surtout aux Tuileries, que fréquentent en général des ribambelles de jolies filles, mais j'avais trop faim pour m'en soucier. Pendant que je mangeais, Boris m'a expliqué qu'il travaillait dans la *caféterie** de l'hôtel. Apparemment, c'était l'échelon le plus bas de l'hôtel et une terrible déchéance pour un serveur, mais cela ferait l'affaire en attendant l'ouverture de l'Auberge de Jehan Cottard. Quoi qu'il en soit, il était convenu que je retrouverais Boris tous les jours aux Tuileries et qu'il sortirait en douce toute la nourriture qu'il pouvait se risquer à sortir. L'arrangement s'est maintenu pendant trois jours, et j'ai vécu uniquement de la nourriture volée. Là-dessus, tous nos soucis ont pris fin, car un des *plongeurs** a quitté l'Hôtel X. et, sur la recommandation de Boris, on m'y a moi-même embauché.

CHAPITRE X

L'Hôtel X. était un vaste et majestueux édifice à la façade classique, sur un flanc duquel se trouvait une petite entrée sombre, pareille à un trou à rats, qui était l'entrée de service. Je me suis présenté à 7 heures moins le quart. Un flot d'employés en pantalon graisseux se pressait à la porte, filtré par un portier assis dans un minuscule cagibi. J'ai attendu et je n'ai pas tardé à voir arriver le *chef du personnel**, une sorte d'adjoint du gérant, qui s'est mis à me questionner. C'était un Italien au visage rond et à la mine pâle, les traits tirés par un labeur excessif. Il m'a demandé si j'avais de l'expérience comme plongeur et j'ai acquiescé ; jetant un coup d'œil sur mes mains, il a bien vu que je mentais, mais, en apprenant que j'étais anglais, il a changé de ton et m'a engagé.

« Ça fait un moment que nous cherchons quelqu'un avec qui pratiquer notre anglais, a-t-il expliqué. Notre clientèle est composée exclusivement d'Américains et tout ce que nous savons dire en anglais, c'est... » Il a alors employé une formule que les gamins de Londres écrivent sur les murs de la ville. « Vous pourriez nous être utile. Descendons. Suivez-moi par ici. »

Il m'a fait descendre par un escalier en colimaçon jusqu'à un couloir étroit, profondément enfoui dans le sous-sol et si bas de plafond qu'il me fallait me baisser par endroits. La chaleur était étouffante et le lieu très sombre, éclairé simplement par de faibles ampoules jaunes espacées de plusieurs mètres. On aurait dit qu'il y avait des kilomètres de couloirs sombres et labyrinthiques — qui ne représentaient, en fait, que quelques centaines de mètres au total, j'imagine — rappelant curieusement les ponts inférieurs d'un paquebot : c'était la même chaleur, le même espace confiné, les mêmes relents tièdes de nourriture, et un bourdonnement, un ronronnement (qui venait des fourneaux de cuisine) très semblable à celui d'une salle des machines. Nous sommes passés devant des portes d'où s'échappaient tantôt une bordée de jurons, tantôt le rougeoiement d'un foyer, et, une fois, un courant d'air glacial sortant d'une chambre froide. À un moment donné, quelque chose m'a heurté violemment dans le dos. C'était un bloc de glace de cent livres, que transportait un homme en tablier bleu. Il était suivi d'un gamin portant sur son épaule un énorme quartier de veau, la joue enfoncée dans la chair humide et spongieuse. Ils m'ont poussé sur le côté en me lançant un « *Range-toi, idiot*!* » tout en continuant sur leur lancée. Sur le mur, sous une des ampoules, quelqu'un avait écrit d'une écriture très soignée : « Il est plus facile de voir un ciel dégagé en hiver qu'une femme encore vierge à l'Hôtel X. » Ça avait l'air d'être un drôle d'endroit.

Un des couloirs bifurquait vers une lingerie, où une vieille femme au visage décharné m'a donné un tablier bleu et une pile de torchons. Le *chef du personnel** m'a ensuite conduit jusqu'à un minuscule cagibi souterrain — une cave sous la cave, en quelque sorte — équipé d'un évier et de quelques fourneaux à gaz. Il était trop bas de plafond pour que j'arrive à me tenir vraiment debout et il devait y faire quarante-cinq degrés. Le *chef du personnel** m'a expliqué que mon travail consistait à monter leurs repas aux employés les plus gradés de l'hôtel, qui se restauraient dans une petite salle à manger située au-dessus, à faire leur ménage et leur vaisselle. Une fois qu'il était reparti, un serveur, un autre Italien, a passé par la porte une tête crépue à la mine féroce et m'a jeté un regard condescendant.

« Anglais, hein ? a-t-il dit. Eh bien, c'est moi le chef ici. Si tu travailles bien... » Il a fait le geste de renverser une bouteille tout en faisant mine de siroter bruyamment. « Sinon... » Il a donné plusieurs vigoureux coups de pied dans le chambranle. « Ça me sera pas plus difficile de te tordre le cou que de cracher par terre. Et, s'il y a le moindre problème, ils me croiront moi, pas toi. Alors, tiens-toi à carreau. »

Je me suis ensuite dépêché de me mettre au travail. En dehors d'une pause d'une heure, je travaillais de 7 heures du matin à 9 heures et quart le soir : il fallait faire la vaisselle, puis nettoyer les tables et le sol de la salle à manger des employés, puis faire briller verres et couteaux, puis monter les repas, puis faire de nouveau la vaisselle, puis monter de nouveau des repas et faire de nouveau la vaisselle. Ce n'était pas difficile et je m'en sortais bien, sauf quand j'allais chercher les repas dans les cuisines. Elles ne ressemblaient à rien de ce que je pouvais connaître ou imaginer : l'enfer d'une cave basse de plafond à la chaleur étouffante, illuminée par le rougeoiement des feux, où résonnait le tapage assourdissant des jurons et de la batterie de cuisine. Il y faisait si chaud que tous les objets et surfaces en métal à l'exception des fourneaux étaient recouverts de linges. Au centre se trouvaient les fourneaux, autour desquels s'affairaient sans relâche douze cuisiniers, le visage ruisselant de sueur malgré leur toque blanche. Tout autour étaient disposés des comptoirs où se pressait une armada de serveurs et de *plongeurs** vociférants chargés de plateaux. Des garçons de cuisine, torse nu, alimentaient les fourneaux et récuraient avec du sablon d'énormes casseroles en cuivre. Tout le monde semblait bousculé et paraissait fulminer. Le chef cuisinier, un bel homme au visage cramoisi avec d'épaisses moustaches, restait planté au milieu à tonner continuellement « *Ça marche, deux œufs brouillés ! Ça marche, un chateaubriand pommes sautées** ! », sauf quand il s'interrompait pour pester contre un *plongeur**. Il y avait trois comptoirs et, la première fois que j'ai mis les pieds dans les cuisines, dans mon ignorance, je n'ai pas choisi le bon pour déposer mon plateau. Le chef cuisinier s'est approché de moi en tortillant ses moustaches et m'a toisé de la tête aux pieds. Puis il a fait signe au cuisinier en charge des petits déjeuners de s'approcher et m'a désigné du doigt.

« Non mais tu as vu ça ? Voilà le genre de *plongeur** qu'on nous envoie maintenant. D'où tu sors, abruti ? De Charenton, j'imagine ? » (Il y a un important asile d'aliénés à Charenton.)

« D'Angleterre, ai-je répondu.

— J'aurais dû m'en douter. Eh bien, *mon cher monsieur l'Anglais**, puis-je vous informer que vous êtes un fils de pute ? Et maintenant, *fous-moi le camp** à l'autre comptoir, où est ta place. »

Comme il y avait toujours quelque chose que je faisais de travers, c'est le genre d'accueil qu'on m'a réservé à chaque fois que j'ai mis les pieds en cuisine ; comme j'étais censé connaître mon métier, je me faisais injurier à chaque nouvelle erreur. J'ai compté par curiosité le nombre de fois où je me suis fait traiter de *maquereau** ce jour-là et je suis arrivé à trente-neuf.

À 4 heures et demie, l'Italien m'a dit que je pouvais prendre une pause, mais que ça ne valait pas le coup de sortir parce qu'on reprenait à 5 heures. Je suis allé fumer aux toilettes ; il était strictement interdit de fumer et Boris m'avait prévenu que le seul endroit sûr était les toilettes. Je me suis ensuite remis au travail jusqu'à 9 heures et quart, heure à laquelle le serveur a passé la tête par la porte pour me dire de laisser le reste de la vaisselle. À ma grande surprise, après avoir passé la journée à me traiter de porc, de maquereau, etc., voilà qu'il se montrait soudain très amical. Je me suis rendu compte que cette flopée d'injures était juste une sorte de mise à l'épreuve.

« Ça ira, *mon p'tit**, a dit le serveur. *Tu n'es pas débrouillard**, mais tu t'en sors pas trop mal. Viens dîner là-haut. On a droit à deux litres de vin par personne, et j'ai barboté une bouteille de plus. On va s'en jeter quelques-uns derrière la cravate. »

Nous avons fait un excellent dîner avec les restes des employés les plus gradés. Le serveur s'est détendu et s'est mis à me raconter ses aventures sentimentales, avant d'évoquer deux hommes qu'il avait poignardés en Italie et de m'expliquer comment il avait réussi à couper au service militaire. C'était un brave type, une fois qu'on commençait à le connaître ; il me faisait penser à Benvenuto Cellini[1], sans que je sache trop pourquoi. J'étais fatigué et trempé de sueur, mais je me sentais renaître après cette journée où j'avais pu manger à ma faim. C'était un travail qui ne paraissait pas très difficile et dont j'avais le sentiment qu'il me conviendrait bien. Je n'étais pas certain, malgré tout, de pouvoir garder ma place, car j'avais été engagé comme « extra » juste pour la journée, pour un salaire de vingt-cinq francs. Le portier à l'air aigri m'a réglé ce qui m'était dû, en déduisant cinquante centimes prétendument destinés à l'assurance (une invention à lui, comme je l'ai découvert par la suite). Puis il est sorti de son cagibi, m'a fait retirer mon veston et m'a consciencieusement palpé de haut en bas pour vérifier que je ne dissimulais pas de la nourriture volée. Après quoi, *le chef du personnel** est apparu et s'est approché de moi. Comme le serveur, il s'était radouci en me voyant ne pas ménager ma peine.

« Nous pouvons vous offrir un emploi permanent, si ça vous intéresse, m'a-t-il dit. Le maître d'hôtel me dit qu'il serait ravi d'avoir un Anglais à traiter de tous les noms. Est-ce que vous voulez signer pour un mois ? »

On m'offrait enfin du travail et j'étais prêt à sauter sur l'occasion. Mais je me suis alors souvenu du restaurant russe, qui devait ouvrir quinze jours plus tard. Je ne trouvais pas cela correct de m'engager pour un mois si je devais donner mon congé au bout de deux semaines. Je lui ai répondu que j'avais une autre place en vue. Est-ce que je pouvais signer pour quinze jours ? Mais, en entendant ça, le *chef du personnel** a haussé les épaules et m'a répondu que l'hôtel n'embauchait qu'au mois. J'avais clairement laissé passer ma chance de décrocher un emploi.

Boris m'attendait, comme convenu, sous les arcades de la rue de Rivoli. Quand je lui ai raconté ce qui s'était passé, il s'est emporté. Pour la première fois depuis que je le connaissais, il a oublié ses bonnes manières et m'a traité d'imbécile.

« Quel imbécile ! Bougre d'imbécile ! À quoi ça sert que je te trouve un travail si tu fiches tout par terre en un clin d'œil ? Comment tu as pu être bête au point de parler de l'autre restaurant ? Il te suffisait juste de promettre que tu travaillerais un mois.

— Ça me paraissait plus honnête de prévenir que je pourrais avoir à partir avant, ai-je objecté.

— Honnête ! Honnête ! Est-ce qu'on a jamais entendu parler d'un *plongeur** honnête ? *Mon ami**... » Il m'a brusquement attrapé par le revers de mon veston et m'a parlé sur un ton grave : « *Mon ami**, tu as passé toute la journée dans cet hôtel. Tu vois ce que c'est que de travailler dans ce genre d'endroit. Tu crois qu'un *plongeur** peut se permettre d'avoir le sens de l'honneur ?

— Non, peut-être pas.

— Alors, tu vas te dépêcher d'y retourner et de dire au *chef du personnel** que tu es tout à fait prêt à t'engager pour un mois. Tu n'as qu'à dire que tu vas lâcher l'autre place. Et, quand notre restaurant ouvrira, on n'aura qu'à plaquer tout ça.

— Et ma paie alors, si je romps mon contrat ? »

Boris a donné un coup de canne sur le trottoir en s'exclamant devant tant de bêtise. « Demande à être payé à la journée. Comme ça, ça ne te coûtera pas un sou. Tu t'imagines qu'ils vont poursuivre un *plongeur** s'il rompt son contrat ? Ils ne vont pas se fatiguer à poursuivre quelqu'un d'aussi insignifiant. »

Je me suis dépêché de retourner à l'hôtel, où je suis allé trouver le *chef du personnel** pour lui dire que j'étais prêt à travailler un mois, et il m'a engagé sur-le-champ. Cet épisode m'a donné ma première leçon en matière de morale du *plongeur**. J'ai découvert ensuite à quel point j'avais été stupide d'avoir des scrupules, car les grands hôtels ne s'embarrassent guère de pitié à l'égard de leurs employés. Ils les embauchent ou les congédient en fonction des besoins et renvoient tous au minimum dix pour cent du personnel à la fin de la saison. De plus, ils n'ont aucun mal à remplacer celui qui s'en va sans crier gare, car Paris regorge d'employés d'hôtel au chômage.

CHAPITRE XI

En définitive, je n'ai pas eu à rompre mon contrat, car il s'est passé encore six semaines avant que l'ouverture de l'Auberge de Jehan Cottard soit ne serait-ce qu'en vue. Dans l'intervalle, j'ai travaillé à l'Hôtel X., quatre jours par semaine à la *caféterie**, un jour par semaine à aider le garçon du quatrième étage et un autre en remplacement de la femme qui faisait la vaisselle de la salle à manger. Par chance, j'étais de repos le dimanche, mais il arrivait qu'un autre employé soit malade et que je doive également travailler ce jour-là. J'étais pris de 7 heures du matin à 2 heures de l'après-midi et de 5 heures à 9 heures du soir, c'est-à-dire onze heures; mais je travaillais quatorze heures par jour quand je faisais la vaisselle de la salle à manger. À l'aune des horaires habituels d'un *plongeur** parisien, ce sont des journées exceptionnellement courtes. La seule chose vraiment éprouvante de cette existence était la chaleur épouvantable et étouffante qui régnait dans ces caves labyrinthiques. En dehors de cela, l'hôtel, qui était vaste et bien organisé, passait pour un lieu de travail agréable.

Notre *caféterie** était une cave sombre mesurant six mètres sur deux, avec une hauteur de plafond de deux mètres quarante, tellement encombrée de cafetières, de machines à couper le pain et autres ustensiles qu'on pouvait difficilement faire un pas sans se cogner contre quelque chose. Elle était éclairée par une unique ampoule électrique de faible puissance et quatre ou cinq fourneaux à gaz d'où s'échappait un souffle puissant et incandescent. La température affichée sur le thermomètre installé là ne descendait jamais en dessous de quarante-trois degrés pour approcher cinquante-cinq degrés à certains moments de la journée. D'un côté, il y avait cinq monte-plats et, de l'autre, une glacière où on conservait le lait et le beurre. Quand on entrait dans la glacière, la température chutait brutalement de quarante degrés; ça me faisait penser à cet hymne où il est question des montagnes glacées du Groenland et des plages de corail de l'Inde[1]. En plus de Boris et moi, deux autres hommes travaillaient à la *caféterie**. Il y avait Mario, un colosse italien monté sur ressort — on aurait dit un agent de la circulation sorti d'une scène d'opéra —, et une espèce de bête hirsute et mal léchée qu'on appelait le Magyar; je crois qu'il était originaire de Transylvanie, voire de plus loin encore. Hormis le Magyar, nous étions tous grands et costauds et, à l'heure du coup de feu, nous n'arrêtions pas de nous rentrer dedans.

Le travail à la *caféterie** était très irrégulier. Nous n'étions jamais désœuvrés, mais le travail véritable ne nous tombait dessus que par périodes de deux heures d'affilée, que nous nommions chacune « *un* *coup de feu** ». Le premier *coup de feu** se situait à 8 heures, quand les clients des étages commençaient à se réveiller et à réclamer leur petit déjeuner. À 8 heures, tout le sous-sol se mettait brusquement à résonner de cris et de bruits de chambardement ; des sonnettes retentissaient de tous côtés, des hommes en tablier bleu couraient dans les couloirs, nos monte-plats dégringolaient tous ensemble leurs puits avec fracas, d'où se mettaient à pleuvoir des jurons en italien lancés par les garçons des cinq étages. Je ne me rappelle pas tout ce que nous avions à faire, mais cela incluait préparer thé, café et chocolat, récupérer les plats en cuisine, les vins à la cave, les fruits et le reste dans la salle à manger, couper du pain, faire des toasts et des coquilles de beurre, mesurer des doses de confiture, ouvrir des bidons de lait, compter des morceaux de sucre, faire cuire des œufs à la coque, préparer du porridge, piler de la glace, moudre du café — et tout ça pour cent à deux cents personnes. Nous étions à trente mètres des cuisines, à soixante ou soixante-dix mètres de la salle à manger. Tout ce que nous envoyions par les monte-plats devait être noté sur une fiche et les fiches devaient être soigneusement classées ; on nous faisait des histoires même pour un carré de sucre manquant. En plus de tout ça, il fallait approvisionner le personnel en pain et en café, et s'occuper des repas des garçons d'étage. Ce n'était pas une mince affaire, dans l'ensemble.

J'ai calculé qu'on faisait environ vingt-cinq kilomètres par jour, en marchant ou en courant, mais la pression était plus mentale que physique. À première vue, il n'y avait rien de plus facile que ce travail idiot de garçon de cuisine, mais il devient étonnamment difficile quand on est bousculé. On est obligé de sauter d'une occupation à l'autre parmi la multitude des tâches, ce qui s'apparente à trier un paquet de cartes l'œil rivé sur la montre. On est, par exemple, en train de faire griller du pain quand, *boum !* arrive un monte-plats avec une commande de thé et de petits pains, accompagnés de trois sortes de confiture différentes, et là-dessus, *boum !* il en arrive un autre pour un client réclamant des œufs brouillés, du café et un pamplemousse ; on court chercher les œufs à la cuisine et le pamplemousse à la salle à manger, à toute vitesse pour ne pas laisser brûler les toasts en son absence, tout en essayant de ne pas perdre de vue le thé et le café, en plus de la demi-douzaine de commandes toujours en attente ; dans le même temps, on a un serveur collé à ses basques qui fait des histoires pour une bouteille d'eau de Seltz qui a disparu, et le ton monte. Ça demande plus de cervelle qu'on ne l'imagine. D'après Mario, qui avait sans doute raison, il fallait un an pour devenir un bon *cafetier**.

Entre 8 heures et 10 heures et demie, on était pris dans une sorte de délire. Tantôt c'était comme si on n'avait plus que cinq minutes à vivre ; tantôt c'était de soudaines accalmies où les commandes s'interrompaient et où, l'espace d'un instant, la tranquillité semblait revenir. On balayait alors le plancher et on le recouvrait de sciure fraîche, et on engloutissait des timbales de vin, de café ou d'eau — n'importe quoi, pourvu que ce soit liquide. Il n'était pas rare que nous nous préparions des bouts de glace à sucer tout en travaillant. La chaleur des fourneaux à gaz nous soulevait le cœur ; nous absorbions toute la journée des litres de boisson et, au bout de quelques heures, même nos tabliers étaient trempés de sueur. Il arrivait que nous soyons irrémédiablement en retard dans notre travail, si bien que certains clients se seraient retrouvés privés de petit déjeuner si Mario ne nous avait pas systématiquement tirés d'affaire. Il travaillait à la *caféterie** depuis quatorze ans et il avait le don de ne jamais perdre une seconde entre deux tâches. Le Magyar était franchement abruti, moi inexpérimenté et Boris porté à tirer au flanc, en partie du fait de sa patte folle, en partie parce qu'il avait honte de travailler à la *caféterie** alors qu'il avait été serveur par le passé ; mais Mario, lui, était extraordinaire. Il avait une capacité hors du commun à allonger ses grands bras d'un bout à l'autre de la *caféterie** pour remplir une cafetière d'une main et faire cuire un œuf de l'autre, tout en surveillant les toasts et en aboyant ses instructions au Magyar, sans oublier entre-temps de chanter quelques airs de *Rigoletto*. Le *patron**, conscient de ses mérites, le payait mille francs par mois alors que nous étions payés cinq cents francs.

La pagaille du petit déjeuner prenait fin à 10 heures et demie. Il était alors temps de nettoyer les tables de la *caféterie**, de passer un coup de balai et d'astiquer les cuivres, mais aussi, les jours fastes, d'aller chacun notre tour fumer aux toilettes. C'était notre moment de calme, de calme relatif cependant, car nous n'avions que dix minutes pour déjeuner, au cours desquelles nous étions constamment interrompus. L'heure du déjeuner pour la clientèle, entre midi et 2 heures, était caractérisée par un tourbillon comparable à celui du petit déjeuner. L'essentiel de notre travail consistait à aller chercher les plats en cuisine, ce qui signifiait avoir constamment droit aux *engueulades** des cuisiniers. Ceux-ci avaient déjà sué quatre ou cinq heures devant leurs fourneaux et ils étaient bien échauffés.

À 2 heures, nous redevenions tout à coup des hommes libres. Nous nous débarrassions de nos tabliers et enfilions nos vestons, pour ensuite nous précipiter dehors et, quand nous étions en fonds, nous engouffrer dans le premier *bistro**. On éprouvait une sensation curieuse à se retrouver dans la rue en émergeant de ces caves éclairées par la lumière des flammes. L'air semblait d'une clarté froide et aveuglante, comme l'été polaire ; et l'odeur d'essence était délicieuse après la puanteur de la sueur et de la nourriture mêlées ! Il arrivait que nous retrouvions au *bistro** les cuisiniers et les serveurs de l'hôtel, qui se montraient alors aimables et nous offraient à boire. À l'intérieur, nous étions leurs esclaves, mais les usages propres à l'hôtellerie veulent qu'en dehors des heures de service tout le monde soit traité sur un pied d'égalité et que les *engueulades** soient oubliées.

À 5 heures moins le quart, nous retournions à l'hôtel. Jusqu'à 6 heures et demie, il n'y avait pas de commandes et nous mettions ce temps à profit pour fourbir l'argenterie, nettoyer les cafetières et nous occuper de quelques autres bricoles. Puis commençait le grand tourbillon de la journée : le dîner. J'aimerais pouvoir brièvement me changer en Zola, juste le temps de décrire ce moment-là. La complexité de la situation tenait à ce que cent ou deux cents personnes commandaient chacune des repas différents composés de cinq ou six plats et qu'il y en avait cinquante ou soixante autres pour les leur cuisiner, pour les leur servir et tout remettre en ordre ensuite ; quiconque a déjà travaillé dans la restauration voit très bien ce que cela signifie. À cette heure-là de la journée, qui plus est, alors qu'il y avait le double de travail, tout le personnel était épuisé et certains étaient soûls. Je pourrais noircir des dizaines de pages pour décrire la scène sans parvenir à en donner une idée juste. Les cavalcades en tous sens dans les couloirs étroits, les collisions, les hurlements, les chargements périlleux de paniers, de plateaux et de blocs de glace, la chaleur, l'obscurité, les âpres discussions qui s'enveniment sans qu'on ait le temps de vider les querelles — tout cela défie toute description. Quiconque aurait posé le pied dans ces sous-sols pour la première fois se serait cru dans un asile de fous. Ce n'est que plus tard, une fois que j'avais compris le fonctionnement de l'hôtel, que j'ai pu percevoir de l'ordre dans tout ce chaos.

À 8 heures et demie, le travail cessait brutalement. Nous n'étions pas libres avant 9 heures, mais nous nous laissions tomber au sol où nous restions étendus de tout notre long pour reposer nos jambes, sans même avoir le courage d'aller nous chercher à boire dans la glacière. Il arrivait que le *chef du personnel** vienne nous apporter des bouteilles de bière, car l'hôtel nous offrait une tournée supplémentaire après une journée particulièrement chargée. Les repas qu'on nous servait étaient tout juste mangeables, mais le *patron** n'était pas chiche sur l'alcool ; il nous allouait à chacun deux litres de vin par jour, conscient qu'un *plongeur** qui n'a pas ses deux litres en vole trois. Nous étions aussi autorisés à vider les fonds de bouteille de la clientèle, si bien que nous buvions souvent plus que de raison — ce qui n'était pas une mauvaise chose, dans la mesure où on travaille visiblement plus vite quand on est à moitié ivre.

Quatre jours ont passé sur un mode identique ; les deux autres jours, ça s'est mieux passé dans un cas, moins bien dans l'autre. Au bout d'une semaine à ce train-là, j'avais besoin de me détendre un peu. On était samedi soir et la clientèle de notre *bistro** s'employait à se soûler, si bien qu'avec la perspective d'un jour de congé devant moi j'étais disposé à faire de même. Nous sommes tous allés nous coucher, ivres, à 2 heures du matin, bien décidés à dormir jusqu'à midi. À 5 heures et demie, je me suis brusquement réveillé. Un veilleur de nuit envoyé par l'hôtel se tenait debout au chevet de mon lit. Il a repoussé mes draps et m'a secoué sans ménagement.

« Debout ! m'a-t-il lancé. *Tu t'es bien soûlé la gueule, pas vrai** ? Bon, aucune importance, on a besoin de quelqu'un à l'hôtel. Il faut que tu travailles aujourd'hui.

— Mais enfin pourquoi ? ai-je protesté. C'est mon jour de congé.

— Y a pas de congé qui tienne ! Faut bien que quelqu'un fasse le boulot. Debout ! »

Je me suis levé et je me suis mis en route, avec la sensation d'avoir le dos en miettes et le crâne farci de braises ardentes. Je me sentais incapable de travailler toute une journée. Et pourtant, il a suffi d'une heure dans les sous-sols de l'hôtel pour que je me rende compte que j'étais parfaitement remis. La chaleur qui régnait dans ces caves permettait visiblement, comme aux bains turcs, d'éliminer par la transpiration pratiquement n'importe quelle quantité d'alcool. Les *plongeurs** savent ça et comptent là-dessus. La capacité à absorber des litres de vin et à les éliminer avant que ça ne commence à faire des dégâts est une des compensations du métier.

CHAPITRE XII

Mes meilleurs moments à l'hôtel étaient de loin ceux que je passais à aider le garçon du quatrième étage. Nous nous tenions dans un petit office qui communiquait avec la *caféterie** par les monte-plats. C'était un délice de fraîcheur quand on arrivait des sous-sols, et le travail consistait principalement à faire briller les verres et l'argenterie, ce qui n'avait rien d'inhumain. Valenti, le garçon, était un brave type, qui me traitait presque comme son égal quand nous étions seuls, même s'il était obligé de me rudoyer dès qu'il y avait quelqu'un d'autre, puisqu'il n'est pas de mise qu'un serveur se montre aimable avec un *plongeur**. Il me glissait parfois un pourboire de cinq francs quand il avait fait une bonne journée. C'était un jeune homme avenant de vingt-quatre ans qui en paraissait dix-huit et, comme la plupart des serveurs, il se tenait bien et savait s'habiller. Avec sa queue-de-pie noire et sa cravate blanche, son teint frais et ses cheveux bruns lisses, on aurait dit qu'il sortait d'Eton[1]; pourtant, il gagnait sa vie depuis l'âge de douze ans et sortait littéralement du ruisseau. Traverser la frontière italienne sans passeport, vendre des marrons en poussant sa charrette à bras sur les Grands Boulevards, écoper de cinquante jours de prison à Londres pour avoir travaillé sans permis, se voir courtisé par une riche vieille dame dans un hôtel, qui lui avait offert une bague en diamant pour l'accuser ensuite de la lui avoir volée — c'étaient là certaines de ses expériences. Je prenais plaisir à bavarder avec lui, dans les moments de répit où nous fumions en rejetant la fumée dans le puits du monte-plats.

La pire journée était celle où je faisais la vaisselle de la salle à manger. Je n'avais pas à m'occuper des assiettes, qui étaient lavées en cuisine, et j'avais juste en charge le reste de la vaisselle, l'argenterie, les couteaux et les verres ; mais rien que ça représentait malgré tout treize heures de travail, pendant lesquelles je consommais trente à quarante torchons. Les méthodes archaïques dont on use en France doublent le temps de travail. On n'y connaît pas l'égouttoir et, en l'absence de savon en paillettes, on utilise un savon mou et poisseux, qui refuse de mousser dans l'eau dure de Paris. J'étais relégué dans un minuscule réduit sale et encombré, à la fois office et arrière-cuisine, qui donnait directement sur la salle à manger. En plus de la vaisselle, j'avais la charge d'aller chercher les repas des serveurs et de les servir à table ; ils étaient pour la plupart d'une grossièreté insoutenable et j'en suis venu plus d'une fois aux poings pour obtenir d'eux la courtoisie la plus élémentaire. C'était une femme qui faisait d'ordinaire leur vaisselle et ils lui menaient une vie infernale.

Il était amusant de balayer du regard cette petite arrière-cuisine crasseuse en songeant que seule une double porte nous séparait de la salle à manger. D'un côté, la clientèle dans toute sa splendeur : nappes immaculées, coupes de fleurs, miroirs, moulures dorées et décor de chérubins. De l'autre, à quelques mètres à peine, nous dans notre crasse repoussante. Car elle était vraiment repoussante. Nous ne trouvions pas le temps de passer le balai avant la fin de la journée et nous circulions sur un mélange glissant d'eau savonneuse, de feuilles de laitue, de bouts de papier déchirés et d'aliments piétinés. Une dizaine de serveurs, qui avaient tombé la veste et exhibaient des aisselles trempées de sueur, étaient installés autour d'une table à mélanger des salades et à plonger leurs pouces dans des pots de crème. La pièce exhalait des relents mêlés de sueur et de nourriture. Les placards abritaient, dans leurs moindres recoins, stockées derrière les piles de vaisselle, des réserves de nourriture immondes volées par les serveurs. Il n'y avait que deux éviers et pas de lavabo, si bien qu'il n'y avait rien d'inhabituel à voir un serveur se débarbouiller dans l'eau de rinçage de la vaisselle. Mais la clientèle ne voyait rien de tout cela. À l'entrée de la salle à manger se trouvaient un paillasson en coco et un miroir, et les serveurs se pomponnaient là avant d'entrer en présentant l'image même de la propreté.

C'est un spectacle tout à fait édifiant que celui d'un serveur s'apprêtant à entrer dans une salle à manger. Au moment où il passe la porte, un brusque changement s'opère en lui. La position de ses épaules se modifie ; toute la saleté, la précipitation et la contrariété s'évanouissent en un instant. Il glisse sur la moquette avec la gravité d'un prêtre. Je revois notre second *maître d'hôtel**, un Italien au tempérament explosif, s'arrêter à la porte de la salle à manger pour apostropher un apprenti qui avait cassé une bouteille de vin. Le poing brandi au-dessus de la tête, il hurlait (par chance, la porte était plus ou moins insonorisée) :

« *Tu me fais chier**. Et tu te dis serveur, abruti ? Toi, serveur ? Tu n'es même pas bon à frotter le plancher du bordel d'où sort ta mère. *Maquereau** *!* »

À court de mots, il s'est tourné vers la porte et, en l'ouvrant, a lâché un pet sonore, insulte fort prisée des Italiens.

Sur ce, il est entré dans la salle à manger, qu'il a

traversée prestement un plat à la main, avec la grâce majestueuse d'un cygne. Dix secondes plus tard, il s'inclinait révérencieusement devant un client. On ne pouvait s'empêcher de songer, à le voir s'incliner avec un sourire, ce sourire affable du serveur expérimenté, qu'il y avait de quoi avoir honte de se laisser servir par un tel aristocrate.

Ces corvées de vaisselle étaient absolument détestables ; sans que le travail soit pénible, il était assommant et d'une stupidité indicible. Il est terrible de penser que certaines personnes font ce métier pendant des décennies. La femme que je remplaçais avait bien la soixantaine et elle restait debout devant son évier treize heures par jour, six jours par semaine, toute l'année ; sans compter qu'elle était horriblement malmenée par les serveurs. Elle laissait entendre qu'elle avait autrefois été actrice — prostituée, en réalité, j'imagine ; la plupart des prostituées finissent femmes de ménage. Il était curieux de constater que, malgré son âge avancé et la vie qu'elle menait, elle portait toujours une perruque d'un blond clair, se mettait du noir aux yeux et se fardait comme une jeune fille de vingt ans. Visiblement, même en faisant des semaines de soixante-dix-huit heures, on garde une certaine vitalité.

CHAPITRE XIII

Le troisième jour, le *chef du personnel**, qui s'était jusque-là montré plutôt aimable avec moi, m'a appelé et lancé :

« Hé, toi, là, rase-moi tout de suite cette moustache !

*Nom de Dieu**, depuis quand les *plongeurs** ont des moustaches ? »

J'ai fait mine de protester, mais il m'a arrêté sur-le-champ. « Un *plongeur** avec une moustache ! N'importe quoi ! Prends garde que je te revoie pas avec demain. »

Sur le chemin du retour, j'ai demandé des explications à Boris. Il a haussé les épaules. « Tu n'as pas le choix, *mon ami**. Dans un hôtel, personne ne porte de moustache en dehors des cuisiniers. Je pensais que tu avais remarqué. La raison ? Il n'y en a pas. C'est une coutume. »

J'ai compris que c'était une question d'usages, comme de ne pas mettre de cravate blanche avec un smoking, et je me suis rasé la moustache. J'ai trouvé l'explication de cette coutume par la suite : les serveurs des bons hôtels ne portent pas la moustache et, pour marquer leur supériorité, ils ont décrété que les *plongeurs** n'en porteraient pas non plus ; les cuisiniers, eux, portent la moustache pour marquer leur mépris à l'égard des serveurs.

Cela donne une idée du système de castes complexe qui peut exister dans un hôtel. Les quelque cent dix personnes qui composaient le personnel du nôtre se classaient sur une échelle de prestige aussi précise que celle des militaires, et un cuisinier ou un serveur se distinguaient autant d'un *plongeur** qu'un capitaine d'un simple soldat. Le plus gradé était le gérant, qui pouvait renvoyer qui il voulait, même les cuisiniers. Nous ne voyions jamais le *patron**, et tout ce qu'on savait le concernant, c'était que ses repas devaient être préparés avec plus de soin que ceux des clients ; la discipline reposait entièrement sur le gérant. C'était un homme consciencieux, constamment à l'affût du moindre signe de laisser-aller, mais nous étions trop malins pour lui. L'hôtel était équipé d'un réseau de sonnettes de service que le personnel utilisait pour s'envoyer des signaux. Un coup long et un coup bref, suivis de deux autres coups longs, signifiaient que le gérant approchait et, quand nous entendions le signal, nous prenions soin de paraître affairés.

Après le gérant venait le *maître d'hôtel**. Il ne servait pas à table, sauf en présence d'un lord ou de quelqu'un de ce standing-là, mais il supervisait le service et prêtait main-forte pour l'organisation des réceptions. Le total de ses pourboires et des primes versées par les maisons de champagne (deux francs par bouchon retourné) se montait à deux cents francs par jour. Il occupait une place à part au sein du personnel et prenait ses repas dans une salle particulière, avait droit à de l'argenterie et à deux apprentis vêtus de vestes blanches impeccables pour le servir. Un cran en dessous, il y avait le chef cuisinier, qui touchait environ cinq mille francs par mois ; il mangeait en cuisine, mais à une table séparée, et il était servi par un des apprentis cuisiniers. Puis venait le *chef du personnel** ; il ne touchait que quinze cents francs par mois, mais il portait une veste noire, était dispensé de toute tâche manuelle, était autorisé à renvoyer les *plongeurs** et à mettre les serveurs à l'amende. Ensuite venaient les autres cuisiniers, qui touchaient entre trois mille et sept cent cinquante francs par mois ; puis les serveurs, qui gagnaient environ soixante-dix francs par jour en pourboires, en plus d'une petite avance ; puis les lingères et les couturières ; puis les apprentis serveurs, qui ne touchaient pas de pourboires, mais étaient payés sept cent cinquante francs par mois ; puis les *plongeurs**, eux aussi à sept cent cinquante francs ;

puis les femmes de chambre, à cinq ou six cents francs par mois ; et, pour finir, les *cafetiers**, à cinq cents francs par mois. Nous étions, nous autres de la *caféterie**, la lie de l'hôtel, méprisés et tutoyés par tous.

Il y avait divers autres employés : les employés de bureau, qu'on appelait en général « courriers », le magasinier, le caviste, des bagagistes et des grooms, le préposé à la glace, les boulangers, le veilleur de nuit, le portier. Les différentes fonctions étaient occupées par différentes nationalités. Les employés de bureau, les cuisiniers et les couturières étaient français, les serveurs italiens et allemands (il est difficile de trouver un serveur français à Paris), les *plongeurs** originaires de toute l'Europe, sans compter les Arabes et les nègres. Le français servait de *lingua franca*, parlée même par les Italiens entre eux.

Chaque secteur avait ses petits à-côtés. Dans tous les hôtels de Paris, on a coutume de vendre le pain entamé aux boulangers pour huit sous la livre et les restes des cuisines aux éleveurs de porcs pour une misère, le produit des ventes étant ensuite réparti entre les *plongeurs**. Le chapardage était également fréquent. Les serveurs volaient tous de la nourriture (j'ai de fait rarement vu un serveur se soucier des rations allouées par l'hôtel) et les cuisiniers pratiquaient la chose à grande échelle en cuisine, tandis qu'à la *caféterie** nous éclusions du thé et du café en douce. Le caviste volait du brandy. Le règlement voulait que les serveurs n'aient pas de réserves d'alcool à disposition et aillent voir le caviste chaque fois qu'un client en commandait. Quand le caviste préparait les commandes, il prélevait systématiquement l'équivalent d'une cuiller à thé dans chaque verre, ce qui lui permettait d'en mettre de grandes quantités de côté. Il vous vendait le produit de ces larcins cinq sous la goulée s'il pensait pouvoir vous faire confiance.

Les voleurs ne manquaient pas parmi le personnel et il valait mieux ne pas laisser traîner d'argent dans ses poches. Le plus grand voleur de l'hôtel était le portier, qui nous versait nos salaires et nous fouillait pour vérifier que nous ne sortions pas de la nourriture en cachette. Sur les cinq cents francs par mois que je gagnais, il est parvenu à me carotter cent quatorze francs en six semaines. Comme j'avais demandé à être payé à la journée, le portier me versait seize francs tous les soirs et, comme il ne me donnait rien le dimanche (alors que mon salaire m'était naturellement dû ce jour-là aussi), il a réussi à empocher soixante-quatre francs. Par ailleurs, il m'est arrivé de travailler certains dimanches, pour lesquels j'avais droit à vingt-cinq francs supplémentaires, même si je l'ignorais. Le portier ne me les a jamais versés non plus, ce qui lui a permis de me délester de soixante-quinze francs de plus. Je ne me suis rendu compte de la combine que la dernière semaine et, comme je ne pouvais rien prouver, je n'ai récupéré que vingt-cinq francs. Le portier roulait de la même façon tous les employés assez bêtes pour se faire avoir. Il se disait grec, mais il était en fait arménien. J'ai pu mesurer à le fréquenter le bien-fondé du proverbe : « Mieux vaut se fier à un serpent plutôt qu'à un Juif et à un Juif plutôt qu'à un Grec, mais il ne faut jamais se fier à un Arménien[1]. »

On trouvait des gens curieux parmi les serveurs. Par exemple, un jeune homme de bonne famille, passé par l'université, qui avait occupé un emploi bien payé dans une entreprise. Il avait attrapé une maladie vénérienne et perdu son emploi, était parti à la dérive et s'estimait désormais chanceux de pouvoir travailler comme serveur. Bon nombre d'entre eux étaient entrés clandestinement en France, sans passeport, et il y en avait un ou deux qui étaient des espions, car c'était une profession répandue chez les espions. Un jour, dans la salle à manger des serveurs, une terrible dispute a éclaté entre Morandi, un individu aux yeux anormalement écartés et à l'air menaçant, et un autre Italien. Visiblement, Morandi avait pris à l'autre sa maîtresse et ce dernier, un gringalet qui avait de toute évidence peur de Morandi, proférait de vagues menaces.

Morandi le brocardait : « Et alors, tu comptes faire quoi ? J'ai couché avec ta poule, trois fois d'ailleurs. C'était chouette. Qu'est-ce que t'y peux, hein ?

— Je peux te dénoncer à la Sûreté. Pour espionnage. »

Morandi n'a pas nié. Il s'est contenté de sortir un rasoir de la poche de sa queue-de-pie et de décrire de deux coups rapides dans les airs le geste de celui qui vous taillade les joues. Sur quoi l'autre a fait machine arrière.

Le type le plus curieux que j'aie rencontré à l'hôtel était un « extra ». Il avait été embauché à vingt-cinq francs la journée pour remplacer le Magyar, qui était malade. C'était un Serbe, un gars vif et trapu d'environ vingt-cinq ans, qui parlait six langues, dont l'anglais. Il semblait tout savoir du métier et, jusqu'à midi, il a travaillé comme un forçat. Mais, une fois que midi avait sonné, il est devenu morose, s'est mis à se défiler, à voler du vin et, pour couronner le tout, à lambiner ouvertement une pipe à la bouche. Il était naturellement interdit de fumer, sous peine de sanctions sévères. L'affaire est arrivée aux oreilles du gérant lui-même, qui est descendu en personne, écumant de rage, pour s'entretenir avec le Serbe.

« Qu'est-ce qui te prend de fumer ici ? s'est-il écrié.

— Qu'est-ce qui te prend d'avoir une gueule comme ça ? » a répondu tranquillement le Serbe.

Une telle réplique constituait un blasphème invraisemblable. Si un *plongeur** s'était adressé en ces termes au chef cuisinier, il se serait pris une casserole de soupe bouillante dans la figure. Le gérant a répliqué sur-le-champ « Tu es viré ! » et, à 2 heures, le Serbe recevait ses vingt-cinq francs et prenait la porte, comme il se doit. Avant qu'il s'en aille, Boris lui a demandé en russe à quoi il jouait. Et voilà la réponse que lui a faite le Serbe :

« Écoute, *mon vieux**, on me doit mon salaire de la journée à partir du moment où je travaille jusqu'à midi, non ? C'est la loi. À quoi bon continuer de travailler une fois que j'ai mon salaire ? Alors, voilà ce que je fais. Je me trouve une place d'extra dans un hôtel et je travaille dur jusqu'à midi. Ensuite, dès que les douze coups ont sonné, je me mets à semer un tel bazar qu'ils sont bien obligés de me virer. Futé, non ? La plupart du temps, je suis viré avant midi et demi ; aujourd'hui, il a fallu attendre 2 heures ; mais ça m'est égal, ça fait toujours quatre heures de travail en moins. Le seul problème, c'est qu'on peut pas faire deux fois le coup dans le même hôtel. »

Il avait visiblement déjà joué ce tour à la moitié des hôtels et des restaurants de Paris. C'est sans doute assez facile de jouer à ce jeu-là l'été, même si les hôtels se protègent autant que faire se peut en dressant une liste noire.

CHAPITRE XIV

Au bout de quelques jours, j'avais saisi les principales règles de fonctionnement de l'hôtel. Le plus étonnant pour quelqu'un qui découvre pour la première fois les parties réservées au service dans un hôtel, ce sont le bruit et le désordre épouvantables qui règnent à l'heure du coup de feu. C'est tellement différent du travail régulier typique d'un magasin ou d'une usine qu'on peut y voir au premier abord l'effet d'une mauvaise organisation. En réalité, c'est absolument inévitable, et ce pour la raison suivante. Ce n'est pas que le travail soit particulièrement pénible dans un hôtel, mais sa nature même fait qu'il survient par à-coups et ne peut être régulé. Il n'est pas question, par exemple, de faire cuire un steak deux heures avant qu'il n'ait été commandé ; on est obligé d'attendre le dernier moment, alors qu'une foule d'autres tâches s'est accumulée, et de tout faire en même temps, dans la précipitation et sur un rythme trépidant. Le résultat, c'est qu'à l'heure des repas chacun travaille pour deux, ce qui rend inévitable le bruit et les disputes. De fait, les disputes font partie intégrante du processus, dans la mesure où on n'arriverait jamais à tenir le rythme si on ne s'accusait pas mutuellement de ne rien faire. C'est la raison pour laquelle, au moment du coup de feu, tous les membres du personnel s'emportaient et se mettaient à jurer comme des charretiers. Tout l'hôtel ne résonnait plus que du verbe « *foutre** ». Une jeune fille de seize ans, employée à la boulangerie, usait de jurons à faire rougir un cocher. (Hamlet ne dit-il pas « jurer comme une souillon[1] » ? Shakespeare avait sans aucun doute vu des souillons au travail.) Loin de perdre la tête ou de gaspiller du temps, nous nous stimulions mutuellement pour arriver à faire tenir en deux heures ce qui aurait dû en prendre quatre.

La bonne marche d'un hôtel repose sur le fait que les employés tirent une authentique fierté de leur travail, si bête et détestable soit-il. Un fainéant est vite repéré par les autres, qui se liguent alors contre lui pour le faire renvoyer. Les cuisiniers, les serveurs et les *plongeurs** ont des façons de voir très différentes, mais ils ont en partage de mettre tout leur orgueil à être efficaces.

La catégorie qui accomplit le travail le plus honorable et se montre la moins servile, ce sont sans conteste les cuisiniers. Ils ne gagnent pas tout à fait autant que les serveurs, mais ils jouissent d'un plus grand prestige et d'un emploi plus stable. Le cuisinier ne se considère pas comme un domestique, mais comme un ouvrier qualifié ; on parle généralement de lui comme d'« *un ouvrier** », ce qui n'est jamais le cas des serveurs. Il est conscient de son pouvoir, de ce qu'il peut à lui seul faire ou défaire la réputation d'un restaurant, et il sait que, s'il a cinq minutes de retard, tout va de travers. Il méprise tout le personnel en dehors des cuisiniers et met un point d'honneur à insulter tout ce qui est en dessous du maître d'hôtel. Il tire une authentique fierté d'artiste de son travail, qui exige un très grand savoir-faire. Ce qui est difficile, ce n'est pas de cuisiner, mais de tout faire dans les temps. Entre le petit déjeuner et le déjeuner, le chef de l'Hôtel X. se voyait commander plusieurs centaines de plats, qui devaient tous être servis à des moments différents ; il n'en préparait lui-même que quelques-uns, mais donnait des instructions pour tous et les inspectait tous avant qu'ils soient envoyés. Il avait une mémoire extraordinaire. Les commandes étaient épinglées sur un panneau, mais le chef les consultait rarement ; il avait tout en tête et, à la minute près, à l'heure prévue pour chaque plat, il lançait infailliblement : « *Faites marcher une côtelette de veau** » (ou autre chose). C'était un tyran imbuvable, mais un artiste également. C'est pour leur ponctualité, et non du fait de quelque supériorité technique, que les hommes sont préférés aux femmes en cuisine.

Le serveur a une vision des choses très différente. Il est lui aussi, en un sens, fier de son savoir-faire, mais celui-ci consiste à être servile. Son travail lui donne une mentalité de snob et non d'ouvrier. Il passe sa vie à proximité de gens riches, debout près de leur table, à écouter leurs conversations et à leur faire de la lèche à coups de sourires et de petites plaisanteries discrètes. Il a le plaisir de pouvoir dépenser de l'argent par procuration. Par ailleurs, il n'est jamais exclu qu'il devienne lui-même riche, car, si la plupart des serveurs meurent dans la pauvreté, certains connaissent parfois des périodes fastes prolongées. Dans certains cafés des Grands Boulevards, il y a tellement d'argent à gagner que ce sont les serveurs qui paient le *patron** pour travailler. Le résultat, c'est qu'entre le fait de voir constamment circuler des richesses et l'espoir d'en posséder, le serveur en vient à s'identifier, dans une certaine mesure, à ses employeurs. Il s'attache à servir un repas avec style, parce qu'il a le sentiment de faire partie des convives.

Je me rappelle Valenti évoquant un banquet à Nice où il avait fait le service, qui avait coûté deux cent mille francs et dont on parlait encore des mois plus tard. « C'était magnifique, *mon p'tit, mais magnifique** ! Bon Dieu ! Le champagne, l'argenterie, les orchidées, je n'ai jamais rien vu de pareil, et pourtant j'en ai vu des choses. Ah, c'était somptueux !

— Mais tu faisais juste le service ?

— Naturellement. N'empêche, c'était magnifique. »

La morale de tout ça, c'est qu'un serveur n'est jamais à plaindre. Parfois, quand vous êtes au restaurant, à continuer de vous empiffrer une demi-heure après la fermeture, vous avez l'impression que le serveur fatigué qui se tient à proximité vous méprise forcément. Mais non. Il ne se dit pas en vous regardant : « Quel goinfre et quel malotru. » Il se dit : « Un jour, quand j'aurai suffisamment d'économies, je pourrai faire comme lui. » Il veille sur un plaisir qu'il comprend parfaitement et qu'il admire. C'est pourquoi les serveurs sont rarement socialistes, n'ont pas de syndicat véritablement actif et travaillent douze heures par jour (quinze heures, sept jours par semaine, dans de nombreux cafés). Ce sont des snobs, qui ne trouvent pas désagréable le côté servile de leur travail.

Les *plongeurs**, de leur côté, ont une autre vision des choses. Ils font un travail véritablement éreintant et qui n'offre aucune perspective, tout en étant complètement dépourvu de savoir-faire et d'intérêt ; le genre de travail que l'on laisserait systématiquement à des femmes si les femmes étaient suffisamment résistantes. Tout ce qu'on exige d'eux, c'est qu'ils soient constamment sur la brèche et qu'ils tiennent de longues heures dans une atmosphère étouffante. Ils n'ont aucun moyen d'échapper à cette vie-là, dans la mesure où ils ne peuvent pas économiser le moindre centime sur leur salaire et n'ont pas le temps de se former à quoi que ce soit d'autre en travaillant entre soixante et cent heures par semaine. Le mieux qu'ils puissent espérer, c'est de trouver un travail un peu moins pénible, comme veilleur de nuit ou préposé aux toilettes.

Malgré tout, les *plongeurs**, si bas soient-ils dans l'échelle de l'hôtellerie, ont aussi une sorte de fierté. Celle du tâcheron, de celui qui fait face quelle que soit la quantité de travail à abattre. À ce niveau-là, la simple capacité à travailler comme une bête de somme, et sans relâche, est à peu près la seule vertu à laquelle on puisse prétendre. Tout plongeur aspire à ce qu'on dise de lui qu'il est *débrouillard**. Un *débrouillard**, c'est quelqu'un qui, même quand on lui demande l'impossible, va *se débrouiller**, c'est-à-dire faire le nécessaire. Un Allemand qui travaillait comme *plongeur** dans les cuisines de l'Hôtel X. avait la réputation d'être un *débrouillard**. Un soir, un lord anglais descendu à l'hôtel a jeté le désespoir parmi les serveurs parce qu'il voulait des pêches et qu'il n'y en avait pas dans les réserves ; il était tard et les magasins étaient fermés. « Je m'en occupe », a dit l'Allemand. Il est sorti et, dix minutes plus tard, il est revenu avec quatre pêches. Il les avait volées dans un restaurant du quartier. C'est ce qu'on entend par *débrouillard**. Le lord anglais a payé les pêches vingt francs pièce.

Mario, qui avait la responsabilité de la *caféterie**, avait une mentalité de tâcheron. Il n'avait qu'une seule chose en tête : venir à bout du « *boulot** » ; et il vous mettait au défi de lui en donner trop. Au bout de quatorze ans passés sous terre, il était à peu près aussi enclin à la paresse qu'une tige de piston. « *Faut être un dur** », disait-il quand quelqu'un se plaignait. On entend souvent les *plongeurs** fanfaronner : « *Je suis un dur** » ; comme si c'étaient des soldats et non des femmes de ménage au masculin.

Tout le personnel de l'hôtel avait donc le sens de

l'honneur, chacun à sa façon, et, quand la pression était forte, nous étions tous disposés à accomplir le bel effort concerté nécessaire pour venir à bout du travail. La guerre que se livraient constamment les différents secteurs nous faisait également gagner en efficacité, car chacun s'accrochait à ses privilèges et s'efforçait d'empêcher les autres de fainéanter et de chaparder.

C'est le bon côté de l'hôtellerie. La machinerie imposante et complexe propre à un hôtel repose pour son fonctionnement sur un personnel insuffisant, mais dont chaque membre s'acquitte d'une tâche bien définie et s'en acquitte scrupuleusement. Le revers de la médaille, c'est que le travail accompli par le personnel n'est pas nécessairement ce pour quoi le client paie. Le client paie pour ce qu'il pense être un service soigné ; l'employé est payé pour ce qu'il pense être son *boulot**, c'est-à-dire, en règle générale, l'apparence d'un service soigné. Il en résulte que, si les hôtels sont un miracle de ponctualité, ils sont pires que les pires maisons particulières sur les points qui importent vraiment.

Prenons la propreté, par exemple. L'Hôtel X., dès qu'on s'aventurait dans les parties réservées au service, était d'une saleté repoussante. Il y avait bien un an de crasse accumulée dans les recoins sombres de notre *caféterie** et la huche à pain était infestée de cafards. J'ai un jour suggéré à Mario de faire disparaître cette vermine. « Pourquoi tuer ces pauvres bêtes ? » a-t-il répliqué sur un ton réprobateur. Les autres s'esclaffaient quand je faisais mine de me laver les mains avant de toucher le beurre. Cela ne nous empêchait pas d'être propres quand la propreté nous paraissait faire partie du *boulot**. Nous nettoyions les tables et astiquions les cuivres régulièrement, parce qu'on nous obligeait à le faire; mais on ne nous obligeait pas à être véritablement propres, et nous n'avions pas le temps de l'être de toute façon. Nous nous contentions de nous acquitter de nos tâches; et comme la ponctualité était la première d'entre elles, nous gagnions du temps en vivant dans la saleté.

En cuisine, c'était encore pire. Ce n'est pas une figure de style, mais un simple constat, que de dire que les cuisiniers français crachent dans la soupe — sauf s'ils ont l'intention d'y goûter. Ce sont des artistes, mais pas en matière de propreté. Dans une certaine mesure, leur saleté tient justement à ce qu'ils sont des artistes, car, pour avoir l'air chic, la nourriture exige d'être maniée salement. Quand un steak, par exemple, est soumis à l'approbation du chef, celui-ci ne le manipule pas avec une fourchette. Il le prend avec ses doigts et le plaque dans l'assiette, avant de passer son pouce sur le bord puis de le lécher pour goûter la sauce, pour ensuite, une fois renouvelée l'opération, reculer d'un pas afin de contempler la pièce de viande comme un artiste un tableau, après quoi il l'aplatit comme elle doit l'être d'une tendre pression de ses gros doigts roses, qu'il a chacun léchés une centaine de fois ce matin-là. Quand il est satisfait, il attrape un torchon avec lequel il fait disparaître ses traces de doigts de l'assiette et tend celle-ci au serveur. Et le serveur, naturellement, plonge à son tour ses doigts dans la sauce — de vilains doigts graisseux qu'il ne cesse par ailleurs de passer dans ses cheveux brillantinés. Chaque fois qu'on paie plus de dix francs, mettons, pour un plat de viande à Paris, on peut être sûr qu'il a été manipulé ainsi. Il en va tout autrement dans les restaurants particulièrement bon marché : on ne s'y embarrasse pas d'autant de précautions et on y attrape la nourriture avec une fourchette pour la flanquer directement de la poêle à l'assiette sans y toucher. En gros, plus on paie cher pour manger, plus on avale de sueur et de salive par la même occasion.

La saleté est inhérente à l'hôtellerie et à la restauration, parce qu'on y sacrifie l'hygiène alimentaire à la ponctualité et au chic. Un employé d'hôtel est trop occupé par la préparation des aliments pour se rappeler qu'ils sont destinés à être mangés. Un plat n'est pour lui qu'« *une commande** », tout comme un homme qui se meurt d'un cancer n'est pour un médecin qu'« un cas ». Imaginons qu'un client commande du pain grillé. Quelqu'un qui est accablé de travail, dans une lointaine cave en sous-sol, doit le préparer. Comment pourrait-il s'interrompre pour se dire « Ce pain grillé est destiné à être mangé et je dois faire en sorte qu'il soit mangeable » ? Tout ce qu'il sait, c'est que le pain grillé doit avoir l'air présentable et être prêt en trois minutes. De grosses gouttes de sueur perlent de son front et viennent s'écraser sur le pain grillé. Pourquoi s'en soucierait-il ? Voilà que le pain grillé se retrouve par terre, au milieu de la sciure crasseuse. Pourquoi s'embêter à en préparer une autre tranche ? Il est beaucoup plus rapide de faire disparaître la sciure d'un coup de torchon. Sur le trajet vers la salle à manger, le pain grillé tombe de nouveau, face beurrée contre terre. Un autre coup de torchon, et on n'en parle plus. Et c'est comme ça pour tout. Les seuls plats préparés proprement à l'Hôtel X., c'étaient ceux du personnel et ceux du *patron**. Tout le monde reprenait la maxime : « Gare au *patron**, mais les clients on *s'en fout pas mal** ! » Les parties réservées au service dégouttaient toutes uniformément de crasse — un filon de crasse caché, qui courait dans ce grand hôtel tape-à-l'œil comme les intestins dans un corps humain.

La crasse n'était pas tout, car le *patron** roulait aussi allégrement la clientèle. La plupart des ingrédients utilisés étaient de mauvaise qualité, même si les cuisiniers savaient les présenter avec style. La viande était, au mieux, ordinaire ; quant aux légumes, pas une ménagère faisant son marché ne leur aurait prêté attention. La règle voulait qu'on allonge systématiquement la crème avec du lait. On servait du thé et du café bas de gamme et, en guise de confiture, une chose synthétique tirée d'énormes boîtes de conserve sans étiquette. Tous les vins bon marché, d'après Boris, étaient du *vin ordinaire** dans des bouteilles rebouchées. Comme les employés étaient tenus de payer de leur poche pour toute marchandise gâchée, on jetait rarement ce qui l'était. Une fois, le serveur du troisième étage a laissé tomber un poulet rôti dans le puits de notre monte-plats et le poulet a atterri sur des bouts de pain, des vieux papiers et d'autres déchets entassés au fond. Nous nous sommes contentés de passer un coup de torchon dessus et de le renvoyer. Dans les étages circulaient des histoires sordides de draps ayant servi une nuit, qu'on ne lavait pas, mais qu'on se contentait d'humidifier et de repasser avant de refaire les lits avec. Le *patron** se montrait aussi pingre à notre égard qu'avec la clientèle. À titre d'exemple, on ne trouvait pas, dans cet immense hôtel, la moindre pelle ou la moindre balayette ; il fallait se débrouiller avec un balai et un bout de carton. Les toilettes du personnel étaient dignes de l'Asie centrale et il n'y avait aucun endroit pour se laver les mains en dehors des éviers où on faisait la vaisselle.

En dépit de tout cela, l'Hôtel X. comptait parmi la dizaine d'hôtels les plus chers de Paris, et la clientèle payait des sommes astronomiques. Une nuit dans une chambre ordinaire, petit déjeuner non compris, était facturée deux cents francs. Vins et tabac étaient vendus très exactement au double du prix du commerce, alors que le *patron** les achetait naturellement au prix de gros. Pour les clients qui avaient un titre ou la réputation d'être millionnaires, les factures augmentaient automatiquement. Un jour, un Américain du quatrième étage qui était au régime a commandé juste du sel et de l'eau chaude pour le petit déjeuner. Valenti était furieux. « Nom de Dieu ! s'est-il exclamé. Et mes dix pour cent ? Dix pour cent de sel et d'eau ! » Et il lui a facturé vingt-cinq francs pour le petit déjeuner. Le client a payé sans sourciller.

D'après Boris, les mêmes pratiques avaient cours dans les autres hôtels parisiens, du moins dans les plus grands et les plus chers. Mais j'imagine que les clients de l'Hôtel X. étaient particulièrement faciles à rouler, parce qu'il y descendait surtout des Américains et quelques Anglais (pas de Français), qui ne connaissaient visiblement rien à la bonne cuisine. Ils s'empiffraient d'immondes « céréales » américaines, prenaient de la marmelade à l'heure du thé, buvaient du vermouth après le dîner et commandaient un *poulet à la reine** à cent francs qu'ils noyaient dans la sauce Worcester. Nous avions un client de Pittsburgh qui dînait tous les soirs dans sa chambre et se nourrissait de *Grape-Nuts*[1], d'œufs brouillés et de chocolat chaud. Que des gens comme ça se fassent rouler ou pas n'a peut-être pas grande importance.

CHAPITRE XV

J'ai entendu raconter de drôles d'histoires dans cet hôtel. Des histoires de drogués, de vieux dépravés fréquentant les hôtels en quête de jeunes grooms séduisants, des histoires de vols et de chantage. Mario m'a parlé d'un hôtel où il avait travaillé et où une femme de chambre avait dérobé à une Américaine une bague en diamant hors de prix. Pendant plusieurs jours, les employés avaient été fouillés quand ils quittaient l'hôtel, et deux policiers avaient passé tout l'établissement au peigne fin sans jamais retrouver la bague. La femme de chambre avait un amant parmi les boulangers, qui avait glissé la bague dans la pâte d'un petit pain, et elle y était restée dissimulée jusqu'à ce que les recherches prennent fin.

Un jour, dans un moment creux, Valenti m'a raconté une histoire le concernant.

« Tu sais, *mon p'tit**, la vie d'hôtel, c'est bien beau, mais c'est l'enfer quand on n'a pas de travail. J'imagine que tu sais ce que c'est de ne pas avoir de quoi se nourrir, hein ? *Forcément**, sinon tu ne serais pas là à récurer des plats. Eh bien, moi qui n'ai pas la malchance d'être *plongeur**, moi qui suis serveur, j'ai une fois passé cinq jours sans manger. Cinq jours sans même une croûte de pain, nom de Dieu !

« Crois-moi, ces cinq jours ont été un enfer. Ma seule chance, c'est que j'avais payé mon loyer d'avance. Je vivais dans un petit hôtel miteux et bon marché de la rue Sainte-Éloïse dans le Quartier latin[1]. Il s'appelait l'Hôtel ***, du nom d'une célèbre prostituée née dans le quartier, j'imagine. Je mourais de faim et il n'y avait rien à faire ; je ne pouvais même pas aller dans les cafés où les propriétaires d'hôtels vont pour engager des serveurs, vu que je n'avais pas de quoi me payer un verre. Tout ce que je pouvais faire, c'était de rester couché, de plus en plus affaibli, à regarder les punaises se balader sur le plafond. Crois-moi, j'aimerais pas avoir à repasser par là.

« L'après-midi du cinquième jour, j'ai cru devenir fou ; en tout cas, c'est l'effet que ça me fait aujourd'hui. Il y avait une vieille gravure jaunie avec un portrait de femme sur un des murs de ma chambre, et je me suis pris à me demander qui ça pouvait être ; au bout d'une heure, je me suis dit que ça devait être sainte Éloïse, la sainte patronne du quartier. Je n'y avais jamais prêté attention, mais là, alors que je la regardais fixement depuis mon lit, une idée extravagante m'a traversé l'esprit.

« "*Écoute, mon cher**, je me suis dit, tu vas mourir de faim si ça continue comme ça. Il faut faire quelque chose. Pourquoi tu ne tenterais pas une prière à sainte Éloïse ? Agenouille-toi et demande-lui de t'envoyer de l'argent. Après tout, ça peut pas faire de mal. Allez, essaie !"

« C'est fou, hein ? Mais, bon, un homme qui a faim est prêt à tout. Et puis, comme je disais, ça pouvait pas faire de mal. Je me suis levé et je me suis mis à prier. Voilà ce que j'ai dit :

« "Chère sainte Éloïse, si tu existes, envoie-moi de l'argent, s'il te plaît. Je n'ai pas besoin de grand-chose, juste de quoi acheter du pain et une bouteille de vin pour reprendre des forces. Trois ou quatre francs suffiront. Tu peux pas savoir à quel point je te serai reconnaissant, sainte Éloïse, si tu me donnes juste ce petit coup de pouce. Et tu peux être certaine que, si tu m'envoies un peu d'argent, la première chose que je ferai, c'est d'aller t'allumer un cierge dans ton église en bas de la rue. Amen."

« J'ai glissé l'histoire du cierge parce que j'avais entendu dire que les saints aiment bien qu'on allume des cierges en leur honneur. Et j'avais bien l'intention de tenir parole. Mais je suis athée et je me faisais pas trop d'illusions.

« Bref, je me suis recouché et, cinq minutes plus tard, on a cogné à la porte. C'était une fille qui s'appelait Maria, une grosse paysanne qui habitait l'hôtel. Une vraie bêtasse, mais pas méchante, et j'avais pas trop envie qu'elle me voie dans l'état où j'étais.

« Elle a poussé un cri en me voyant. "*Nom de Dieu*!* elle a dit. Qu'est-ce qui t'arrive ? Qu'est-ce que tu fais au lit à cette heure-ci ? *T'en as une mine* !* Une vraie tête de déterré."

« Je devais pas être joli à voir. Ça faisait cinq jours que j'avais rien mangé et que je passais le plus clair de mon temps couché, et ça faisait trois jours que je m'étais pas lavé ou rasé. Et ma chambre, c'était une vraie porcherie.

« "Qu'est-ce qui t'arrive ? elle a répété.

« — Ce qui m'arrive ? j'ai dit. Nom de Dieu ! Je crève de faim. Ça fait cinq jours que j'ai pas mangé. Voilà ce qui m'arrive."

« Maria était horrifiée. "Depuis cinq jours ? Mais comment ça se fait ? T'as donc pas d'argent ?

« — De l'argent ! Tu t'imagines que je crèverais de faim si j'avais de l'argent ? Il me reste juste cinq sous en poche, et j'ai tout mis au clou. T'as qu'à faire le tour de la chambre et tu me diras si tu vois quelque chose d'autre à vendre ou à mettre au clou. Si t'arrives à trouver quelque chose qui vaut cinquante centimes, t'es plus douée que moi."

« Maria s'est mise à faire le tour de la chambre.

Elle trifouillait dans le bazar qui traînait par terre et, d'un seul coup, la voilà qui s'excite. Et elle reste bouche bée, avec ses grosses lèvres épaisses.

« "Quel idiot ! elle s'exclame. Quel abruti ! Et ça, alors ?"

« Je vois qu'elle a attrapé un *bidon** d'huile vide qui traînait dans un coin. Je l'avais depuis des semaines et il avait servi pour une lampe à huile que j'avais avant de vendre mes affaires.

« "Ça ? je dis. C'est un *bidon** d'huile. Et alors ?

« — Abruti ! T'as pas laissé trois francs cinquante de consigne ?"

« Naturellement que ça m'avait coûté trois francs cinquante de consigne. On vous oblige à verser une consigne pour le *bidon** et on la récupère quand on le rapporte. Mais ça m'était complètement sorti de l'esprit.

« "Si...

« — Quel idiot !" s'est à nouveau exclamée Maria. Elle était tellement excitée qu'elle s'est mise à danser, et j'ai bien cru qu'elle allait passer à travers le plancher avec ses sabots. "Quel idiot ! *T'es louf ! T'es louf** ! T'as juste à le rapporter à la boutique et à récupérer ta consigne. Il crève de faim, alors qu'il a trois francs cinquante juste sous le nez ! Quel abruti !"

« Avec le recul, ça paraît à peine croyable que j'aie pu passer cinq jours sans que l'idée me traverse de rapporter le *bidon** à la boutique. Trois francs cinquante d'argent sonnant et trébuchant, et ça m'était pas une seule fois venu à l'idée ! Je me suis redressé dans mon lit. "Vite ! je lui ai crié. Rapporte-le pour moi. Chez l'épicier au coin de la rue. Au galop. Et rapporte-moi à manger !"

« Maria ne s'est pas fait prier. Elle a empoigné le

*bidon** et elle a dévalé l'escalier en faisant le raffut d'un troupeau d'éléphants. Et, trois minutes plus tard, elle revenait avec deux livres de pain sous un bras et un demi-litre de vin sous l'autre. J'ai même pas pris le temps de la remercier ; j'ai attrapé le pain et j'ai mordu dedans. T'as déjà remarqué le goût qu'a le pain quand t'as pas mangé depuis un bon bout de temps ? Froid, humide, pâteux — presque comme du mastic. Mais, bon Dieu, ce que c'était bon ! Quant au vin, je l'ai englouti d'une traite, et on aurait dit qu'il passait directement dans mes veines et qu'il se répandait dans tout mon corps comme du sang neuf. Ah, ça changeait tout !

« J'ai dévoré les deux livres de pain sans même reprendre mon souffle. Maria restait là à me regarder, les poings sur les hanches. “Ben, ça va mieux, hein ?” elle a dit quand j'ai eu fini.

« “Ça, pour aller mieux ! j'ai dit. Ça va du tonnerre ! C'est un autre homme que t'as devant toi. La seule chose qui me manque maintenant, c'est une cigarette.”

« Maria a fourré sa main dans la poche de son tablier. “Ça, c'est pas possible. J'ai pas d'argent. Tout ce qui reste de tes trois francs cinquante, c'est sept sous. Ça va pas suffire ; les moins chères sont à douze sous le paquet.

« — Alors, c'est bon ! j'ai dit. Bon Dieu, la chance ! J'ai cinq sous. Ça fait juste le compte.”

« Maria a empoché les douze sous et, alors qu'elle se mettait en route pour le bureau de tabac, il m'est revenu une chose qui m'était sortie de l'esprit tout ce temps-là. Cette maudite sainte Éloïse ! Je lui avais promis un cierge si elle m'envoyait de l'argent ; et on pouvait vraiment pas savoir si la prière n'y était pas pour quelque chose. J'avais parlé de “trois ou quatre francs" ; et v'là que, l'instant d'après, je m'étais retrouvé avec trois francs cinquante. Pas moyen d'y couper. Je pouvais pas faire autrement que de dépenser mes douze sous pour un cierge.

« J'ai rappelé Maria. "Laisse tomber, je lui ai dit. C'est sainte Éloïse. Je lui ai promis un cierge. Les douze sous, ce sera pour ça. C'est idiot, hein ? Faudra que je me passe de cigarettes, en fin de compte.

« — Sainte Éloïse ? Qu'est-ce qu'elle vient faire là-dedans ?

« — Je l'ai priée pour qu'elle m'envoie de l'argent et je lui ai promis un cierge. Elle a exaucé ma prière. En tout cas, j'ai vu arriver l'argent. Il va falloir que j'achète le cierge. C'est casse-pieds, mais je crois que je peux pas faire autrement que de tenir ma promesse.

« — Mais pourquoi t'as pensé à sainte Éloïse ? a dit Maria.

« — C'est à cause du portrait." Et je lui ai tout expliqué. "La voilà, regarde." Je lui ai montré le portrait au mur.

« Maria a regardé le portrait et, à ma grande surprise, elle a éclaté de rire. Elle n'arrivait plus à s'arrêter et elle arpentait la chambre en tapant du pied et en se tenant les côtes comme si elles allaient exploser. Je croyais qu'elle avait perdu la tête. Elle est restée deux minutes sans pouvoir dire un mot.

« "Quel idiot ! elle a fini par s'exclamer. *T'es louf ! T'es louf** ! T'es en train de me dire que tu t'es vraiment agenouillé et que t'as prié devant ce portrait ? Qui t'a dit que c'était sainte Éloïse ?

« — J'étais sûr que c'était sainte Éloïse !

« — Abruti ! C'est pas du tout sainte Éloïse. Qui tu crois que c'est ?

« — Qui ?

« — C'est ***, la femme qui a donné son nom à cet hôtel."

« J'avais prié ***, la célèbre prostituée du Second Empire...

« Mais, en fin de compte, je ne regrettais rien. Maria et moi, on a bien ri. On en a discuté ensuite et on a décidé que je devais rien à sainte Éloïse. Il était clair que c'était pas elle qui avait exaucé ma prière, et il n'y avait aucune raison d'aller lui acheter un cierge. Ce qui fait que, pour finir, j'ai pu me payer mon paquet de cigarettes. »

CHAPITRE XVI

Le temps passait et rien ne laissait penser que l'Auberge de Jehan Cottard allait ouvrir. Nous rendant sur place un après-midi, à l'heure de la pause, Boris et moi avons découvert qu'en dehors des scènes scabreuses les travaux étaient au point mort et qu'il y avait désormais trois créanciers au lieu d'un. Le *patron** nous a réservé son accueil mielleux habituel et, sans transition, s'est tourné vers moi (son futur plongeur) pour m'emprunter cinq francs. Ce qui a achevé de me convaincre que le restaurant en resterait au stade des belles paroles. Le *patron** n'en a pas moins de nouveau évoqué une ouverture prévue pour « aujourd'hui en quinze très exactement » et nous a présenté celle qui devait faire office de cuisinière, une Russe de la Baltique d'un mètre cinquante qui devait avoir un mètre de largeur de hanches. Elle nous a expliqué qu'elle était cantatrice avant de se mettre à la cuisine, qu'elle avait un tempérament d'artiste et adorait la littérature anglaise, surtout *La Case de l'oncle Tom**[1].

Quinze jours avaient suffi pour que je m'habitue à la routine de la vie de *plongeur**, au point de ne plus pouvoir imaginer faire autre chose. C'était une existence sans grande surprise. À 6 heures moins le quart, on se réveillait en sursaut, on enfilait maladroitement des vêtements raidis par la graisse et on sortait en hâte, la frimousse sale et les muscles rebelles. C'était le petit jour et, en dehors des cafés ouvriers, les devantures étaient plongées dans l'obscurité. Le ciel ressemblait à un immense mur plat bleu cobalt où on aurait collé des toits et des clochers découpés dans du papier noir. Des hommes encore ensommeillés balayaient les trottoirs avec des balais de trois mètres de long et des familles en haillons fouillaient dans les poubelles. Des ouvriers, mais aussi des jeunes filles tenant un morceau de chocolat dans une main et un *croissant** dans l'autre, s'engouffraient dans les bouches de métro. Des tramways, charriant eux aussi leurs flopées d'ouvriers, passaient dans un grondement sinistre. On se pressait dans l'escalier de la station de métro, on se battait pour avoir une place — il faut littéralement se battre dans les rames du métro parisien à 6 heures du matin — et on se retrouvait coincé au milieu d'une masse bringuebalante de passagers, nez à nez avec quelque affreuse trogne de Français empestant l'ail et la vinasse. Après quoi, on descendait dans les sous-sols labyrinthiques de l'hôtel, pour ne plus revoir la lumière du jour avant 2 heures de l'après-midi, quand la ville était noire de monde et d'automobiles, et le soleil cuisant.

Au bout d'une semaine à travailler à l'hôtel, j'ai pris l'habitude de passer ma pause de l'après-midi à dormir ou, quand j'étais en fonds, dans un *bistro**. En dehors de quelques serveurs ambitieux qui prenaient des cours d'anglais, le personnel de l'hôtel ne faisait rien de mieux de son temps libre ; la matinée de travail ne laissait pas d'énergie pour autre chose. Il arrivait que cinq ou six *plongeurs** décident d'aller en bande dans un bordel infâme de la rue de Sieyès[1], où le prix d'entrée n'était que de cinq francs vingt-cinq. Ils avaient baptisé l'endroit « *le prix fixe** » et en revenaient avec des récits cocasses. C'était un lieu prisé par les employés d'hôtel. Les *plongeurs** n'avaient pas les moyens de se marier, et le travail en sous-sol ne porte pas à la délicatesse en matière de sentiments.

On passait encore quatre heures dans les caves, dont on émergeait en sueur pour retrouver la fraîcheur de la rue. Les réverbères étaient allumés — avec cette étrange lueur violacée typique des réverbères parisiens — et, de l'autre côté du fleuve, les enseignes clignotantes qui zigzaguaient sur toute la hauteur de la tour Eiffel ressemblaient à de gigantesques serpents de feu. Des flots de voitures défilaient en silence dans les deux sens et des femmes, ravissantes sous les éclairages feutrés, se promenaient sous les arcades. Il arrivait que l'une d'elles nous jette un regard à Boris ou à moi, mais, en voyant nos vêtements graisseux, elle détournait bien vite les yeux. Il fallait ensuite de nouveau se battre dans le métro, et on était rentrés pour 10 heures. De 10 heures à minuit, je m'installais en général dans un petit *bistro** de notre rue, une salle en sous-sol que fréquentaient les terrassiers arabes. Les bagarres n'y étaient pas rares et j'y ai parfois vu des bouteilles voler, avec une issue dramatique en une occasion, mais, en règle générale, les Arabes se battaient entre eux et laissaient les chrétiens tranquilles. Le *raki*, la boisson arabe, y était très peu cher et le *bistro** était ouvert en continu, car les Arabes — heureux hommes — sont capables de travailler toute la journée et de boire toute la nuit.

Je menais la vie typique d'un *plongeur**, qui n'avait rien d'une vie désagréable à l'époque. Je ne ressentais pas les effets de la pauvreté, car, une fois que j'avais réglé mon loyer et que j'avais mis de côté de quoi payer mon tabac, mes transports et mes repas du dimanche, il me restait encore quatre francs par jour pour me payer à boire, et quatre francs, c'était une fortune. C'est difficile à exprimer, mais il y avait une sorte de contentement lourd, celui que peut éprouver une bête bien nourrie, dans cette vie réduite à la plus grande simplicité. Car il n'y a pas plus simple que la vie d'un *plongeur**. Il se partage entre le travail et le sommeil, sans avoir le temps de penser et sans avoir vraiment conscience du monde extérieur ; Paris s'est réduit pour lui à l'hôtel, au métro, à quelques *bistros** et à son lit. S'il s'éloigne, c'est juste pour une virée à quelques rues de là, avec une bonne sur les genoux qui s'envoie des huîtres en buvant de la bière. Quand vient son jour de repos, il traîne au lit jusqu'à midi, enfile une chemise propre, joue l'apéritif aux dés et retourne se coucher après le déjeuner. Rien n'a vraiment de réalité pour lui en dehors du *boulot**, du bistro et du sommeil ; et c'est le sommeil le plus important dans tout ça.

Une nuit, au petit matin, il y a eu un meurtre juste sous ma fenêtre. J'ai été réveillé par un terrible vacarme et, en regardant par la fenêtre, j'ai vu un homme étendu sur le pavé ; j'ai vu les meurtriers, au nombre de trois, qui filaient au bout de la rue. On a été quelques-uns à descendre et à constater que l'homme était bien mort, le crâne défoncé à coups de tuyau en plomb. Je me rappelle la couleur de son sang, d'un violacé étrange, comme du vin ; il était toujours allongé sur les pavés quand je suis rentré le soir, et j'ai appris que des écoliers, des kilomètres à la ronde, avaient défilé devant le cadavre. Mais ce qui me frappe, en y repensant, c'est que je m'étais recouché et rendormi moins de trois minutes après le meurtre. Comme la plupart des gens de la rue. On s'était juste assurés que l'homme avait bien passé l'arme à gauche et on était allés directement se recoucher. On travaillait ; pourquoi on aurait pris sur notre temps de sommeil pour un meurtre ?

Le travail à l'hôtel m'a enseigné la valeur du sommeil, tout comme le fait d'avoir faim m'avait enseigné la valeur de la nourriture. Le sommeil avait cessé d'être un simple besoin physique ; c'était devenu une forme de volupté, de débauche, plus qu'un soulagement. Je n'étais plus embêté par les punaises. Mario m'avait donné un remède imparable, le poivre, dont il suffisait de bien recouvrir les draps et les couvertures. Ça me faisait éternuer, mais les punaises avaient horreur de ça et elles ont émigré vers d'autres chambres.

CHAPITRE XVII

Avec trente francs par semaine à dépenser juste pour boire, j'étais en mesure de participer à la vie sociale du quartier. Nous avons passé de bons moments, le samedi soir, dans le petit *bistro** en bas de l'Hôtel des Trois Moineaux.

Une vingtaine de personnes s'entassaient dans une salle au sol dallé de vingt-cinq mètres carrés, noyée sous la fumée de tabac. Il y régnait un bruit assourdissant, les uns braillant à pleins poumons tandis que les autres poussaient la chansonnette. On entendait tantôt un brouhaha indistinct de voix, tantôt des chansons que tout le monde reprenait en chœur : *La Marseillaise*, *L'Internationale*, *La Madelon* ou *Les Fraises et les Framboises**. Azaya, une robuste paysanne à la démarche lourdaude, qui travaillait quatorze heures par jour dans une fabrique de verre, y allait de son « *Elle a perdu son pantalon, tout en dansant le Charleston** ». Son amie Marinette, une Corse maigrelette au teint mat, cramponnée à sa vertu, s'attachait les genoux ensemble et faisait la *danse du ventre**. Les Rougier, plus si jeunes, allaient et venaient, tentant de se faire offrir à boire et de placer une histoire interminable et embrouillée où il était question d'une escroquerie sur un sommier. R., l'air cadavérique et silencieux, picolait tranquillement dans son coin. Charlie, soûl, circulait mi-dansant, mi-titubant, un verre de prétendue absinthe posé en équilibre dans sa main grassouillette, en pinçant les seins des femmes et en déclamant de la poésie. Les gens jouaient leurs consommations aux fléchettes et aux dés. Manuel, un Espagnol, entraînait les filles vers le comptoir et secouait le cornet à dés contre leur ventre, pour faire venir la chance. Mme F., derrière le bar, s'activait sans trêve pour verser les *chopines** de vin à l'aide d'un entonnoir en étain, gardant toujours un torchon mouillé à portée de main, de façon à calmer les ardeurs des clients tous très entreprenants à son égard. Deux enfants, qui étaient les bâtards du gros Louis, le maçon, se partageaient un *sirop** dans un coin. Toute cette petite bande était très joyeuse et partageait la certitude absolue qu'il faisait bon vivre dans ce monde où nous occupions tous une place importante.

Une heure passait sans que le vacarme retombe vraiment. Puis, vers minuit, le cri perçant de « *Citoyens** *!* » résonnait et on entendait un bruit de chaise renversée. Un ouvrier blond à la face rougeaude s'était levé et cognait contre sa table avec une bouteille. Tout le monde s'arrêtait de chanter et se passait le mot : « Chut ! Fureux est lancé ! » Fureux était une créature étrange, un maçon du Limousin qui travaillait sans relâche toute la semaine et se soûlait sans aucune retenue le samedi. Il avait perdu la mémoire, ne se rappelant rien de ce qui avait précédé la guerre, et, si Mme F. n'avait pas veillé sur lui, l'alcool aurait eu raison de sa personne. Le samedi soir, vers 5 heures, elle ordonnait à quelqu'un de « mettre la main sur Fureux avant qu'il ne dépense toute sa paie » et, quand on l'avait ramené, elle lui prenait son argent en lui laissant juste assez pour une bonne cuite. Un jour, il a réussi à s'échapper et, alors qu'il avait culbuté ivre mort au milieu de la place Monge, il a été renversé par une voiture et grièvement blessé.

Ce qu'il y avait de curieux chez Fureux, c'est qu'il avait beau être communiste quand il était à jeun, il devenait farouchement patriote quand il était soûl. Il commençait la soirée sur de bons principes communistes, mais, au bout de quatre ou cinq litres de vin, il faisait preuve d'un chauvinisme exacerbé, criait à l'espionnage, cherchait la bagarre avec tous les étrangers et, si personne ne le retenait, se mettait à leur jeter des bouteilles à la figure. C'est quand il en était là qu'il se lançait dans son discours, le discours patriotique qu'il faisait tous les samedis soir et qui était toujours le même, mot pour mot. Le voici :

« Citoyens de la République, y a-t-il des Français dans la salle ? S'il y en a, je me lève pour leur rappeler... leur rappeler, en effet, les temps glorieux de la guerre. Quand on repense à ces jours de camaraderie et d'héroïsme... on repense, en effet, à ces jours de camaraderie et d'héroïsme. Quand on se souvient des héros qui sont morts... on se souvient en effet des héros qui sont morts. Citoyens de la République, j'ai été blessé à Verdun... »

À ce stade-là, il se déshabillait en partie pour montrer la blessure reçue à Verdun. Des cris enthousiastes montaient de la salle. À nos yeux, rien n'était plus drôle que ce discours de Fureux. C'était une célébrité dans le quartier ; on venait des *bistros** des alentours pour assister au spectacle quand il se lançait.

On se passait le mot pour le chauffer. Avec un clin d'œil complice à l'assistance, quelqu'un réclamait le silence et lui demandait de chanter *La Marseillaise*. Il la chantait bien, avec une belle voix de basse et des roucoulements patriotiques qui venaient du fond des poumons quand il entonnait « *Aux arrmes, citoyens ! Forrmez vos bataillons** ! » Des larmes sincères lui roulaient sur les joues ; il était trop ivre pour voir que tout le monde se moquait de lui. Ensuite, sans attendre qu'il ait fini, deux ouvriers baraqués l'empoignaient chacun par un bras pour l'immobiliser, pendant qu'Azaya criait « *Vive l'Allemagne** ! » tout juste hors de sa portée. Le visage de Fureux virait au cramoisi devant tant d'infamie. Toute l'assistance se mettait à crier « *Vive l'Allemagne ! À bas la France** ! » tandis que Fureux se débattait pour tenter de répliquer. Puis, brusquement, il gâchait la fête.

Son visage était gagné par la pâleur et la tristesse, ses jambes fléchissaient sous lui et, sans qu'on ait le temps de l'empêcher, il se mettait à vomir sur la table. Mme F. le soulevait alors comme un sac et l'emmenait se coucher. Le lendemain matin, il réapparaissait, calme et courtois, et allait acheter *L'Humanité**.

On passait un coup de torchon sur la table, Mme F. rapportait d'autres bouteilles de vin et des miches de pain, et là on commençait à boire sérieusement. On se remettait à chanter. Un chanteur de rue arrivait avec son banjo et amusait la galerie pour des pièces de cinq sous. Un Arabe et une serveuse du *bistro** du bas de la rue esquissaient un pas de danse, l'homme brandissant un phallus en bois peint de la taille d'un rouleau à pâtisserie. Le vacarme retombait par moments à présent. Les gens s'étaient mis à parler de leurs affaires de cœur, de la guerre, de la pêche au barbeau dans la Seine, de la meilleure façon de *faire la révolution**, et à raconter des histoires. Charlie, redevenu sobre, accaparait la conversation et passait cinq minutes à nous livrer ses états d'âme. On ouvrait les portes et les fenêtres pour faire entrer un peu d'air. La rue se vidait et on entendait au loin le grondement du premier train esseulé descendant le boulevard Saint-Michel[1]. Un souffle d'air venait nous rafraîchir le front, et le vin râpeux d'Afrique du Nord continuait de nous combler; nous étions toujours heureux, mais d'humeur méditative, les cris et l'hilarité en moins.

Quand arrivait 1 heure, le bonheur avait disparu. Comme nous sentions refluer la joie de la soirée, nous nous hâtions de commander d'autres bouteilles, mais Mme F. coupait désormais le vin avec de l'eau et il n'avait plus le même goût. Les hommes devenaient bagarreurs. Les filles avaient droit à des baisers pleins d'âpreté et à des mains glissées sans ménagement sous leur corsage, si bien qu'elles se sauvaient de crainte de voir les choses empirer. Le gros Louis, le maçon, fin soûl, rampait au sol en aboyant et en faisant le chien. Les autres, lassés par son numéro, lui donnaient des coups de pied au passage. On s'attrapait par le bras avant de se lancer dans de longues confessions décousues, et on s'énervait si on n'arrivait pas à retenir l'attention. L'assistance commençait à être clairsemée. Manuel et un autre homme, joueur comme lui, gagnaient le *bistro** arabe de l'autre côté de la rue, où les parties de cartes se prolongeaient jusqu'à l'aube. Charlie empruntait brusquement trente francs à Mme F. avant de disparaître, sans doute pour aller au bordel. On commençait à voir les hommes vider leur verre, puis lancer un « *'sieurs, dames**! » sommaire avant d'aller se coucher.

À 1 heure et demie, tout le plaisir s'était évanoui et il ne restait plus que des maux de tête. Nous réalisions que nous n'étions pas les habitants merveilleux d'un monde merveilleux, mais une bande de travailleurs sous-payés tristement et misérablement soûls. Nous continuions à descendre nos verres de vin, mais de façon machinale, alors que le liquide avait brusquement pris un goût nauséeux. On avait la tête gonflée comme un ballon, le sol tanguait, langue et lèvres avaient pris une teinte violacée. Le moment arrivait enfin où on laissait tomber. Il y en avait un certain nombre qui allaient vomir dans la cour derrière le *bistro**. On rampait jusqu'à son lit, où on s'écroulait à moitié habillé, et on n'en bougeait plus pendant dix heures.

Mes samedis soir ressemblaient à ça pour la

plupart. L'un dans l'autre, les deux heures de bonheur délirant et sans mélange valaient le mal de tête qui suivait. Pour beaucoup d'hommes du quartier, célibataires et sans perspective d'avenir, la soûlerie hebdomadaire était ce qui faisait que la vie valait d'être vécue.

CHAPITRE XVIII

Un samedi soir au *bistro**, Charlie nous a raconté une histoire très amusante. Imaginez-le soûl, quoique suffisamment sobre pour pouvoir tenir des propos cohérents. Il frappe du poing sur le zinc et réclame le silence en hurlant :

« Silence, *messieurs et dames**, silence, par pitié ! Écoutez l'histoire que je m'apprête à vous conter. Une histoire mémorable, une histoire édifiante, un des souvenirs qu'il me reste d'une vie raffinée et civilisée. Silence, *messieurs et dames** !

« À l'époque, j'étais fauché. Vous savez ce que c'est... l'horreur que c'est quand un homme raffiné se retrouve dans une telle situation. Je n'avais pas reçu l'argent que me donnait ma famille, j'avais tout mis au clou, et il ne me restait pas d'autre solution que de travailler, ce à quoi je me refuse résolument. Je vivais à l'époque avec une fille, une certaine Yvonne, une paysanne robuste à moitié demeurée, comme Azaya là, qui avait des cheveux jaunes et des grosses jambes. Nous n'avions rien mangé ni l'un ni l'autre depuis trois jours. *Mon Dieu**, quelle souffrance ! La fille arpentait la chambre en se tenant le ventre et en hurlant comme une bête qu'elle allait mourir de faim. C'était terrible.

« Mais à un homme intelligent rien n'est impossible. Je me suis fait cette réflexion : "Quel est le moyen le plus rapide de trouver de l'argent sans travailler ?" Et la réponse est venue immédiatement : "Pour ça, il faut être une femme. Les femmes ont toutes quelque chose à vendre, non ?" Alors, tandis que je réfléchissais à ce que je ferais si j'étais une femme, une idée m'est venue. J'ai repensé aux maternités des hôpitaux publics. Vous voyez ce que c'est, les maternités des hôpitaux publics ? Des endroits où les femmes *enceintes** sont nourries gratuitement sans qu'on leur pose la moindre question. L'objectif, c'est d'encourager la natalité. N'importe quelle femme peut se présenter, réclamer à manger, et on lui sert immédiatement un repas.

« "*Mon Dieu** *!* je me suis dit, si seulement j'étais une femme ! J'irais manger là tous les jours. Qui peut dire si une femme est *enceinte** ou pas sans l'avoir examinée ?"

« Je me suis tourné vers Yvonne. "Arrête de geindre comme ça, c'est insupportable. J'ai trouvé un moyen de manger.

« — Lequel ? elle a répondu.

« — C'est très simple. Tu te présentes à la maternité, dans un hôpital public. Tu leur dis que tu es *enceinte** et tu leur demandes à manger. On te donnera un bon repas sans te poser de question."

« Yvonne était effarée. "*Mais, mon Dieu**, j'suis pas *enceinte** !

« — Et qu'est-ce que ça peut faire ? Qu'à cela ne tienne : il te suffit d'un coussin, de deux coussins si nécessaire. Une inspiration divine, *ma chère**. Profites-en."

« J'ai fini par la convaincre, on a emprunté un coussin, je l'ai arrangée et je l'ai emmenée à la maternité. On l'a accueillie à bras ouverts. On lui a donné de la soupe aux choux, du ragoût de bœuf, de la purée de pommes de terre, du pain, du fromage, de la bière et toutes sortes de conseils utiles pour le bébé. Yvonne s'est empiffrée à se faire éclater la panse et elle a réussi à glisser dans sa poche un peu de pain et de fromage pour moi. Je l'ai accompagnée là-bas tous les jours jusqu'à ce que je sois de nouveau en fonds. C'est mon intelligence qui nous a sauvés.

« Un an a passé sans qu'on ait le moindre problème. J'étais à nouveau avec Yvonne et, un jour, on se promenait sur le boulevard de Port-Royal, près de la caserne. Voilà que tout à coup sa mâchoire se décroche et que son visage vire au rouge, puis au blanc, et de nouveau au rouge.

« "*Mon Dieu**! elle s'exclame. Regarde un peu qui vient vers nous ! C'est l'infirmière de la maternité. Je suis fichue !

« — Vite, je lui dis, cours !" Mais c'était trop tard. L'infirmière avait reconnu Yvonne et elle venait droit sur nous, tout sourire. C'était une grande gaillarde grassouillette qui portait un pince-nez en or et avait des joues si rouges qu'on aurait dit des pommes. Plutôt du genre maternelle et à se mêler des affaires des autres.

« "J'espère que vous vous portez bien, *ma petite** ? lui demande-t-elle gentiment. Et votre bébé, il va bien lui aussi ? Un garçon, comme vous l'espériez ?"

« Yvonne se met à trembler si fort que je suis obligé de lui attraper le bras. "Non, finit-elle par dire.

« — Une fille, donc, *évidemment**."

« Sur quoi Yvonne, cette idiote, perd complètement la tête. Et voilà qu'elle redit : "Non !"

« L'infirmière est soufflée. "*Comment**! elle s'exclame, ni une fille ni un garçon ! Mais comment est-ce possible ?"

« Vous imaginez bien, *messieurs et dames**, que l'instant était critique. Yvonne, rouge comme une betterave, paraissait au bord des larmes ; une seconde de plus et elle avouait tout. Dieu sait ce qui se serait passé. De mon côté, j'avais toute ma tête ; je suis intervenu et j'ai sauvé la situation.

« "Des jumeaux, j'ai dit calmement.

« — Des jumeaux !" s'est exclamée l'infirmière. Elle était tellement contente qu'elle a pris Yvonne par les épaules et qu'elle l'a embrassée sur les deux joues, devant tout le monde.

« Oui, des jumeaux... »

CHAPITRE XIX

Un jour, alors que ça faisait cinq ou six semaines que nous étions à l'Hôtel X., Boris a disparu sans prévenir. Le soir, je l'ai retrouvé qui m'attendait rue de Rivoli. Il m'a donné une tape joyeuse sur l'épaule.

« Enfin libres, *mon ami** ! Tu peux donner ton congé demain matin. L'Auberge ouvre demain.

— Demain ?

— Bon, il faudra peut-être un jour ou deux pour que tout soit en ordre. Mais, la *caféterie** en tout cas, c'est fini ! *Nous voilà lancés, mon ami** ! J'ai déjà récupéré ma queue-de-pie au clou. »

Il se montrait si enjoué que j'étais convaincu que quelque chose clochait et, pour ma part, je n'avais aucune envie de renoncer à la sécurité et au confort que me donnait mon emploi à l'hôtel. Mais, comme je m'étais engagé auprès de Boris, j'ai donné mon congé et, le lendemain matin à 7 heures, je me suis rendu à l'Auberge de Jehan Cottard. Tout était fermé et je suis parti à la recherche de Boris, qui avait une fois encore déménagé à la cloche de bois et pris une chambre rue de la Croix-Nivert. Je l'ai trouvé endormi, en compagnie d'une fille qu'il avait ramassée la veille au soir et qui était d'après lui « d'un tempérament fort sympathique ». Quant au restaurant, tout était arrangé selon lui ; il y avait juste encore deux ou trois petites choses à régler avant l'ouverture.

À 10 heures, j'ai réussi à tirer Boris du lit et nous sommes allés ouvrir la porte du restaurant. Il m'a suffi d'un seul coup d'œil pour voir à quoi se montaient les « deux ou trois petites choses », lesquelles se résumaient à ça : les travaux n'avaient pas évolué depuis notre dernière visite. Les fourneaux de la cuisine n'avaient pas été livrés, l'eau et l'électricité n'avaient pas été installées, et presque tout restait à faire en matière de peinture, d'encaustiquage et de menuiserie. Seul un miracle pouvait laisser envisager une ouverture sous dix jours et il y avait tout lieu de croire que l'endroit pouvait très bien s'écrouler avant même d'avoir ouvert. La raison de tout cela était évidente. Le *patron** était à court d'argent et il avait engagé du personnel (nous étions quatre) pour le charger du travail des ouvriers. Il allait pouvoir s'assurer nos services sans rien débourser ou presque, puisque les serveurs ne touchent pas de salaire et que, même s'il allait devoir me payer, il ne me nourrirait pas avant l'ouverture du restaurant. De fait, il nous avait dépouillés de plusieurs centaines de francs en nous débauchant avant que le restaurant ne soit ouvert. Nous avions lâché la proie pour l'ombre.

Boris n'en restait pas moins optimiste. Il n'avait qu'une idée en tête : il avait là enfin une chance de redevenir serveur et de porter à nouveau une queue-de-pie. Pour arriver à ses fins, il était prêt à travailler dix jours sans être payé et à courir le risque de se retrouver au chômage au bout du compte. « Patience ! disait-il sans cesse. Tout va finir par s'arranger. Attends que le restaurant ouvre et tu verras qu'on s'y retrouvera. Patience, *mon ami** ! »

De la patience, il en fallait, car les jours passaient et il n'y avait pas de signe ne serait-ce que d'un progrès vers une ouverture prochaine. Nous avons débarrassé les caves, fixé les étagères, badigeonné les murs, encaustiqué les boiseries, chaulé le plafond, ciré le plancher ; mais les gros travaux, la plomberie, l'installation du gaz et de l'électricité, n'étaient toujours pas faits, parce que le *patron** n'avait pas de quoi régler les factures. Il était clair qu'il n'avait pratiquement pas un sou, car il s'opposait à la moindre dépense et avait le don de disparaître subitement quand on lui demandait de l'argent. Le mélange de duplicité et de manières aristocratiques qui le caractérisait ne facilitait vraiment pas les relations. Aux créanciers mélancoliques qui se présentaient à toute heure pour le voir, nous avions la consigne de répondre qu'il était à Fontainebleau ou à Saint-Cloud, ou tout autre lieu commodément éloigné. De mon côté, j'étais de plus en plus affamé. J'avais trente francs en poche quand j'avais quitté l'hôtel et il m'avait fallu immédiatement me remettre au pain sec. Boris avait réussi au début à arracher une avance de soixante francs au *patron**, mais il en avait dépensé la moitié pour racheter son habit de serveur et l'autre moitié sur la fille au tempérament sympathique. Il empruntait trois francs par jour à Jules, le second serveur, avec lesquels il s'achetait du pain. Certains jours, nous n'avions même pas de quoi acheter du tabac.

La cuisinière passait parfois voir comment les choses avançaient et, quand elle se rendait compte qu'il n'y avait toujours pas la moindre casserole en cuisine, elle se mettait en général à pleurer. Jules, le second serveur, refusait obstinément de mettre la main à la pâte. C'était un Magyar, un petit bonhomme au teint mat et aux traits anguleux, qui portait des lunettes et n'arrêtait pas de parler ; il avait fait des études de médecine, qu'il avait interrompues faute d'argent. Il avait une propension à parler pendant que les autres travaillaient, et je savais tout de sa vie et de sa philosophie. Il est apparu que c'était un communiste, qui défendait diverses idées assez curieuses (il était capable de vous prouver par A + B que ce n'était pas bien de travailler), et, comme la plupart des Magyars, il était aussi farouchement orgueilleux. Un fainéant orgueilleux ne fait pas un bon serveur. Il se vantait complaisamment d'avoir versé une assiette de potage bouillant dans le cou d'un client qui l'avait insulté et d'avoir pris la porte sans même attendre d'être congédié.

Les jours passant, Jules était de plus en plus furieux du mauvais tour que nous avait joué le *patron**. Il s'exprimait de manière grandiloquente en postillonnant. Il allait et venait en brandissant le poing et tentait de me dissuader de travailler :

« Pose ce pinceau, imbécile ! Toi et moi, nous appartenons à des races nobles ; nous ne travaillons pas pour rien, comme ces maudits serfs russes. Crois-moi, me faire escroquer comme ça, c'est une véritable torture pour moi. Il m'est arrivé par le passé, quand on m'escroquait ne serait-ce que de cinq sous, de vomir, oui, de vomir de rage.

« En plus de ça, *mon vieux**, n'oublie pas que je suis communiste. *À bas les bourgeois** *!* Est-ce que quiconque sur cette terre m'a jamais vu travailler quand je pouvais faire autrement ? Non. Non seulement je ne me tue pas à la tâche comme vous autres, imbéciles que vous êtes, mais en plus je vole, juste pour affirmer mon indépendance. Un jour, j'ai travaillé dans un restaurant où le *patron** se croyait autorisé à me traiter comme un chien. Eh bien, pour me venger, je me suis débrouillé pour voler du lait en rescellant ensuite les bidons pour que personne ne s'en aperçoive. Crois-moi, je sifflais tout ce lait soir et matin. Tous les jours, je m'avalais quatre litres de lait, en plus d'un demi-litre de crème. Le *patron** n'arrivait pas à comprendre où tout le lait passait. C'est pas que j'avais envie de lait, tu vois, parce que j'ai horreur de ça ; c'était une question de principe, juste une question de principe.

« Et voilà qu'au bout de trois jours, je commence à avoir d'horribles maux de ventre, ce qui fait que je vais voir un médecin. “Qu'est-ce que vous avez mangé ?” il me dit. Et je lui réponds : “Je bois quatre litres de lait par jour, et un demi-litre de crème.” Il me fait : “Quatre litres ! Alors arrêtez ça tout de suite. Vous allez finir par vous faire éclater l'estomac sinon.” Je réponds : “Qu'est-ce que ça peut me faire ? C'est une question de principe, un point c'est tout. Je continuerai à boire ce lait, même si je dois me faire éclater l'estomac.”

« Le lendemain, le *patron** me prend à voler du lait. “Tu es viré. Tu t'en vas à la fin de la semaine”, il me dit. “*Pardon, monsieur**, je m'en vais ce matin même", je lui réponds. "Pas question, j'ai besoin de toi jusqu'à samedi", il me répond. "Très bien, *mon patron**, on verra qui de nous deux se lassera le premier", je me dis en mon for intérieur. Là-dessus, je me suis mis à bousiller la vaisselle. J'ai cassé neuf assiettes le premier jour et treize le deuxième ; après ça, le *patron** était ravi de se débarrasser de moi.

« Ah, je suis pas un *moujik*, moi... »

Dix jours ont passé. Ça a été très dur. Je n'avais plus un sou en poche et j'avais plusieurs jours de retard sur mon loyer. Nous traînions dans le restaurant triste et vide, trop affamés pour finir le travail en cours. Il n'y avait plus que Boris pour imaginer que le restaurant allait ouvrir. Il voulait à tout prix être *maître d'hôtel** et s'était mis en tête que l'argent du *patron** était placé dans des actions et que ce dernier attendait le bon moment pour vendre. Le dixième jour, je n'avais plus rien à manger et à fumer et j'ai dit au *patron** que j'avais besoin d'une avance pour pouvoir continuer à travailler. Le *patron** m'a promis de le faire sur son ton mielleux habituel avant de disparaître comme à l'accoutumée. J'ai pris le chemin de mon hôtel, mais, comme je ne me sentais pas de taille à affronter Mme F. au sujet du loyer, j'ai passé la nuit sur un banc du boulevard. C'était particulièrement inconfortable, avec les accoudoirs qui vous rentrent dans le dos, et il y faisait beaucoup plus froid que je ne l'avais imaginé. Pendant les longues heures assommantes qui séparaient l'aube du moment de retourner travailler, j'ai eu tout le temps nécessaire pour songer que j'avais été bien bête de m'en remettre à ces Russes.

Et puis, au matin, la chance a tourné. Visiblement, le *patron** était parvenu à un accord avec ses créanciers, car il est arrivé avec de l'argent en poche, il a lancé les travaux et m'a donné mon avance. Boris et moi avons acheté des macaronis et une tranche de foie de cheval, et nous avons pris notre premier repas chaud en dix jours.

Il a fait venir les ouvriers et les travaux ont été réalisés, dans la plus grande hâte et d'une façon incroyablement bâclée. Les tables, par exemple, devaient être recouvertes de feutrine, mais, quand le *patron** a découvert que ça revenait cher, il a préféré acheter des vieilles couvertures de l'armée, qui dégageaient une odeur de transpiration indécrottable. Elles disparaîtraient naturellement sous les nappes (à carreaux, pour aller avec la décoration « normande »). Le dernier soir, nous avons travaillé jusqu'à 2 heures du matin pour que tout soit prêt. La vaisselle n'est arrivée qu'à 8 heures et, comme elle était neuve, il a fallu tout laver. Les couverts ne sont arrivés que le lendemain matin, tout comme le linge, si bien que nous avons dû essuyer la vaisselle avec une chemise appartenant au *patron** et une vieille taie d'oreiller prêtée par la concierge. C'est Boris et moi qui avons tout fait. Jules traînassait, et le *patron** et sa femme fêtaient le succès du restaurant au comptoir, en compagnie d'un créancier et de quelques amis russes. La cuisinière était dans la cuisine à pleurer, la tête appuyée sur la table, parce qu'elle était censée préparer à manger pour cinquante personnes alors qu'il y avait à peine de la batterie de cuisine pour dix. Vers minuit, il y a eu une scène épouvantable : des créanciers venus dans l'intention de mettre la main sur huit casseroles en cuivre que le *patron** avait achetées à crédit. On les a achetés avec une demi-bouteille de cognac. Jules et moi avons raté le dernier métro et nous avons dû coucher dans le restaurant, à même le sol. La première chose que nous avons vue au réveil, c'est deux gros rats installés sur la table de la cuisine qui s'attaquaient à un jambon posé là. Ce n'était pas de bon augure et j'étais plus convaincu que jamais que l'Auberge de Jehan Cottard serait un fiasco.

CHAPITRE XX

Le *patron** m'avait embauché comme *plongeur** ; j'avais ainsi en charge la vaisselle, le ménage dans la cuisine, la préparation des légumes, du thé, du café et des sandwichs, la cuisson de quelques plats élémentaires et les courses. En échange de quoi, conformément aux usages, je touchais cinq cents francs par mois et j'étais nourri, mais n'avais aucun jour de congé et aucun horaire fixe. À l'Hôtel X., qui bénéficiait de fonds illimités et d'une bonne organisation, j'avais vu ce qu'on pouvait faire de mieux en matière de restauration. À l'Auberge, je voyais désormais la façon dont on s'y prenait dans un très mauvais restaurant. Cela mérite qu'on s'y arrête, car il existe des centaines de restaurants de ce type à Paris et quiconque y séjourne est nécessairement amené à y manger à l'occasion.

Je me dois de préciser au passage que l'Auberge n'était pas une de ces tables ordinaires et bon marché que fréquentent les étudiants et les ouvriers. Nous ne proposions pas de repas digne de ce nom à moins de vingt-cinq francs, et le cadre pittoresque et artistique du lieu nous donnait un certain standing. Il y avait les scènes scabreuses du bar et la décoration dans le style normand (fausses poutres aux murs, éclairage par des bougies marchant à l'électricité, poteries « rustiques » et même un marchepied à l'entrée) ; le *patron** et le maître d'hôtel étaient des officiers russes, et la clientèle comptait de nombreux réfugiés russes titrés. En résumé, nous étions un restaurant résolument chic.

Toutefois, ce qu'on trouvait derrière la porte de la cuisine était digne d'une porcherie. Le service se faisait dans les conditions suivantes.

La cuisine faisait quatre mètres cinquante de long sur deux mètres cinquante de large et la moitié de l'espace était occupée par les fourneaux et les tables. Toute la batterie de cuisine était donc rangée sur des étagères quasiment inaccessibles et il n'y avait de quoi loger qu'une seule poubelle. À midi, celle-ci était pleine à ras bords, en conséquence de quoi le sol était en général recouvert d'une couche de trois centimètres de déchets alimentaires écrasés.

Pour la cuisson, nous n'avions que trois fourneaux à gaz, dépourvus de four, ce qui signifie qu'il fallait aller faire cuire tous les rôtis à la boulangerie.

Il n'y avait pas de garde-manger. Ce qui en tenait lieu était un appentis partiellement couvert, situé dans la cour, au milieu duquel poussait un arbre. Comme la viande, les légumes et tout le reste étaient entreposés à même le sol en terre, les rats et les chats se ruaient dessus.

Il n'y avait pas d'installation d'eau chaude. Pour faire la vaisselle, il fallait faire chauffer de l'eau dans des casseroles et, comme il n'y avait pas assez de place sur les fourneaux pendant la cuisson des plats, il fallait la plupart du temps faire la vaisselle à l'eau froide. Si on ajoutait à ça qu'il fallait se contenter de savon mou et de l'eau dure de Paris, cela signifiait qu'on devait utiliser des bouts de papier journal pour faire partir la graisse.

Nous étions si pauvres en casseroles que j'étais obligé de les laver au fur et à mesure au lieu d'attendre le soir pour tout laver en une seule fois. Ce qui, à soi seul, me faisait sans doute perdre une heure par jour.

Comme on avait mégoté sur l'installation électrique, les plombs sautaient généralement à 8 heures du soir. Le *patron** ne nous autorisant pas plus de trois bougies en cuisine et la cuisinière estimant que le chiffre trois portait malheur, nous n'en utilisions que deux.

Notre moulin à café nous avait été prêté par un *bistro** voisin, et la poubelle comme les balais par la concierge. Au bout d'une semaine, on n'avait vu revenir qu'une partie du linge de la blanchisserie, parce que la facture n'avait pas été réglée. Nous avions des ennuis avec l'inspecteur du travail, lequel avait découvert qu'il n'y avait pas de Français parmi le personnel; après plusieurs entretiens particuliers avec lui, le *patron** avait fini, je crois, par lui verser un pot-de-vin. La compagnie d'électricité nous pressait toujours de payer et, quand nos créanciers avaient découvert que nous étions disposés à les acheter à coups d'*apéritifs**, nous avions commencé à les voir tous les matins. Nous avions des dettes chez l'épicier, lequel aurait cessé de nous faire crédit si sa femme (une moustachue de soixante ans) n'avait pas eu un faible pour Jules, qu'on envoyait tous les matins l'amadouer. De mon côté, je perdais une heure par jour à chipoter sur le prix des légumes rue du Commerce, pour économiser quelques centimes.

C'est à ça qu'on s'expose quand on ouvre un restaurant sans avoir les fonds nécessaires. Et c'est dans ces conditions-là que nous étions censés, la cuisinière et moi, servir trente à quarante couverts par jour, qui allaient par la suite grimper à une centaine. C'était intenable dès le premier jour. La cuisinière travaillait de 8 heures du matin à minuit, et moi de 7 heures à minuit et demi : dix-sept heures trente, pratiquement sans pause. Nous n'avions pas une minute pour nous asseoir avant 5 heures du soir et là, pour tout siège, il fallait se contenter du couvercle de la poubelle. Boris, qui habitait à proximité et n'avait pas à se soucier d'attraper le dernier métro, travaillait de 8 heures du matin à 2 heures le lendemain matin : dix-huit heures par jour, sept jours par semaine. Ce sont des horaires qui, pour être inhabituels, n'ont rien d'extraordinaire à Paris.

Comparée à la routine qui s'est rapidement installée, la vie à l'Hôtel X. avait des airs de vacances. Tous les matins, je me levais péniblement à 6 heures et me débarbouillais de temps à autre, sans jamais me raser, avant de me dépêcher de gagner la place d'Italie et de jouer des coudes pour me faire une place dans le métro. À 7 heures, j'avais retrouvé l'atmosphère désolée de la cuisine glaciale et crasseuse, avec ses épluchures de pommes de terre, ses os et ses queues de poisson jonchés au sol, et sa pile d'assiettes de la veille collées ensemble par la graisse. Je ne pouvais pas tout de suite m'attaquer aux assiettes parce que l'eau était froide et qu'il fallait que j'aille chercher du lait et que je fasse le café, les autres s'attendant à trouver du café en arrivant à 8 heures. Il y avait aussi systématiquement des casseroles en cuivre à récurer. Ces casseroles en cuivre sont le cauchemar du *plongeur**. Il faut les frotter dix minutes chacune au sablon et au tampon métallique, avant de les faire briller à l'extérieur avec du Brasso. Fort heureusement, la fabrication de ces casseroles tend à se perdre depuis quelque temps, si bien qu'elles disparaissent progressivement des cuisines françaises, même si on continue à en trouver d'occasion.

Sitôt que je m'étais attaqué aux assiettes, la cuisinière m'en détournait pour me faire peler des oignons et, sitôt que je m'étais attaqué aux oignons, le *patron** arrivait et m'envoyait acheter des choux. Quand je revenais avec les choux, la femme du *patron** me demandait d'aller lui acheter un pot de fard à joues dans une boutique située à près d'un kilomètre de là ; à mon retour, je retrouvais les légumes qui s'étaient accumulés et la pile d'assiettes toujours pas faite. Faute d'expérience, nous voyions ainsi les tâches s'empiler au fil de la journée, rien n'étant jamais fait à temps.

Jusqu'à 10 heures, tout se passait à peu près bien, même si nous ne chômions pas, et personne ne s'énervait. La cuisinière trouvait le temps de parler de son tempérament d'artiste, me demandant si je ne trouvais pas que Tolstoï était *épatant** et chantant de sa belle voix de soprano en éminçant du bœuf sur la planche à découper. Mais, à 10 heures, les serveurs commençaient à réclamer leur déjeuner, qu'ils prenaient tôt, tandis que les premiers clients devaient arriver à 11 heures. Le restaurant était brusquement gagné tout entier par la précipitation et la mauvaise humeur. Ce n'était pas la bousculade frénétique et les cris de l'Hôtel X., mais une atmosphère où dominaient la pagaille, les petites mesquineries et l'exaspération. L'inconfort du lieu en était la cause principale. Comme on était invraisemblablement à l'étroit dans cette cuisine, on était obligés de poser les plats par terre et il fallait constamment penser à ne pas marcher dessus. Tandis qu'elle allait et venait sans cesse, la cuisinière me bourrait de coups de son énorme fessier. Elle déversait son flot continu d'ordres et de réflexions désagréables :

« Crétin sans nom ! Combien de fois je t'ai dit de ne pas faire saigner les betteraves ? Vite, laisse-moi approcher de l'évier ! Range ces couteaux ; occupe-toi des pommes de terre. Qu'est-ce que tu as fait de ma passoire ? Oh, lâche ces pommes de terre ! Je t'avais pas dit d'écumer le *bouillon** ? Enlève-moi ce bidon d'eau du feu. T'occupe pas de la vaisselle, détaille-moi ce céleri. Non, pas comme ça, idiot, comme ça. Regarde ça ! V'là que tu laisses déborder les petits pois ! Allez, au boulot, écaille-moi ces harengs. Dis donc, t'appelles ça une assiette propre ? Essuie-la sur ton tablier. Pose cette salade par terre. C'est ça, t'as qu'à la poser là où je suis sûre de mettre le pied en plein dedans ! Attention, y a la casserole qui déborde ! Attrape-moi ce poêlon. Non, l'autre. Pose-moi ça sur le gril. Jette-moi ces pommes de terre. Perds pas de temps, jette-les par terre. Écrabouille-les bien. Jette-moi de la sciure dessus ; c'est une vraie patinoire ici. Regarde-moi ça, idiot, ce steak est en train de brûler ! *Mon Dieu**, pourquoi est-ce qu'on m'a collé un idiot pareil comme *plongeur** ? Tu sais à qui tu t'adresses ? Tu te rends bien compte que ma tante était une comtesse russe ? » Etc.

C'était comme ça jusqu'à 3 heures, à très peu de variantes près, si ce n'est que, vers 11 heures, la cuisinière piquait d'ordinaire une *crise de nerfs** et fondait en larmes. Entre 3 et 5, les serveurs pouvaient souffler un peu, mais la cuisinière avait encore fort à faire et, de mon côté, la pression était loin de se relâcher, car une pile d'assiettes sales attendait et c'était la course pour que toute la vaisselle, ou presque, soit faite avant le dîner. J'y passais le double du temps nécessaire du fait des installations rudimentaires : un égouttoir trop petit, de l'eau tiède, des torchons trempés et un évier qui se bouchait toutes les heures. À 5 heures, c'est à peine si nous tenions debout, la cuisinière et moi, dans la mesure où nous n'avions pu ni manger ni nous asseoir depuis 7 heures. Nous nous écroulions, elle sur la poubelle, moi par terre, et descendions une bouteille de bière en échangeant des excuses pour les mots durs de la matinée. Nous tenions grâce au thé. Nous en avions toujours une théière prête et en vidions plusieurs litres par jour.

À 5 heures et demie, c'était reparti pour la bousculade et les chicaneries, en pire parce que tout le monde était épuisé à présent. La cuisinière piquait une *crise de nerfs** à 6 heures et une autre à 9 heures ; celles-ci se produisaient avec une telle régularité que c'était un bon moyen de savoir l'heure qu'il était. Elle se laissait tomber sur la poubelle, se mettait à sangloter de manière hystérique et à crier qu'elle n'aurait jamais, non, jamais, imaginé en arriver là un jour ; elle ne tiendrait pas le coup nerveusement ; elle avait étudié la musique à Vienne ; elle avait un mari grabataire à sa charge, etc. Dans d'autres circonstances, elle aurait pu nous inspirer de la pitié, mais, épuisés comme nous l'étions tous, nous étions simplement excédés par sa voix geignarde. Jules se plantait dans le passage et singeait ses sanglots. La femme du *patron** était constamment sur notre dos, et Boris et Jules se disputaient toute la journée, parce que Jules tirait au flanc et que Boris, comme maître d'hôtel, réclamait plus que sa part de pourboires. Dès le lendemain de l'ouverture, ils en étaient venus aux mains dans la cuisine pour deux francs de pourboire, et la cuisinière et moi avions dû les séparer. Le seul à ne jamais se départir de ses manières, c'était le *patron**. Il avait les mêmes horaires que nous, mais il n'avait rien à faire, car c'était en fait sa femme qui s'occupait de tout. Sa seule occupation, en plus de passer les commandes, c'était de rester planté au bar à fumer des cigarettes avec un air distingué, ce qu'il faisait à la perfection.

La cuisinière et moi trouvions en général le temps de dîner entre 10 et 11 heures du soir. À minuit, elle subtilisait un peu de nourriture pour son mari, qu'elle dissimulait dans un petit paquet glissé sous ses vêtements, et elle filait, en se plaignant qu'elle allait y laisser sa peau avec des horaires pareils et qu'on aurait son congé le lendemain matin. Jules partait aussi à minuit, le plus souvent dans la foulée d'une altercation avec Boris, qui devait s'occuper du bar jusqu'à 2 heures. Entre minuit et minuit et demi, je faisais de mon mieux pour écluser la vaisselle. Je n'avais pas le temps de faire les choses proprement et je me contentais en général de frotter les assiettes avec des serviettes de table pour ôter les saletés. Quant à ce qui traînait au sol, je n'y touchais pas et, dans le meilleur des cas, je mettais un coup de balai pour faire disparaître le gros des déchets sous les fourneaux.

À minuit et demi, j'enfilais ma veste et je me dépêchais de partir. Le *patron**, toujours aussi mielleux, m'arrêtait au moment où je passais devant le bar. « *Mais, mon cher monsieur**, comme vous paraissez las ! Faites-moi la faveur d'accepter ce verre de cognac. »

Il me tendait le verre de cognac aussi complaisamment que si j'avais été un duc russe plutôt qu'un *plongeur**. Il nous traitait tous ainsi. C'était la contrepartie des journées de travail de dix-sept heures.

En règle générale, le dernier métro était pratiquement vide, avantage non négligeable qui permettait de s'asseoir et de dormir un quart d'heure. J'étais la plupart du temps au lit à 1 heure et demie. Il arrivait que je rate le dernier métro et que je sois obligé de dormir par terre dans le restaurant, mais ça n'avait guère d'importance car j'aurais pu dormir sur le pavé à l'époque.

CHAPITRE XXI

J'ai mené cette vie-là une quinzaine de jours, la somme de travail augmentant un peu avec l'afflux de clientèle. J'aurais pu gagner une heure en prenant une chambre proche du restaurant, mais je ne voyais pas où trouver le temps de chercher un nouveau logement — ni, du reste, de passer chez le coiffeur, d'ouvrir un journal ou même de me déshabiller complètement. Au bout de dix jours, j'ai réussi à prendre un quart d'heure pour écrire à mon ami B. à Londres en lui demandant s'il pouvait me trouver un travail, n'importe lequel pourvu qu'il me permette de dormir plus de cinq heures par nuit. Je n'étais tout simplement pas capable de continuer à faire des journées de dix-sept heures, même s'il y a beaucoup de gens à qui ça ne pose aucun problème. Quand on est surmené et tenté de s'apitoyer sur son sort, rien de tel pour y remédier que de penser aux milliers de personnes qui font ces horaires-là dans les restaurants parisiens et pour qui ça ne dure pas quelques semaines, mais des années. Dans un *bistro** près de mon hôtel, il y avait une serveuse qui avait travaillé de 7 heures du matin à minuit pendant une année entière, en ne s'asseyant que pour manger. Je me rappelle lui avoir proposé un jour d'aller danser ; elle m'avait répondu en riant que ça faisait plusieurs mois qu'elle n'avait pas dépassé le coin de la rue. Elle était phtisique et elle est morte plus ou moins au moment où j'ai quitté Paris.

Il a suffi d'une semaine pour que l'épuisement nous rende tous neurasthéniques, sauf Jules, qui tirait au flanc invariablement. Les disputes, d'abord espacées, étaient devenues continuelles. Pendant des heures, c'était un crachin continu de réflexions oiseuses, qui se changeaient en torrents d'injures à intervalles réguliers. « Descends-moi cette casserole, abruti ! » criait la cuisinière (elle n'arrivait pas à atteindre les étagères où on rangeait les casseroles). « T'as qu'à te la descendre toi-même, vieille pute », je répondais. On aurait dit que l'air de la cuisine engendrait spontanément tous ces reproches.

Nous nous disputions pour des motifs d'une mesquinerie inconcevable. La poubelle, par exemple, était une source de conflits sans fin, la question étant de savoir si elle devait être placée là où je voulais, c'est-à-dire sur le passage de la cuisinière, ou là où elle la voulait, c'est-à-dire entre l'évier et moi. Un jour, elle m'a tellement assommé de réflexions que j'ai fini, juste pour la contrarier, par soulever la poubelle pour aller la poser en plein milieu de la cuisine, là où elle ne pouvait manquer de trébucher dessus.

« Tiens, vieille vache, t'as qu'à la déplacer maintenant », je lui ai dit.

Pauvre vieille, comme elle n'avait pas la force de la soulever, elle s'est assise, a laissé tomber sa tête sur la table et fondu en larmes. Et je me suis mis à ricaner. C'est le genre de comportement que provoque l'épuisement.

Au bout de quelques jours, la cuisinière avait arrêté de me parler de Tolstoï et de son tempérament artistique, et on ne se parlait plus elle et moi, sauf pour les besoins du service ; Boris et Jules ne se parlaient plus ; et ils ne parlaient plus ni l'un ni l'autre à la cuisinière. C'est à peine si Boris et moi on se parlait encore. On avait décidé à l'avance que les *engueulades** au travail ne comptaient pas le reste du temps ; mais on avait échangé des amabilités difficiles à oublier et, de toute façon, il n'y avait pas de reste du temps. Jules était de plus en plus paresseux et il n'arrêtait pas de voler de la nourriture — par devoir, disait-il. Il nous traitait de *jaunes** — de briseurs de grève — quand on refusait de s'associer à ses larcins. Il était d'un naturel étrangement mal intentionné. Il m'a raconté qu'il lui était arrivé, par orgueil, d'essorer un torchon sale dans le potage d'un client avant de le lui apporter, juste pour se venger sur un représentant de la bourgeoisie.

La cuisine était de plus en plus sale et les rats de plus en plus effrontés, même si on en attrapait quelques-uns. Quand je regardais cette cuisine crasseuse, avec sa viande crue qui traînait au sol au milieu des ordures, ses casseroles avec leur gras figé disséminées çà et là, son évier bouché et recouvert d'une couche de graisse, je me demandais s'il existait quelque part dans le monde un restaurant aussi sordide que le nôtre. Mais les trois autres m'assuraient tous qu'ils avaient vu pire. Jules tirait un authentique plaisir du spectacle de toute cette crasse. L'après-midi, quand il n'avait pas grand-chose à faire, il restait planté à la porte de la cuisine à ricaner de nous voir nous démener :

« Abruti ! Pourquoi tu laves cette assiette ? Essuie-la sur ton pantalon. Qu'est-ce qu'on en a à faire des clients ? Ils ne savent rien de ce qui se passe, eux. Tu sais comment on s'y prend dans la restauration ? Tu es en train de découper un poulet et il tombe par terre. Tu t'excuses, tu t'inclines, tu sors ; cinq minutes plus tard, tu reviens par une autre porte... avec le même poulet. C'est comme ça qu'on s'y prend dans la restauration. » Et ainsi de suite.

Aussi curieux que ça puisse paraître, malgré toute cette crasse et cette incompétence, l'Auberge de Jehan Cottard connaissait un franc succès. Les premiers jours, tous nos clients étaient des Russes, des amis du *patron**, et il y avait eu ensuite des Américains et d'autres étrangers, mais pas de Français. Et puis, un soir, le restaurant était entré en effervescence parce que nous accueillions notre premier Français. Nous avions provisoirement laissé tomber nos disputes et fait front pour servir un bon dîner. Boris était entré dans la cuisine sur la pointe des pieds et, avec un geste du pouce par-dessus son épaule, il avait murmuré en prenant des airs de conspirateur :

« Chut ! *Attention, un Français* !* »

Un instant plus tard, la femme du *patron** était apparue pour murmurer à son tour :

« *Attention, un Français* !* Veillez bien à lui mettre le double de tous les légumes. »

Pendant que le Français mangeait, la femme du *patron** était restée derrière le guichet de la cuisine à scruter son visage. Le lendemain soir, le Français était revenu avec deux autres Français. Cela signifiait que nous étions en train de nous tailler une bonne réputation ; un mauvais restaurant n'est fréquenté que par des étrangers. Ce qui expliquait probablement en partie notre succès, c'est que le *patron**, à la faveur de l'unique lueur de bon sens dont il avait fait preuve en équipant son restaurant, avait acheté des couteaux de table très bien aiguisés. Des couteaux bien aiguisés sont naturellement le secret du succès dans un restaurant. Ce qui m'a fait plaisir dans tout ça, c'est que ça m'a débarrassé d'une de mes illusions, qui était que les Français savaient reconnaître une bonne table. À moins que nous ayons effectivement été une assez bonne table à l'aune des critères parisiens ; dans ce cas, je n'ose imaginer ce que sont les mauvaises tables.

Très peu de temps après que j'avais écrit à B., il m'a répondu qu'il pouvait me trouver un travail. Il s'agissait de s'occuper d'un imbécile congénital, ce qui se présentait comme une véritable sinécure après l'Auberge de Jehan Cottard. Je me voyais déjà flânant dans des chemins de campagne, décapitant des chardons d'un coup de canne, me nourrissant d'agneau rôti et de tarte à la mélasse, et dormant dix heures par jour dans des draps sentant la lavande. B. m'a envoyé un billet de cinq livres pour que je puisse me payer la traversée et sortir mes vêtements du mont-de-piété ; et, dès que j'ai reçu l'argent, j'ai donné mon congé pour le lendemain et j'ai quitté le restaurant. Ce départ précipité a mis dans l'embarras le *patron**, qui était sans le sou comme à l'accoutumée et m'a payé mon dû amputé de trente francs. Il m'a cependant offert un verre de cognac Courvoisier de 1848, lequel tenait lieu de compensation, j'imagine, dans son esprit. Ils ont engagé un Tchèque pour me remplacer, un *plongeur** parfaitement compétent, et la pauvre vieille cuisinière a été renvoyée quelques semaines plus tard. J'ai entendu dire, par la suite, qu'avec deux employés de premier ordre en cuisine, le *plongeur** avait vu son temps de travail ramené à quinze heures par jour. Sauf à moderniser la cuisine, je ne vois pas comment on aurait pu descendre à moins.

CHAPITRE XXII

Je souhaite livrer, pour ce qu'elles valent, mes réflexions sur la vie d'un *plongeur** parisien. Quand on y pense, il est quand même curieux que, dans une grande ville moderne, des milliers de gens passent sous terre tout le temps qu'ils ne passent pas à dormir, pour y faire la vaisselle dans des antres surchauffés. Ce qui m'intéresse, c'est de savoir pourquoi ce genre de vie se perpétue : à quoi ça sert, qui tient à ce que ça dure et pourquoi. Je n'adopte pas ici l'attitude du simple *fainéant**, du rebelle. J'essaie de me pencher sur la signification sociale de la vie de *plongeur**.

Je pense qu'il faut commencer par dire qu'un *plongeur** est un des esclaves du monde moderne. Non qu'il faille pleurer sur son sort, car il est mieux loti que bien des travailleurs manuels, mais il n'empêche qu'il n'est pas plus libre que s'il était acheté et vendu. Il exécute un travail servile qui ne demande aucun talent particulier; il gagne tout juste assez pour se maintenir en vie; il n'a de congé que quand il est congédié. Il n'a pas accès à la vie conjugale et, s'il se marie, sa femme est obligée de travailler elle aussi. À moins de bénéficier d'un heureux coup du sort, il n'a aucun moyen d'échapper à cette vie, si ce n'est pour aller en prison. Il y a actuellement, à Paris, des hommes titulaires de diplômes universitaires qui récurent des assiettes dix à quinze heures par jour.

On ne peut pas dire que c'est de la paresse de leur part, car un paresseux ne peut pas être *plongeur**; c'est juste qu'ils se retrouvent piégés dans une routine qui ne laisse aucune possibilité de penser. Si les *plongeurs** pouvaient penser, il y a belle lurette qu'ils auraient monté un syndicat et se seraient mis en grève pour obtenir de meilleures conditions de travail. Mais ils ne pensent pas, parce qu'ils n'en ont pas le loisir; leur vie a fait d'eux des esclaves.

Ce qu'il faut se demander, c'est pourquoi cet esclavage se perpétue. Les gens tiennent généralement pour acquis que tout travail a une raison d'être rationnelle. Ils voient quelqu'un d'autre faire un travail rebutant et ils pensent avoir résolu la question en disant que c'est un travail nécessaire. Le travail à la mine, par exemple, est pénible, mais c'est un travail nécessaire : on a besoin de charbon. Travailler dans les égouts n'a rien d'agréable, mais il faut bien qu'il y ait des gens pour travailler dans les égouts. Il en va de même du travail du *plongeur**. Comme il faut bien que des gens mangent au restaurant, d'autres doivent faire la vaisselle quatre-vingts heures par semaine. C'est la civilisation qui veut cela et il n'y a donc pas à discuter. C'est un point qui mérite qu'on s'y arrête.

Le travail du *plongeur** est-il vraiment nécessaire à la civilisation ? Nous avons vaguement dans l'idée que ce doit être un travail « honnête » dès lors qu'il est pénible et désagréable, et parce que nous avons en quelque sorte fétichisé le travail manuel. Quand nous voyons un homme abattre un arbre, nous avons la certitude qu'il répond à un besoin social, pour la simple raison qu'il fait appel à ses muscles ; il ne nous vient pas à l'esprit qu'il pourrait être en train d'abattre un arbre magnifique juste dans le but de libérer de la place pour une horrible statue. Il en va de même du *plongeur**, je crois. Il gagne son pain à la sueur de son front, mais il ne s'ensuit pas qu'il fasse quoi que ce soit d'utile ; il se peut qu'il pourvoie à un luxe qui, dans bien des cas, n'en est pas un.

Pour illustrer ce que j'entends par des luxes qui n'en sont pas, prenons un cas extrême, comme on n'en rencontre guère en Europe. Prenons l'exemple des Indiens qui conduisent des *rickshaws* ou celui des poneys tirant des *gharrys*. Dans toutes les villes d'Extrême-Orient, on voit des centaines de conducteurs de *rickshaws*, des pauvres diables de cinquante kilos noirs de peau, vêtus de pagnes. Certains sont malades, d'autres ont la cinquantaine. Ils font des kilomètres en trottant en plein soleil ou sous la pluie, la tête baissée, tirant sur les brancards, la sueur dégoulinant de leurs moustaches grises. Quand ils n'avancent pas assez vite, les passagers les traitent de *bahinchut*[1]. Ils gagnent entre trente et quarante roupies par mois et crachent leurs poumons au bout de quelques années. Les poneys qui tirent les *gharrys* sont des rosses efflanquées rachetées à bas prix parce qu'elles pouvaient encore fournir quelques années de travail. Leurs maîtres leur servent du fouet en guise de foin. Leur travail se ramène à l'équation suivante : fouet plus foin égalent énergie, avec en général soixante pour cent de fouet et quarante pour cent de foin. Il arrive qu'ils aient une énorme plaie tout autour de l'encolure, si bien qu'ils tirent leur fardeau toute la journée sur de la chair à vif. On peut malgré tout continuer à les faire travailler ; il suffit juste de les rouer de suffisamment de coups pour que la douleur à l'arrière l'emporte sur la douleur à l'avant. Au bout de quelques années, même le fouet perd de son efficacité et le poney finit chez l'équarrisseur. Ce sont là des exemples de travail non nécessaire, car on n'a pas véritablement besoin de *gharrys* ou de *rickshaws* ; ceux-ci n'existent que parce que les Orientaux trouvent cela vulgaire de se déplacer à pied. Ce sont des luxes et, comme le sait quiconque y a eu recours, des luxes bien médiocres. Ils apportent un petit supplément de confort, qui ne contrebalance en rien la souffrance infligée aux hommes et aux animaux.

Il en va de même pour le *plongeur**. C'est un roi en comparaison d'un conducteur de *rickshaw* ou d'un poney tirant un *gharry*, mais sa situation est similaire. Il est l'esclave d'un hôtel ou d'un restaurant, et son esclavage est peu ou prou inutile. Car, en définitive, a-t-on vraiment besoin de grands hôtels et de restaurants chic ? Ils sont censés procurer du luxe, mais n'ont en réalité à en offrir qu'une imitation grossière, de pacotille. Presque tout le monde déteste les hôtels. Certains restaurants sont mieux que d'autres, mais il est impossible de se faire servir dans un restaurant, pour un coût similaire, un repas aussi bon que chez un particulier. Hôtels et restaurants ont indéniablement leur utilité, mais rien ne justifie qu'ils réduisent des centaines de gens en esclavage. Ce n'est pas l'essentiel qui compte dans le travail qu'on y accomplit ; ce sont les faux-semblants censés représenter le luxe. Le chic, comme on dit, signifie juste, dans les faits, que le personnel travaille plus et que les clients paient plus cher ; le seul à en bénéficier, c'est le propriétaire, qui va bientôt pouvoir s'offrir une villa à colombages à Deauville. Fondamentalement, un hôtel « chic », c'est un endroit où une centaine de gens se démènent comme de beaux diables pour que deux cents autres puissent débourser une fortune pour des choses dont ils n'ont pas vraiment besoin. Si, dans les hôtels et les restaurants, on en finissait avec les fariboles pour se contenter de travailler simplement de manière efficace, les *plongeurs** pourraient travailler entre six et huit heures par jour au lieu de dix ou quinze.

Considérons comme acquis que le travail d'un *plongeur** est peu ou prou inutile. La question qui se pose alors, c'est de savoir pourquoi quiconque voudrait le voir continuer à travailler. Sans m'attarder sur l'intérêt économique immédiat, je m'interroge sur le plaisir que quiconque pourrait tirer à imaginer des hommes faisant la vaisselle toute leur vie. Car il y a forcément des gens — des gens à la situation enviable — pour tirer plaisir de telles pensées. L'esclave, disait Caton, doit travailler ou dormir[1]. Peu importe que ce soit nécessaire ou pas, il doit travailler, parce que le travail est une bonne chose en soi — pour les esclaves, du moins. Cette vision des choses n'a pas disparu et on lui doit des montagnes de corvées inutiles.

Je suis convaincu que cette propension à perpétuer le travail inutile est au fond simplement l'expression d'une peur de la populace. La populace, pense-t-on, est si vile et bestiale qu'il serait dangereux de la laisser oisive ; il est plus sûr de faire en sorte qu'elle soit trop occupée pour avoir le temps de penser. Si l'on interroge un homme riche non dénué d'honnêteté intellectuelle sur l'amélioration des conditions de travail, on obtient en général ce genre de réponse :

« Nous savons bien que la pauvreté n'a rien de plaisant ; du reste, la pauvreté nous étant tout à fait étrangère, cette pensée ne manque pas de nous tourmenter délicieusement. Mais ne comptez pas sur nous pour y changer quoi que ce soit. Nous vous plaignons, classes inférieures, comme nous plaignons le chat galeux, mais nous ferons absolument tout ce qui est en notre pouvoir pour que votre situation ne s'améliore pas. Nous pensons que vous êtes beaucoup moins dangereux tels que vous êtes. La situation actuelle nous convient et nous n'allons pas prendre le risque de vous libérer, ne serait-ce qu'une heure de plus par jour. Mes chers frères, comme manifestement il faut bien que vous suiez pour payer nos voyages en Italie, suez et allez au diable. »

C'est notamment la position de gens intelligents et cultivés ; on la retrouve en substance dans des dizaines d'essais. Très peu de gens cultivés vivent avec moins de, mettons, quatre cents livres par an, en conséquence de quoi ils prennent naturellement le parti des riches, puisqu'ils s'imaginent que toute liberté concédée aux pauvres constitue une menace pour la leur. Ne voyant d'autre terme à l'alternative que quelque sombre utopie marxiste, l'homme instruit préfère que les choses restent ce qu'elles sont. Il se peut qu'il n'apprécie guère ses amis riches, mais il imagine que même les plus vulgaires d'entre eux sont moins hostiles à ses plaisirs, et plus proches de lui, que les pauvres, et qu'il vaut mieux être à leurs côtés. C'est cette peur d'une populace prétendument dangereuse qui pousse tous les gens intelligents à adopter des idées conservatrices.

La peur de la populace relève de la superstition. Elle repose sur l'idée qu'il y aurait une différence fondamentale et mystérieuse entre les riches et les pauvres, comme si on avait affaire à deux races différentes, comme les nègres et les Blancs[1]. En réalité, cette différence n'existe pas. Riches et pauvres dans leur ensemble se différencient par leurs revenus, et rien d'autre ; et le millionnaire moyen n'est jamais que le plongeur moyen dans un complet neuf. Change-les de place et, passez muscade, qui est le juge, qui est le voleur[1] ? Quiconque s'est mêlé aux pauvres, en les traitant sur un pied d'égalité, le sait parfaitement. Mais le problème, c'est que les gens intelligents et cultivés, ceux-là mêmes dont on pourrait attendre des idées progressistes, ne se mêlent jamais aux pauvres. Que savent de la pauvreté la plupart des gens instruits ? Dans mon exemplaire des poèmes de Villon, l'éditeur a même cru bon d'expliquer le vers « *Ne pain ne voyent qu'aux fenestres**[2] » dans une note de bas de page ; c'est dire si l'expérience de la faim elle-même est étrangère à l'homme instruit. Il résulte fort naturellement de cette ignorance une peur superstitieuse de la populace. L'homme instruit se représente une horde de sous-hommes, auxquels il suffira d'une journée de liberté pour piller sa maison, brûler ses livres et le mettre au travail derrière une machine ou à balayer les toilettes. « Tout, se dit-il, n'importe quelle injustice, plutôt que de laisser cette populace en liberté. » Il ne voit pas que, à partir du moment où il n'y a aucune différence entre les riches et les pauvres dans leur ensemble, il n'est pas question de laisser la populace en liberté. La populace est en réalité déjà en liberté et, sous les dehors d'hommes riches, joue de son pouvoir pour mettre en place de gigantesques machines à produire de la routine et de l'ennui, comme les hôtels « chic ».

Résumons. Un *plongeur** est un esclave, un esclave gaspillé qui plus est, qui accomplit un travail stupide et, pour l'essentiel, inutile. Si on l'occupe, c'est en définitive en raison du sentiment confus qu'on a qu'il serait dangereux s'il avait du temps libre. Quant aux gens instruits, qui devraient être de son côté, ils se plient à ce procédé parce qu'ils ne savent rien de lui et ont donc peur de lui. Ce que je dis ici du *plongeur**, parce que c'est à son cas que je me suis intéressé, pourrait aussi bien s'appliquer à bon nombre d'autres catégories de travailleurs. Ce n'est que ma vision personnelle de ce que sont les réalités élémentaires de la vie d'un *plongeur**, sans mention des questions économiques afférentes, et il n'y a là sans doute que des platitudes pour l'essentiel. Je les expose à titre d'exemple des idées qui vous viennent quand vous travaillez dans un hôtel.

CHAPITRE XXIII

Aussitôt sorti de l'Auberge de Jehan Cottard, je suis rentré me coucher et j'ai fait le tour du cadran, à une heure près. Je me suis ensuite brossé les dents pour la première fois en quinze jours, j'ai pris un bain, je suis passé chez le coiffeur et je suis allé sortir mes vêtements du mont-de-piété. J'ai passé deux jours merveilleux à traîner. Je me suis même payé le luxe d'aller à l'Auberge vêtu de mon plus beau costume, de m'accouder au bar et de m'offrir une bouteille de bière anglaise à cinq francs. On éprouve une sensation curieuse à se retrouver client là où on a été le plus vil des esclaves. Boris était désolé que je quitte le restaurant alors même que nous étions *lancés** et que nous commencions à avoir une chance de gagner de l'argent. J'ai eu de ses nouvelles depuis : il me disait qu'il gagnait cent francs par jour et qu'il entretenait une jeune fille *très sérieuse** qui ne sentait jamais l'ail.

J'ai passé une journée à faire mes adieux à tout le quartier. C'est ce jour-là que Charlie m'a raconté la mort de Roucolle, le vieil avare, qui y avait vécu autrefois. Il y a de fortes chances que Charlie ait tout inventé comme d'habitude, mais c'est une bonne histoire.

Roucolle est mort à l'âge de soixante-quatorze ans, un an ou deux avant que j'arrive à Paris, mais les gens du quartier parlaient encore de lui à l'époque où j'y habitais. Il n'arrivait pas à la cheville de quelqu'un comme Daniel Dancer[1] ou ce genre-là, mais c'était un personnage haut en couleur. Il allait tous les matins aux Halles ramasser des légumes avariés, mangeait du mou pour les chats, se mettait du papier journal en guise de sous-vêtements, se servait du lambris de sa chambre comme bois de chauffage et s'était taillé un pantalon dans un sac de jute. Tout ça avec cinq cent mille francs d'argent placé. J'aurais vraiment aimé le connaître.

Comme beaucoup d'avares, Roucolle a mal fini à cause d'une combine hasardeuse dans laquelle il avait investi. Un jour, un Juif a fait son apparition dans le quartier, un jeune type plein d'allant à l'air sérieux, qui avait trouvé un moyen imparable de faire passer de la cocaïne de contrebande en Angleterre. Il n'est naturellement pas très difficile de se procurer de la cocaïne à Paris et assez simple en soi de la faire passer en contrebande, si ce n'est qu'il y a toujours quelqu'un ensuite pour aller moucharder auprès des douanes ou de la police. Il se dit que les revendeurs de cocaïne eux-mêmes seraient souvent à l'origine des fuites, le trafic étant entre les mains d'un vaste trust qui ne souffre pas la concurrence. Le Juif jurait malgré tout que c'était sans risque. Il connaissait un moyen de faire venir la cocaïne directement de Vienne, sans passer par les filières habituelles, et garantissait qu'il n'y aurait pas de maîtres-chanteurs dans le circuit. Il était entré en relation avec Roucolle par l'intermédiaire d'un jeune Polonais, étudiant en Sorbonne, qui était prêt à investir quatre mille francs dans la combine à condition que Roucolle en investisse six mille. Cette somme leur permettrait d'acheter dix livres de cocaïne, qui vaudraient une petite fortune en Angleterre.

Le Polonais et le Juif ont eu toutes les peines du monde à arracher l'argent des griffes du vieux Roucolle. Six mille francs, ce n'était pas grand-chose — c'était moins que ce qui était dissimulé dans la housse de son matelas —, mais lâcher un sou lui était une torture. Le Polonais et le Juif l'ont travaillé au corps pendant des semaines, passant des explications à l'intimidation, avant d'en venir aux flatteries puis aux altercations, pour finir par se mettre à genoux en l'implorant de sortir l'argent. Le vieillard, tiraillé entre la cupidité et la peur, était dans tous ses états. Il était pris aux tripes à la pensée des cinquante mille francs qu'il allait peut-être pouvoir récolter dans l'affaire, mais il n'arrivait pas à se décider à risquer la somme. Il restait assis dans un coin à gémir la tête entre les mains, allant jusqu'à pousser des cris de souffrance, et il s'agenouillait souvent (il était très pieux) pour prier Dieu de lui donner la force nécessaire, mais il n'arrivait pas à s'y résoudre. Finalement, par lassitude plus qu'autre chose, il a brusquement cédé ; il a éventré le matelas où était caché son argent et remis six mille francs au Juif.

Le Juif a livré la cocaïne le jour même, avant de disparaître aussitôt. En attendant, l'affaire avait fait le tour du quartier, ce qui n'était pas étonnant compte tenu de tout le foin qu'avait fait Roucolle. Le lendemain matin, la police faisait une descente et se mettait à fouiller tout l'hôtel.

Roucolle et le Polonais étaient aux quatre cents

coups. La police était en bas, perquisitionnant toutes les chambres une à une, étage après étage, et le gros paquet de cocaïne était là sur la table, sans possibilité de le dissimuler ou de s'échapper par l'escalier. Le Polonais était d'avis de le jeter par la fenêtre, mais Roucolle ne voulait pas en entendre parler. Charlie m'a raconté avoir assisté à la scène. D'après lui, quand ils avaient essayé de lui prendre le paquet, Roucolle l'avait serré contre sa poitrine et s'était débattu comme un forcené, malgré ses soixante-quatorze ans. Il était mort de peur, mais il préférait aller en prison plutôt que de jeter son argent par la fenêtre.

Pour finir, alors que la police fouillait l'étage juste en dessous, quelqu'un a eu une idée. Roucolle avait un voisin de palier qui avait une dizaine de boîtes de poudre de riz qu'il vendait en porte-à-porte ; l'idée était de les remplir de cocaïne et de les faire passer pour de la poudre de riz. On s'est dépêché de jeter la poudre de riz par la fenêtre et de la remplacer par la cocaïne, après quoi les boîtes ont été posées bien en vue sur la table de Roucolle, comme s'il n'avait rien à cacher. Quelques minutes plus tard, la police est arrivée pour fouiller la chambre de Roucolle. Ils ont sondé les murs, passé la tête dans la cheminée, retourné les tiroirs et examiné les lattes du plancher, puis, alors qu'ils étaient sur le point de renoncer, faute d'avoir trouvé ce qu'ils cherchaient, l'inspecteur a remarqué les boîtes qui se trouvaient sur la table.

« *Tiens**, a-t-il dit, regardez-moi ces boîtes. Je ne les avais pas remarquées. Qu'est-ce qu'il y a dedans, hein ?

— De la poudre de riz », a répondu le Polonais aussi tranquillement que possible.

Mais, au même moment, Roucolle, sous le coup de

l'affolement, a laissé échapper un gémissement audible, ce qui a immédiatement éveillé les soupçons de la police. Ils ont ouvert une des boîtes, en ont renversé le contenu et l'inspecteur, après l'avoir reniflé, a déclaré que c'était vraisemblablement de la cocaïne. Roucolle et le Polonais se sont mis à jurer leurs grands dieux que ce n'était que de la poudre de riz ; en vain, car leurs protestations ne faisaient qu'accroître les soupçons de la police. Les deux hommes ont été arrêtés et conduits au poste, suivis par la moitié des gens du quartier.

Là-bas, Roucolle et le Polonais ont été interrogés par le commissaire, tandis qu'on expédiait une boîte de cocaïne pour analyses. D'après Charlie, Roucolle a fait une scène indescriptible. Il pleurait, priait, faisait des déclarations contradictoires et accusait le Polonais tout ensemble, ameutant tout le quartier. Les policiers se tordaient de rire devant un tel spectacle.

Au bout d'une heure, un agent de police est revenu avec la boîte de cocaïne et le compte rendu de l'analyse. Il était hilare.

« Ce n'est pas de la cocaïne, *monsieur**.

— Comment ça, pas de la cocaïne ? a répliqué le commissaire. *Mais, alors**, qu'est-ce que c'est ?

— De la poudre de riz. »

Roucolle et le Polonais ont été immédiatement relâchés, entièrement blanchis mais furieux. Le Juif les avait doublés. Une fois l'émotion passée, on a découvert qu'il avait joué le même tour à deux autres habitants du quartier.

Le Polonais était plutôt content de s'en tirer ainsi, même s'il y avait laissé quatre mille francs, mais ce pauvre vieux Roucolle était anéanti. Il a immédiatement pris le lit, et il a passé la journée et la moitié de la nuit à s'agiter dans tous les sens et à marmonner, en hurlant de temps à autre à pleins poumons :

« Six mille francs ! *Nom de Jésus-Christ** *!* Six mille francs ! »

Trois jours plus tard, il a eu une espèce d'attaque et, quinze jours plus tard, il était mort — le cœur brisé, selon Charlie.

CHAPITRE XXIV

J'ai gagné l'Angleterre en troisième classe via Dunkerque et Tilbury, ce qui est la manière la moins coûteuse, et pas la pire, de traverser la Manche. Comme il fallait payer un supplément pour avoir une cabine, j'ai dormi dans le bar, avec la plupart des passagers de troisième classe. Je retrouve cette entrée dans mon Journal à la date de la traversée :

« Dorment dans le bar vingt-sept hommes et seize femmes. Pas une seule des femmes ne s'est débarbouillée ce matin. Les hommes sont passés par les toilettes pour la plupart d'entre eux ; les femmes se sont contentées de sortir des vanity-cases et de couvrir la crasse d'une couche de poudre. Question : un caractère sexuel secondaire ? »

Pendant la traversée, je me suis lié avec un couple de Roumains, presque des enfants, qui allaient passer leur lune de miel en Angleterre. Ils m'ont assailli de questions sur mon pays, auxquelles j'ai répondu par des mensonges ahurissants. J'étais tellement content de rentrer chez moi, après des mois sans le sou dans une ville étrangère, que l'Angleterre me faisait l'effet d'une sorte de paradis. De fait, il y a bien des choses en Angleterre qu'on est tout heureux de retrouver : les salles de bains, les fauteuils, la sauce à la menthe, les pommes de terre nouvelles bien cuites, le pain bis, la marmelade, la bière faite avec du vrai houblon. Toutes choses proprement merveilleuses, si on a les moyens de se les offrir. L'Angleterre est un endroit formidable quand on n'est pas pauvre ; et, naturellement, avec mon imbécile apathique à garder, j'étais à l'abri de la pauvreté. L'idée de ne pas être confronté à la pauvreté me rendait particulièrement patriote. Plus les Roumains me posaient de questions, plus je vantais les charmes de l'Angleterre : le climat, les paysages, l'art, la littérature, les lois, tout y était parfait.

L'architecture y était-elle intéressante ? me demandaient les Roumains. « Magnifique ! Si vous voyiez les statues à Londres ! Paris est vulgaire : mi-pompe, mi-taudis. Mais Londres... »

Le bateau s'est alors approché de la jetée de Tilbury. Le premier bâtiment que nous avons vu sur la rive était un de ces énormes hôtels, tout en stuc et clochetons, qui vous regardent fixement depuis la côte anglaise comme des idiots passant la tête par-dessus le mur d'un asile. J'ai vu les Roumains, trop polis pour faire le moindre commentaire, lorgner vers l'hôtel. « L'œuvre d'architectes français », les ai-je assurés ; même ensuite, tandis que le train entrait paresseusement dans Londres par les taudis de l'est de la ville, j'ai malgré tout continué à encenser les beautés de l'architecture anglaise. Aucun éloge de l'Angleterre ne paraissait exagéré, à présent que je rentrais chez moi et que je n'étais plus fauché.

Je me suis rendu aux bureaux de B., dont les premiers mots ont anéanti tous mes espoirs. « Je suis désolé, mais tes employeurs sont à l'étranger, avec le patient. Mais ils seront de retour dans un mois. Tu peux tenir jusque-là, j'imagine ? »

Je me suis retrouvé sur le trottoir avant même d'avoir eu la présence d'esprit de lui emprunter de l'argent. Je devais patienter un mois, avec très exactement dix-neuf shillings et six pence en poche. La nouvelle m'avait laissé sans voix. Je suis resté un bon moment à ne pas savoir quoi faire. J'ai passé la journée à traîner dans les rues et, le soir venu, ne sachant absolument pas comment trouver une chambre bon marché à Londres, j'ai échoué dans une « pension de famille », où la nuit était à sept shillings et six pence. Une fois la note réglée, il me restait dix shillings et deux pence en poche.

Le matin venu, j'avais un plan de bataille. Tôt ou tard, il me faudrait aller demander de l'argent à B., mais ça ne semblait pas convenable de le faire dès à présent, et il fallait bien que je subsiste d'ici là, si chichement que ce soit. Je savais d'expérience que je devais renoncer à mettre mon plus beau costume au clou. Je laisserais toutes mes affaires à la consigne de la gare, excepté mon autre costume convenable, dont je tirerais peut-être une livre en plus de le troquer contre quelques vêtements bon marché. Si je devais vivre un mois avec trente shillings, il me fallait des vêtements miteux. Et plus ils le seraient, mieux ce serait. Je ne savais absolument pas si trente shillings suffiraient pour tenir un mois, n'étant pas aussi familier de Londres que je l'étais de Paris. Je pourrais sans doute toujours mendier ou vendre des lacets ; je me souvenais d'articles lus dans les journaux du dimanche qui évoquaient des mendiants se promenant avec deux mille livres cachées dans la ceinture de leur pantalon. De toute façon, il était de notoriété publique qu'on ne mourait pas de faim à Londres et je n'avais donc pas à m'en faire.

Pour vendre mes vêtements, je me suis rendu à Lambeth, où les gens sont pauvres et où les marchands de fripes ne manquent pas. Le premier fripier chez qui je suis entré s'est montré poli sans toutefois m'être d'aucun secours ; le deuxième m'a très mal reçu ; le troisième était sourd comme un pot ou a feint de l'être. Le quatrième, un jeune homme blond corpulent, rose des pieds à la tête, ressemblait à une tranche de jambon. Il a jeté un coup d'œil aux vêtements que je portais et en a tâté l'étoffe de façon désobligeante en les prenant entre le pouce et l'index.

« Pas terrible comme qualité, a-t-il commenté, vraiment pas terrible. » (C'était un assez beau costume.) « Vous en v'lez combien ? »

J'ai expliqué que je voulais des vêtements plus usés et le plus d'argent possible. Il a réfléchi un instant, puis il a rassemblé des haillons crasseux qu'il a jetés sur le comptoir. « Et pour l'argent ? » j'ai dit, espérant en tirer une livre. Il a fait une moue avant de poser à côté des vêtements... un shilling ! Je n'ai pas discuté. C'était mon intention, mais j'étais sur le point d'ouvrir la bouche quand je l'ai vu tendre la main comme pour reprendre le shilling ; j'ai compris qu'il n'y avait rien à faire. Il m'a laissé me changer dans l'arrière-boutique.

Les vêtements en question se composaient d'un veston, qui avait dû être marron foncé, d'une salopette noire, d'une écharpe et d'une casquette en toile ; j'avais gardé ma propre chemise, mes chaussettes et mes bottillons, et j'avais un peigne et un rasoir dans la poche. Ça fait une drôle d'impression de porter ce genre de vêtements. J'avais déjà porté des choses assez miteuses, mais pas à ce point-là ; ils n'étaient pas seulement sales et informes, ils avaient, comment dire, un côté foncièrement disgracieux, une patine de crasse immémoriale, qui allait bien au-delà de la pouillerie ordinaire. C'était le genre de vêtements qu'on voit sur les vendeurs de lacets ou sur les vagabonds. Une heure plus tard, à Lambeth, j'ai vu s'approcher de moi un homme à l'air de chien battu, un vagabond de toute évidence, et, au deuxième coup d'œil, je me suis rendu compte que c'était mon reflet dans une vitrine. J'avais déjà une épaisse couche de crasse sur le visage. La crasse est très respectueuse de la personne : elle vous laisse tranquille quand vous êtes bien habillé, mais, sitôt votre faux col envolé, elle s'abat sur vous de toutes parts.

J'ai traîné dans les rues jusque tard le soir, sans jamais rester au même endroit. Je craignais vaguement qu'au vu de ma tenue la police m'arrête pour vagabondage, et je n'osais parler à personne, m'imaginant qu'on ne manquerait pas de remarquer l'écart entre mon accent et ma tenue. (J'ai découvert plus tard que ça n'arrivait jamais.) Mes nouveaux vêtements m'avaient instantanément transporté dans un autre monde. Les comportements semblaient s'être brusquement modifiés. J'ai aidé un camelot à relever une charrette qu'il avait renversée. « Merci, mon pote », a-t-il dit avec un sourire. C'était la première fois qu'on m'appelait « mon pote », et c'était uniquement à cause des vêtements. J'ai remarqué aussi, pour la première fois, à quel point l'attitude des femmes varie en fonction des vêtements qu'un homme porte. Quand elles croisent un homme mal habillé, elles s'en écartent avec un dégoût visible, comme si c'était un chat crevé. Les vêtements sont dotés d'un pouvoir remarquable. Habillé comme un vagabond, on a beaucoup de mal, le premier jour du moins, à ne pas se sentir authentiquement avili. On doit éprouver la même honte, irrationnelle mais bien réelle, quand on passe la nuit en prison pour la première fois.

Vers 11 heures, je me suis décidé à me chercher un lit. J'avais lu des choses sur les pensions bon marché, les *doss-houses* (qu'on n'appelle jamais comme ça, du reste), et je m'imaginais qu'on pouvait se trouver un lit pour environ quatre pence. Repérant un homme, un terrassier ou quelque chose dans le même genre, sur un trottoir de Waterloo Road, je me suis arrêté pour l'interroger. Je lui ai expliqué que j'étais complètement fauché et que je cherchais ce qui se faisait de moins cher pour passer la nuit.

« Oh, m'a-t-il répondu, t'as qu'à aller en face, là où il y a l'écriteau BONS LITS POUR MESSIEURS CÉLIBATAIRES. C'est une bonne piaule [logement], c'est sûr. Ça m'est arrivé des fois d'y crécher. C'est pas cher et en plus c'est propre. »

C'était une haute bâtisse à l'air délabré, aux fenêtres toutes faiblement éclairées et, pour certaines, rafistolées avec du papier kraft. Je suis entré par un couloir dallé et j'ai vu un gamin étiolé aux yeux ensommeillés émerger de l'entrée d'une cave, d'où montaient des murmures et un souffle d'air chaud chargé de relents de fromage. Le gamin a tendu la main en bâillant :

« Cherchez une piaule ? Ça f'ra un shilling, m'sieur. »

J'ai payé le shilling, et le gamin m'a fait prendre un escalier branlant et pas éclairé jusqu'à une chambre à l'étage où flottait une odeur douceâtre d'élixir parégorique[1] et de linge sale ; les fenêtres avaient l'air d'être hermétiquement closes et l'air y était à peine respirable quand on entrait. Une bougie était allumée et j'ai découvert une pièce de moins de vingt-cinq mètres carrés sur deux mètres cinquante de haut où se trouvaient huit lits. Six d'entre eux étaient déjà occupés par de curieuses masses bosselées surmontées des vêtements des occupants, bottillons compris, empilés sur eux. Quelqu'un toussait d'une vilaine toux dans un coin.

Quand je me suis glissé dans le lit, j'ai pu me rendre compte qu'il était dur comme une planche de bois, l'oreiller se réduisant à un cylindre moelleux comme un billot. C'était franchement pire que de dormir sur une table, dans la mesure où le lit, particulièrement étroit, ne faisait même pas un mètre quatre-vingts de long et où, le matelas étant de forme convexe, il fallait se cramponner pour ne pas se retrouver par terre. Les draps empestaient tellement la sueur que je ne pouvais absolument pas en approcher le nez. Et, comme le linge de lit se résumait aux draps et à un dessus-de-lit en coton, on n'avait pas très chaud malgré l'atmosphère étouffante. La nuit a été ponctuée de divers bruits qui revenaient à intervalles réguliers. Toutes les heures à peu près, mon voisin de gauche — un marin, je crois — se réveillait, jurait comme un charretier et s'allumait une cigarette. Un autre homme, à la vessie mal en point, s'est levé pour utiliser bruyamment son pot de chambre une demi-douzaine de fois pendant la nuit. Celui qui toussait dans son coin était pris de quintes de toux toutes les vingt minutes, avec une telle régularité qu'on en venait à les guetter comme on guette les jappements d'un chien qui hurle à la lune. C'était un bruit indiciblement repoussant : d'immondes gargouillis mêlés de haut-le-cœur, comme si on lui barattait les boyaux. À un moment donné, il a frotté une allumette et j'ai pu me rendre compte que c'était un homme très âgé, au visage cave d'un gris cadavérique, qui avait enveloppé sa tête dans son pantalon en guise de bonnet de nuit, ce que, sans pouvoir me l'expliquer, je trouvais particulièrement rebutant. À chaque fois qu'il toussait et que l'autre homme jurait, une voix endormie s'élevait d'un autre lit et s'écriait :

« La ferme ! Nom de... Dieu, la ferme ! »

J'ai dû dormir une heure au total. Au matin, j'ai été réveillé par la sensation confuse qu'un gros machin marron s'approchait de moi. J'ai ouvert les yeux et j'ai vu que c'était un des pieds du marin, qui dépassait du lit, presque collé à mon visage. Il était marron foncé, aussi foncé que le pied d'un Indien, tellement il était crasseux. Les murs étaient couverts de lèpre et les draps, pas lavés depuis trois semaines, pratiquement couleur terre d'ombre. Je me suis levé et habillé, et je suis descendu. À la cave se trouvaient une rangée de lavabos et deux essuie-mains poisseux montés sur des rouleaux. J'avais un bout de savon dans la poche et je m'apprêtais à faire ma toilette quand j'ai remarqué les traces de saleté qui zébraient tous les lavabos — une crasse épaisse, collante, noire comme du cirage. Je suis sorti sans me laver. En définitive, le lieu n'était pas l'endroit « pas cher et en plus propre » qu'on m'avait vanté. Mais il était assez représentatif de sa catégorie, comme j'ai pu m'en rendre compte par la suite.

J'ai traversé le fleuve et marché longtemps vers l'est avant d'entrer dans un café de Tower Hill. Banal et semblable à mille autres cafés londoniens, il m'a fait un effet curieux et dépaysant après Paris. On trouvait dans sa petite salle à l'air confiné les banquettes à haut dossier en vogue dans les années 1840, le menu du jour écrit au savon sur un miroir et une gamine de quatorze ans qui faisait le service. Des terrassiers y mangeaient à même l'emballage en papier journal, buvant du thé servi dans de grandes tasses sans soucoupe qui ressemblaient à des gobelets en porcelaine. Tout seul dans son coin, un Juif, le museau dans son assiette, dévorait son bacon avec un air coupable.

« Est-ce que je pourrais avoir du thé et des tartines beurrées ? » ai-je demandé à la serveuse.

Elle a ouvert de grands yeux. « Pas de beurre, margarine seulement », a-t-elle répondu, surprise. Et elle a passé la commande avec la formule qui est à Londres ce que l'éternel *coup de rouge** est à Paris : « Un grand thé avec deux tartines ! »

Sur le mur proche de ma banquette était accroché un écriteau où on pouvait lire INTERDICTION D'EMPORTER LES SACHETS DE SUCRE, en dessous duquel un client inspiré avait écrit :

Celui qui le sucre empochera
*Sale *** on l'appellera.*

Mais quelqu'un d'autre s'était donné du mal pour raturer le mot offensant. C'était l'Angleterre. Le thé-avec-deux-tartines me délestant de trois pence et demi, il me restait huit shillings et deux pence.

CHAPITRE XXV

Les huit shillings m'ont fait trois jours et quatre nuits. Après la mauvaise expérience de Waterloo Road*, j'ai émigré plus à l'est et passé la nuit suivante

* C'est un fait étrange, mais bien connu, que les punaises sont plus présentes dans le sud que dans le nord de Londres.

dans une pension de Pennyfields. C'était une pension typique, comme il y en a des dizaines à Londres. Elle pouvait accueillir entre cinquante et cent personnes, et était administrée par un « gérant » — qui « gérait » les lieux pour le propriétaire, dans la mesure où il s'agit d'établissements rentables appartenant à des gens riches. On dormait à quinze ou vingt par dortoir ; les lits étaient là encore froids et durs, mais les draps étaient changés toutes les semaines, ce qui constituait un progrès. La nuit était à neuf pence ou un shilling (dans les dortoirs à un shilling, les lits étaient espacés d'un mètre quatre-vingts au lieu d'un mètre vingt), et on était tenu de payer avant 7 heures du soir, sinon on dégageait.

Au rez-de-chaussée se trouvait une cuisine commune, avec accès gratuit à des feux de cuisson et tout un stock de casseroles, de bols à thé et de fourchettes d'âtre pour faire griller les toasts. Il y avait deux grandes cheminées en brique réfractaire, qui fonctionnaient toute l'année, jour et nuit. C'est aux pensionnaires à tour de rôle qu'il revenait d'entretenir le feu, de balayer la cuisine et de faire les lits. Un ancien, un beau docker aux traits normands prénommé Steve, passait pour le « responsable », arbitrant les différends et se chargeant des expulsions à titre gracieux.

J'aimais bien cette cuisine. C'était une cave basse de plafond enfoncée sous terre, où les émanations de coke faisaient régner une torpeur engourdissante, éclairée simplement par l'éclat des foyers, qui projetaient des ombres noires veloutées dans les recoins. Des hardes séchaient sur des cordes suspendues au

---

Pour une raison obscure, elles n'ont pas encore traversé le fleuve en nombre significatif.

plafond. Des hommes rougeoyants, des dockers pour la plupart, s'affairaient autour des cheminées, casserole en main; certains étaient pratiquement nus, attendant que leurs vêtements soient secs après avoir fait une lessive. Le soir, on faisait des parties de Napoléon[1] ou de dames et on chantait; *J'suis un gars qu'a fait du mal à ses parents* était un classique, tout comme une autre chanson populaire qui parlait d'un naufrage. Parfois, en fin de soirée, certains rentraient avec un seau de bigorneaux acheté à bas prix dont tout le monde profitait. On mettait la nourriture en commun, et il allait de soi qu'on nourrissait ceux des pensionnaires qui étaient au chômage. On se chargeait régulièrement de donner à manger à un petit être pâle et ratatiné, visiblement mourant, dont on parlait comme de ce « pauv' Brown qu'a vu le docteur et qu'on a ouvert trois fois ».

Deux ou trois des pensionnaires bénéficiaient de l'allocation aux personnes âgées. Avant de les rencontrer, je n'avais pas conscience que certaines personnes en Angleterre avaient pour tout revenu l'allocation de dix shillings par semaine accordée aux personnes âgées. Aucun de ces vieillards n'avait d'autre ressource, de quelque nature que ce soit. L'un d'eux étant bavard, je lui ai demandé comment il s'en sortait. Voici sa réponse :

« Eh ben, c'est neuf pence la nuit pour la piaule, c'qui fait cinq shillings et trois pence par semaine. Ensuite, j'en ai pour trois pence le samedi chez l'barbier, ce qui fait cinq shillings et six pence. Après, mettons que j'me fasse couper les cheveux une fois par mois, ça fait six pence, donc trois demi-pence par semaine qui s'rajoutent. Y reste à peu près quatre shillings et quatre pence pour manger et pour l'perlot. »

Toute autre dépense était inconcevable. Il se nourrissait de pain, de margarine et de thé — en fin de semaine, de pain sec et de thé sans lait —, et ses vêtements lui venaient sans doute des bonnes œuvres. Il semblait satisfait, accordant plus d'importance au fait d'avoir un lit et d'être au chaud qu'à ce qu'il mangeait. Mais qu'on puisse dépenser de l'argent pour aller chez le barbier, avec un revenu de dix shillings par semaine, ça forçait le respect.

J'ai passé toute la journée à marcher, jusqu'à Wapping à l'est, Whitechapel à l'ouest[1]. Ça me faisait un effet bizarre après Paris; tout était tellement plus propre, plus calme et plus sinistre. On se prenait à regretter le glapissement des trams, le grouillement bruyant des ruelles et le cliquetis des troupes en armes traversant les places de la ville. Les gens étaient mieux habillés et les visages plus avenants, plus doux, plus semblables, dénués de cette individualité coriace et de cette malveillance caractéristiques des Français. Il y avait moins d'ivrognerie, de saleté, de disputes et davantage d'oisiveté. On voyait à tous les coins de rue des grappes d'hommes, quelque peu sous-alimentés, mais qui carburaient au thé-avec-deux-tartines que le Londonien avale toutes les deux heures. L'atmosphère paraissait moins fébrile qu'à Paris. C'était le pays des théières et des bourses du travail, comme Paris est le pays des *bistros** et des ateliers de misère.

Les gens étaient intéressants à regarder. Les femmes de l'Est londonien sont jolies (le mélange des sangs, peut-être), et Limehouse était émaillé d'Orientaux : Chinois, lascars de Chittagong, marchands d'écharpes de soie dravidiens, et même quelques Sikhs, arrivés là on ne sait comment. Il y avait ici et là des attroupements. À Whitechapel, un homme surnommé « l'Évangéliste chantant » s'engageait à vous sauver de l'enfer pour six pence. Sur East India Dock Road, l'Armée du Salut célébrait l'office. On chantait *Y a-t-il quelqu'un ici comme ce traître de Judas ?* sur l'air de *Que faire d'un marin soûl ?* Sur Tower Hill, deux mormons tentaient de haranguer les foules. Des hommes attroupés autour de leur estrade jouaient des coudes, criant et les interrompant. Quelqu'un les accusait de polygamie. Un boiteux barbu, de toute évidence athée, avait entendu le mot « Dieu » et les chahutait sans ménagement. Un vacarme confus de voix s'élevait.

« Mes chers amis, si vous vouliez bien nous laisser poursuivre... ! — Mais oui, laissez-leur la parole. Commencez pas à discuter ! — Non, non, mais répondez-moi. Vous pouvez me l'montrer, Dieu ? Vous me l'montrez et j'y croirai. — Oh, la ferme, arrêtez d'les interrompre ! — Interrompez-vous vous-même ! S****** de polygames ! — Eh ben, la polygamie, ça se défend. En tout cas, ça ferait moins de bonnes femmes dans l'industrie. — Mes chers amis, si vous vouliez juste... — Non, non, essayez pas d'esquiver. Vous l'avez vu, Dieu ? Vous l'avez touché ? Vous lui avez serré la pince ? — Oh, commencez pas à discuter, pour l'amour de Dieu, commencez pas à discuter ! » Etc. Je suis resté là vingt minutes, curieux d'en savoir plus sur le mormonisme, mais ça n'a jamais été plus loin que les éclats de voix. C'est toujours comme ça avec les attroupements.

Dans Middlesex Street, au milieu de la foule du marché, une femme débraillée et dépenaillée traînait un gamin de cinq ans par le bras. Elle lui agitait une trompette en fer-blanc sous le nez. Le gamin hurlait.

« Amuse-toi ! Pourquoi qu'tu crois que j't'ai amené ici et pis que j't'ai acheté une trompette et tout et tout ? Tu veux que j't'en mette une ? Petit salopiot, tu vas voir comment qu'tu vas t'amuser ! »

Des gouttes de salive tombaient de la trompette. La mère et le gosse ont disparu, en braillant l'un comme l'autre. Ça me faisait un effet vraiment bizarre après Paris.

Le dernier soir que j'ai passé dans la pension de Pennyfields, il y a eu une dispute entre deux des pensionnaires, une scène horrible. Un des vieillards, un homme d'environ soixante-dix ans, nu jusqu'à la taille (il avait fait une lessive), s'en prenait violemment à un docker râblé pas bien grand, qui se tenait dos à la cheminée. Le visage du vieillard était éclairé par la lueur du feu et je voyais qu'il était au bord des larmes, envahi qu'il était par le chagrin et la colère. Il s'était visiblement produit quelque chose de très grave.

LE VIEILLARD : « Espèce de *** ! »

LE DOCKER : « Ferme-la, espèce de vieux ***, avant que j't'en flanque une ! »

LE VIEILLARD : « Essaie donc, espèce de *** ! J'ai trente piges de plus que toi, mais il s'en faudrait pas de beaucoup pour que j't'en colle une qui t'envoie valser dans un seau de pisse ! »

LE DOCKER : « Ah, comme ça, peut-être que j't'écrabouillerais pas ensuite, espèce de vieux *** ! »

Et ainsi de suite pendant cinq minutes. Les autres pensionnaires, assis à proximité, l'air triste, essayaient de ne pas prêter attention à la dispute. Le docker avait l'air renfrogné, mais le vieillard s'énervait de plus en plus. Il n'arrêtait pas de venir provoquer l'autre, le cou tendu vers lui, soufflant et crachant à quelques centimètres de lui comme un chat sur un mur. Il tentait de trouver l'audace de le frapper, sans vraiment y parvenir. Il a fini par exploser :

« Un ***, c'est tout c'que t'es, un ***! Prends ça dans ta sale gueule et fourre-le-toi bien profond, espèce de ***! Bon Dieu de ***, j'vais finir par t'défoncer. Un enf****, t'es pas autre chose, un fils de... pute. Prends ça, espèce de ***! V'là c'que j'pense de toi, espèce de... espèce de... espèce de... espèce de sinistre connard! »

Sur ce, il s'est brutalement laissé tomber sur un banc, a pris sa tête entre ses mains et s'est mis à pleurer. L'autre, voyant qu'il n'avait pas le soutien de l'assistance, a quitté les lieux.

J'ai entendu Steve expliquer plus tard l'origine de la dispute. Visiblement, ça tournait autour de l'équivalent d'un shilling de nourriture. Le vieillard s'était retrouvé privé de sa réserve de pain et de margarine, si bien qu'il n'aurait rien à manger pendant trois jours, en dehors de ce que les autres lui céderaient par charité. Le docker, qui avait du travail et de quoi se nourrir convenablement, l'avait nargué; d'où la dispute.

Quand je n'ai plus eu en poche qu'un shilling et quatre pence, je me suis retrouvé dans une pension de Bow, où la nuit n'était qu'à huit pence. Il fallait descendre et emprunter une venelle qui débouchait sur une cave profondément enterrée, à la chaleur étouffante, de neuf mètres carrés. Dix hommes, des terrassiers pour la plupart, y étaient assis près d'un feu à la lumière éblouissante. Il était minuit, mais le fils du gérant, un gamin pâle et poisseux de cinq ans, jouait sur les genoux des terrassiers. Un vieil Irlandais sifflait des airs à l'intention d'un bouvreuil aveugle enfermé dans une cage minuscule. On y trouvait d'autres oiseaux chanteurs — des créatures minuscules et flétries qui avaient passé toute leur vie sous terre. Les pensionnaires se soulageaient en général sur le feu, pour éviter d'avoir à traverser la cour au fond de laquelle se trouvaient les cabinets. En m'asseyant à la table commune, j'ai senti quelque chose qui remuait à mes pieds et, quand j'ai baissé les yeux, j'ai vu une marée de créatures noires qui rampaient au sol : c'étaient des blattes.

Il y avait six lits dans le dortoir, et les draps, où était inscrit en lettres énormes « Volés au n° *** Bow Road », avaient une odeur épouvantable. Le lit voisin du mien était occupé par un très vieil homme, un artiste de rue, affligé d'une déformation de la colonne vertébrale si marquée que son dos sortait du lit et que je l'avais à quelques dizaines de centimètres du visage. Le dos était nu et couvert de curieuses marbrures de crasse qui le faisaient ressembler à un dessus de table. Pendant la nuit, on a vu arriver un homme ivre qui a vomi par terre, juste à côté de mon lit. Il y avait aussi des punaises, pas autant qu'à Paris, mais suffisamment pour vous tenir éveillé. C'était un endroit répugnant. Le gérant et sa femme n'en étaient pas moins aimables, toujours prêts à vous faire un thé, à n'importe quelle heure du jour ou de la nuit.

CHAPITRE XXVI

Le lendemain matin, une fois réglés le traditionnel thé-avec-deux-tartines et ma demi-once de tabac, il me restait un demi-penny en poche. Comme je n'avais pas envie de redemander de l'argent à B. aussi vite, la seule solution, c'était l'asile de nuit. Je ne savais pas bien comment m'y prendre, mais, comme j'avais entendu dire qu'il y en avait un à Romton, je me suis mis en route et je suis arrivé là-bas vers 3 ou 4 heures de l'après-midi. J'ai repéré, adossé à l'enclos à cochons du marché de Romton, un vieil Irlandais ratatiné, un vagabond de toute évidence. Je suis allé m'installer près de lui et je n'ai pas tardé à lui tendre ma tabatière. Il l'a ouverte et a regardé le tabac d'un air médusé :

« Bon Dieu, mais c'est qu'y en a bien pour six pence de bon tabac là d'dans ! Où qu't'as bien pu trouver ça ? Toi, y a pas longtemps qu't'es sur l'trimard.

— Pourquoi ? On n'a pas de tabac sur le trimard ? ai-je répondu.

— Ben, si. Tiens, r'garde. »

Il a sorti une boîte rouillée qui avait jadis renfermé des cubes d'Oxo[1]. Elle contenait une vingtaine ou une trentaine de mégots, ramassés sur le trottoir. L'Irlandais m'a expliqué qu'il était rare qu'il fume autre chose comme tabac, en ajoutant qu'en s'y prenant bien on arrivait à récolter deux onces de tabac par jour sur les trottoirs de Londres.

« Tu sors d'un des asiles [de nuit][2] de Londres, hein ? » m'a-t-il demandé.

J'ai acquiescé, en me disant que ça l'inciterait à voir en moi un compagnon de trimard, et je lui ai demandé comment était l'asile de Romton.

« Ben, c'est un asile à cacao. Y a les asiles à thé et les asiles à cacao et les asiles à gruau. On te donne pas d'gruau à Romton, Dieu merci. En tout cas, y en avait pas la dernière fois qu'j'y étais. J'étais vers York et pis au pays de Galles ces derniers temps.

— C'est quoi, le gruau ?

— L'gruau ? Un godet d'eau chaude avec c'te saleté de flocons d'avoine au fond ; c'est ça, l'gruau. Les asiles à gruau, c'est toujours les pires. »

On est restés à bavarder pendant une heure ou deux. L'Irlandais était un vieux bonhomme plutôt sympathique, mais il sentait très mauvais, ce qui n'était pas étonnant compte tenu de tous les maux dont il souffrait. À l'en croire (il m'a donné une description complète de ses symptômes), il avait les problèmes suivants, en partant du haut : au sommet du crâne (il était chauve), il avait de l'eczéma ; il était myope et n'avait pas de lunettes ; il souffrait de bronchite chronique ; il avait des douleurs d'origine indéterminée dans le dos ; il était dyspeptique ; il avait de l'urétrite ; il avait des varices, des oignons et les pieds plats. Et cela faisait quinze ans qu'il trimardait avec toute cette collection de maux divers et variés.

Vers 5 heures, l'Irlandais m'a dit : « Qu'est-ce tu dirais d'une tasse de thé ? L'asile n'ouvre pas avant 6 heures.

— Ça me dirait bien.

— Eh ben, y a un endroit pas loin où on peut avoir une tasse de thé et un petit pain à l'œil. Et c'est du bon thé. On t'oblige à dire tout un tas d'prières à la noix après. Mais bon, ça fait passer l'temps. Suis-moi. »

Je l'ai suivi jusqu'à un petit hangar au toit de tôle, situé dans une ruelle, qui ressemblait un peu aux pavillons de cricket qu'on peut voir dans les villages. Entre vingt et trente autres vagabonds attendaient devant. En dehors de quelques vagabonds indécrottables, vieux et sales, la plupart étaient des gars du Nord à l'allure présentable, sans doute des mineurs ou des ouvriers des filatures de coton au chômage. La porte n'a pas tardé à s'ouvrir pour laisser apparaître une dame vêtue d'une robe de soie bleue, des lunettes en or sur le nez et un crucifix autour du cou, qui nous a fait entrer. À l'intérieur, il y avait trente ou quarante chaises inconfortables, un harmonium et une lithographie représentant une crucifixion particulièrement sanglante.

Un peu embarrassés, nous avons ôté nos casquettes et nous nous sommes assis. La dame nous a servi du thé et, tandis que nous étions occupés à manger et à boire, elle s'est mise à circuler parmi nous en nous tenant des discours pleins de suavité. Elle a parlé de religion, de Jésus-Christ qui avait toujours eu un faible pour les hommes pauvres et frustes comme nous, du temps qui passait si vite quand on allait à l'église, de tout ce que ça changeait pour un chemineau de dire ses prières régulièrement. C'était insupportable pour tout le monde. Nous étions alignés contre le mur à tripoter nos casquettes (un vagabond se sent tout nu sans sa casquette), à rougir et à essayer de bafouiller une réponse quand la dame s'adressait à nous. Tout cela partait sans aucun doute d'une bonne intention. À un moment donné, elle s'est approchée d'un des gars du Nord avec le plateau de petits pains et elle lui a dit :

« Et toi, mon garçon, cela fait combien de temps que tu ne t'es pas agenouillé pour parler avec Notre Père qui est aux cieux ? »

Le pauvre gars a été incapable d'articuler le moindre mot ; mais son estomac a répondu pour lui, avec un infâme gargouillis déclenché par le spectacle de la nourriture. Il en a éprouvé une telle honte que c'est à peine s'il a réussi à avaler son petit pain après ça. Un seul homme est parvenu à répondre à la dame dans son style à elle, un type fringant au nez rouge, qui ressemblait à un caporal à qui on a retiré ses galons pour ivrognerie. Il arrivait à prononcer les mots « Notre Seigneur bien-aimé » avec un aplomb sans égal. Il avait certainement appris ça en prison.

Le thé terminé, j'ai vu les vagabonds échanger des regards à la dérobée. Tous avaient la même pensée : est-il envisageable qu'on déguerpisse avant les prières ? L'un d'eux a remué sur sa chaise, sans franchement se lever, mais en jetant un coup d'œil vers la porte, comme pour suggérer qu'on se mette en route. La dame l'a arrêté d'un seul regard, avant de dire, sur un ton plus suave que jamais :

« Vous n'êtes pas obligés de partir tout de suite, il me semble. L'asile de nuit n'ouvre pas avant 6 heures, et cela nous laisse amplement le temps de nous agenouiller pour adresser quelques mots à Notre Père. Cela nous fera beaucoup de bien à tous, n'est-ce pas ? »

L'homme au nez rouge s'est montré très serviable, installant l'harmonium et distribuant les livres de prières. Il tournait le dos à la dame et trouvait très amusant de les distribuer comme si c'étaient des cartes à jouer, glissant à chacun au passage : « Et voilà, mon pote ! V'là d'quoi faire un p***** d'Napoléon, tiens ! Quatre as et un roi ! » Etc.

Tête nue, nous nous sommes agenouillés au milieu des tasses sales et nous sommes mis à marmonner que nous n'avions pas fait ce que nous aurions dû faire et fait ce que nous n'aurions pas dû faire, et que nous étions impurs. La dame priait avec beaucoup de ferveur, mais elle promenait constamment son regard sur nous pour s'assurer que nous participions bien. Quand elle ne nous regardait pas, nous échangions des grimaces et des clins d'œil, et nous faisions des plaisanteries grivoises, juste pour montrer que nous nous en fichions ; il n'empêche que ça avait un peu de mal à passer. En dehors de l'homme au nez rouge, personne n'avait suffisamment de culot pour faire plus que de chuchoter les répons. Nous nous en sommes mieux sortis avec les cantiques, si ce n'est qu'un vieillard qui connaissait uniquement l'air de *Debout, soldats du Christ* y revenait de temps en temps, ce qui gâchait l'harmonie de l'ensemble.

Les prières ont duré une demi-heure, après quoi nous avons filé, non sans avoir serré la main de la dame en sortant. « Bon, a dit quelqu'un dès que nous n'avons plus été à portée de voix, on s'en est tirés. J'ai bien cru que ça allait jamais finir, ces p****** de prières.

— T'as eu ton petit pain, a répondu un autre. On n'a rien sans rien.

— Rien sans prière, tu veux dire. Ah, ouais, tout a un prix ici. On te donne même pas deux sous de thé sans qu'tu doives te foutre à genoux pour ça. »

Des murmures approbateurs ont accueilli ces mots. Manifestement, le thé offert ne provoquait pas le moindre élan de gratitude chez les vagabonds. Il était pourtant excellent, aussi différent de celui qu'on sert dans les cafés qu'un bon bordeaux peut l'être de la vinasse qu'on appelle « clairet », ce qui était un motif de se réjouir. Je suis certain, par ailleurs, qu'il avait été offert avec les meilleures intentions du monde, et non pour nous humilier ; en toute justice, nous aurions donc dû être remplis de gratitude. Mais ce n'était pas le cas.

CHAPITRE XXVII

Vers 6 heures moins le quart, l'Irlandais m'a accompagné à l'asile de nuit. C'était un cube de brique jaunâtre et sinistre, situé dans un coin du terrain qu'occupait l'asile de pauvres. Avec ses rangées de minuscules fenêtres à barreaux, avec le haut mur et les grilles qui le séparaient de la route, il avait tout d'une prison. Une longue file d'hommes en haillons attendait déjà devant les grilles. Il y en avait de tous âges et de toutes sortes, depuis le jeune de seize ans au teint frais jusqu'à la momie édentée de soixante-quinze ans pliée en deux. Certains étaient des vagabonds endurcis, reconnaissables à leur bâton, leur gamelle et leur visage noir de poussière ; mais il y avait aussi des ouvriers au chômage, des journaliers, un employé de bureau portant faux col et cravate, deux hommes très vraisemblablement simples d'esprit. Pris en groupe, traînant là, ils formaient un spectacle repoussant ; rien de crapuleux ou de dangereux, mais un troupeau galeux et disgracieux d'individus presque tous en haillons et visiblement sous-alimentés. Ils se sont toutefois montrés amicaux et ne m'ont pas posé de questions. Beaucoup d'entre eux m'ont proposé du tabac — c'est-à-dire des mégots.

On est restés à fumer adossés au mur, et les vagabonds se sont mis à évoquer les asiles qu'ils avaient récemment fréquentés. À les entendre, ils étaient tous différents, chacun avec ses qualités et ses défauts, qu'il est important de connaître quand on est sur le trimard. Un vieux routier peut vous faire le catalogue des particularités de tous les asiles qu'on trouve en

Angleterre : à A, on a le droit de fumer, mais il y a des punaises dans les cellules ; à B, les lits sont confortables, mais le portier est une brute ; à C, on vous laisse partir tôt le matin, mais le thé est imbuvable ; à D, les employés vous volent votre argent si vous en avez sur vous ; et ainsi de suite, interminablement. Il y a des sentiers battus où les asiles sont à un jour de marche les uns des autres. On m'a dit que le mieux, c'était le trajet Barnet-St. Albans, et on m'a conseillé d'éviter Billericay et Chelmsford, ainsi que Ide Hill dans le Kent. Chelsea était décrit comme l'asile le plus luxueux d'Angleterre ; quelqu'un qui en vantait les mérites a déclaré que les couvertures y étaient dignes d'une prison. Les vagabonds s'enfoncent dans les campagnes l'été, tandis que, l'hiver, ils restent le plus possible à proximité des grandes villes, où il fait plus chaud et où les gens sont plus charitables. Mais ils sont obligés de circuler constamment, parce qu'on ne peut être admis dans un asile donné (deux à Londres) qu'une fois par mois, sous peine de s'y retrouver enfermé pendant une semaine.

Peu après 6 heures, les grilles se sont ouvertes et on a commencé à nous laisser entrer un par un. Dans la cour se trouvait un bureau où un employé notait dans un registre notre nom, notre profession et notre âge, ainsi que l'endroit d'où nous venions et où nous allions — ces derniers renseignements étant destinés à contrôler les déplacements des vagabonds. Je me suis déclaré « peintre » ; j'avais peint des aquarelles... comme tout le monde. L'employé nous a aussi demandé si nous avions de l'argent et tout le monde a répondu non. La loi interdit qu'on entre dans un asile avec plus de huit pence en poche et on est censé déposer à l'entrée toute somme inférieure à ça. Mais, en règle générale, les vagabonds préfèrent introduire l'argent qu'ils ont sur eux clandestinement en l'enveloppant dans un bout de tissu bien serré pour que les pièces ne tintent pas. La plupart du temps, ils mettent ça dans le sac de thé et de sucre qu'un vagabond a toujours sur lui, ou encore avec leurs « papiers ». Les « papiers » sont jugés sacrés et jamais fouillés.

Une fois enregistrés, on a été conduits jusqu'à l'asile de nuit par quelqu'un qu'on surnomme le *Tramp Major* (dont le travail consiste à superviser les visiteurs de passage et qui est en général un indigent de l'asile de pauvres) et par un portier, un grand escogriffe braillard en uniforme bleu, qui nous traitaient comme du bétail. L'asile consistait juste en une salle de bains et des cabinets et, pour le reste, en deux longues rangées de cellules de pierre, une centaine peut-être en tout. C'était un espace sombre aux murs de pierre nus et blanchis à la chaux, à la propreté imposée, où régnait une odeur que le seul aspect des lieux m'avait laissé imaginer, celle du savon noir, du désinfectant d'hôpital et des latrines — une odeur froide, rebutante, carcérale.

Le portier nous a tous parqués dans le couloir et nous a donné l'ordre d'entrer dans la salle de bains par groupes de six, pour y être fouillés avant le bain. Ils cherchaient l'argent et le tabac que nous aurions pu avoir, dans la mesure où Romton fait partie de ces asiles où on peut fumer si on a réussi à y introduire du tabac, mais où on vous le confisque si on le trouve sur vous. Comme les vieux routiers nous avaient dit que la fouille du portier s'arrêtait au-dessus du genou, on avait tous caché notre tabac dans les tiges de nos bottillons avant d'entrer. Ensuite, en se déshabillant, on l'a fourré dans nos vestons, qu'on avait le droit de garder, pour s'en servir comme oreillers.

La scène de la salle de bains était repoussante au dernier degré. Cinquante hommes crasseux, entièrement nus, jouant des coudes dans une pièce de trente-cinq mètres carrés, avec, en tout et pour tout, deux baignoires et deux essuie-mains poisseux montés sur des rouleaux. Je n'oublierai jamais la puanteur que dégageaient les pieds sales. Moins de la moitié des vagabonds ont pris un bain pour de bon (j'en ai entendu qui affirmaient que l'eau chaude « affaiblissait » l'organisme), mais ils se sont tous débarbouillé le visage et lavé les pieds, lavant au passage les ignobles petits chiffons graisseux connus sous le nom de « chaussettes russes » dont ils enveloppent leurs orteils. Seuls ceux qui prenaient un bain complet avaient droit à de l'eau propre, si bien que beaucoup d'entre eux devaient se laver avec de l'eau où d'autres s'étaient lavé les pieds. Le portier nous faisait circuler sans ménagement, en puisant dans un langage fleuri quand quelqu'un traînait un peu. Quand mon tour est venu, j'ai demandé si je pouvais vider la baignoire, zébrée de crasse, avant de l'utiliser. Il s'est contenté de répondre : « Ferme ta p***** de gueule et prends ton bain ! » Le ton était donné, et je n'ai plus rien dit.

Une fois le bain terminé, le portier a noué ensemble nos vêtements et nous a distribué les chemises qu'on porte sur place — des machins gris en coton d'une propreté douteuse, un peu comme des chemises de nuit raccourcies. On nous a immédiatement envoyés dans nos cellules, après quoi le portier et le *Tramp Major* n'ont pas tardé à aller nous chercher à manger dans le bâtiment principal de l'asile. Chaque homme avait droit à un bout de pain d'une demi-livre recouvert de margarine et à un demi-litre de cacao amer sans sucre servi dans une gamelle en fer-blanc. On a avalé ça en cinq minutes, assis par terre, et vers 7 heures les portes des cellules ont été verrouillées de l'extérieur, pour ne se rouvrir que le lendemain à 8 heures.

On avait le droit de partager sa cellule avec un pote, les cellules étant prévues pour deux. Je n'avais pas de pote et je me suis retrouvé avec un autre type isolé, un maigrelet au visage broussailleux qui louchait légèrement. La cellule faisait deux mètres cinquante de long par un mètre cinquante de large sur deux mètres cinquante de hauteur, avec des murs en pierre, une minuscule fenêtre à barreaux tout en haut et un judas dans la porte, exactement comme dans une cellule de prison. Elle contenait six couvertures, un pot de chambre, un tuyau de chauffage et rien de plus. J'en ai fait le tour du regard en ayant vaguement le sentiment qu'il manquait quelque chose. Et j'ai alors réalisé, interloqué, ce que c'était :

« Mais, bordel de Dieu, où sont les lits ?

— Les lits ?! » a répondu l'autre homme, étonné. « Y a pas de lits ! Tu t'attendais à quoi ? Ici, ça fait partie d'ces asiles où qu'on dort par terre. Bon sang ! T'es pas encore habitué à ça ? »

Ça n'avait visiblement rien d'anormal qu'il n'y ait pas de lits dans ce genre d'endroit. On a roulé nos vestons avant de les caler contre le tuyau de chauffage et on s'est installés le plus confortablement possible. La pièce a vite pris une odeur étouffante de renfermé, mais il n'y faisait pas suffisamment chaud pour qu'on puisse se permettre d'utiliser toutes les couvertures comme matelas, si bien qu'on n'en avait qu'une pour amortir la dureté du sol. On était allongés à une trentaine de centimètres l'un de l'autre, avec le souffle du voisin dans le visage et nos jambes nues qui se touchaient constamment, et on se retrouvait à rouler l'un vers l'autre dès qu'on s'endormait. Ça ne servait pas à grand-chose de se tourner et de se retourner comme on le faisait ; on avait beau gigoter, on commençait par ressentir une sensation diffuse d'engourdissement, puis une vive douleur quand la dureté du sol devenait sensible malgré la couverture. On arrivait à dormir, mais par tranches de dix minutes maximum.

Vers minuit, l'autre homme a fait quelques tentatives d'approche homosexuelles dans ma direction — une expérience désagréable dans une cellule fermée à clef et plongée dans le noir. Comme il était plutôt chétif, j'ai pu le repousser sans peine, mais il n'était naturellement plus question de s'endormir. On a passé le restant de la nuit à fumer et à parler. Il m'a raconté sa vie ; c'était un ajusteur au chômage depuis trois ans. Il m'a expliqué que sa femme l'avait très rapidement quitté quand il avait perdu son travail et que ça faisait tellement longtemps qu'il n'avait pas été avec une femme qu'il en avait presque oublié à quoi elles ressemblaient. L'homosexualité est tout à fait courante chez les vagabonds endurcis, m'a-t-il confié.

À 8 heures, le portier a remonté le couloir en levant les verrous et en criant : « Tout le monde dehors ! » Les portes se sont ouvertes, laissant échapper une odeur fétide de renfermé. Le couloir a été instantanément envahi de misérables créatures en chemise grise, chacune avec son pot de chambre à la main, qui se ruaient vers la salle de bains. J'ai découvert que, le matin, on était limités à une seule baignoire d'eau à se partager et, quand je suis arrivé, vingt vagabonds s'étaient déjà débarbouillés ; il m'a suffi d'un seul coup d'œil à l'écume noirâtre qui flottait à la surface pour renoncer à me laver. Ensuite, on nous a donné un petit déjeuner identique au dîner de la veille, on nous a rendu nos vêtements et on nous a envoyés travailler dans la cour. Il fallait éplucher des pommes de terre pour le déjeuner des indigents, mais c'était une simple formalité destinée à nous occuper en attendant le passage du médecin qui devait venir nous examiner. La plupart des vagabonds flemmardaient ouvertement. Le médecin a débarqué vers 10 heures et on nous a dit de regagner nos cellules, de nous déshabiller et d'attendre dans le couloir.

Nus et grelottants, on s'est mis en rang dans le couloir. Il est difficile d'imaginer à quel point nous avions l'air de bâtards décatis et dégénérés, plantés là dans la lumière impitoyable du matin. Les vêtements d'un vagabond sont un triste spectacle, mais ils dissimulent bien pire ; pour le voir tel qu'il est vraiment, sans le moindre artifice, il faut le voir nu. Pieds plats, bedaines, torses creux, muscles flasques — toute la palette de la déchéance physique était présente. Presque tous étaient sous-alimentés et certains clairement malades ; deux hommes portaient des bandages herniaires et, pour ce qui est du vieillard de soixante-quinze ans aux airs de momie, on se demandait comment il arrivait encore à marcher toute la journée. À voir nos visages pas rasés et fripés par une nuit d'insomnie, on aurait pu imaginer qu'on se remettait tous d'une semaine de beuveries.

L'examen médical était destiné simplement à dépister les cas de petite vérole et on ne prêtait pas la moindre attention à notre état général. Un jeune étudiant en médecine, cigarette au bec, nous a rapidement passés en revue en nous toisant de la tête aux pieds, sans se soucier de savoir si nous étions malades ou bien portants. Quand mon compagnon de cellule s'est déshabillé, j'ai vu qu'il avait la poitrine couverte de rougeurs et, comme j'avais passé la nuit à une dizaine de centimètres de lui, j'ai été pris de panique à l'idée que ce soit la petite vérole. Mais, après avoir examiné les rougeurs, le médecin a conclu qu'elles étaient juste dues à la malnutrition.

Une fois l'examen terminé, on s'est rhabillés et on s'est retrouvés dans la cour, où le portier a fait l'appel pour rendre à chacun les éventuels effets personnels laissés au bureau et distribuer des bons de nourriture. Ceux-ci avaient une valeur de six pence chacun et ils étaient échangeables dans les cafés situés sur l'itinéraire que nous avions fait enregistrer la veille. J'ai pu constater que bon nombre de vagabonds ne savaient pas lire, si bien qu'ils ont été obligés de faire appel à moi et à d'autres gens « culturés » pour déchiffrer leurs bons.

Les grilles se sont ouvertes et on s'est immédiatement égaillés. L'air semble si doux — même celui d'une ruelle de banlieue — quand on a connu l'atmosphère confinée et la puanteur quasi fécale de l'asile ! J'avais désormais un pote, car, pendant la corvée de pluches, je m'étais lié avec un vagabond irlandais du nom de Paddy Jaques, un type mélancolique au teint pâle et à l'air propre et respectable. Il allait à l'asile d'Edbury et a proposé qu'on fasse la route ensemble. On s'est mis en marche et on est arrivés là-bas à 3 heures de l'après-midi. Ça représentait dix-huit kilomètres de marche, mais on a fini par en faire plus de vingt en se perdant dans les taudis désolés du nord de Londres. Nos bons étaient échangeables dans un café d'Ilford. Quand on est arrivés au café, la gamine qui faisait le service, ayant vu nos bons et compris qu'on était des vagabonds, a hoché la tête avec dédain et nous a fait attendre plus que nécessaire. Elle a fini par poser bruyamment sur la table deux « grands thés » et quatre tranches de pain tartinées de graisse de cuisson, soit l'équivalent de huit pence de nourriture. Visiblement, l'établissement avait pour habitude de carotter aux vagabonds l'équivalent de deux pence de nourriture par bon; comme les vagabonds avaient des bons et non des espèces, ils ne pouvaient ni protester ni aller ailleurs.

CHAPITRE XXVIII

J'ai passé environ quinze jours avec Paddy et, comme c'est le premier vagabond que j'aie côtoyé de près, je souhaite en faire le portrait. Il est tout à fait représentatif, de mon point de vue, et il en existe des dizaines de milliers comme lui en Angleterre.

C'était un type assez grand d'environ trente-cinq ans, aux cheveux blonds tirant sur le gris et aux yeux d'un bleu délavé. Il avait des traits réguliers, mais des joues creusées qui avaient cet aspect grisâtre, ce grain de peau encrassé que donne un régime à base de pain et de margarine. Il était vêtu, plutôt mieux que la plupart des vagabonds, d'une veste de chasse en tweed et d'un très vieux pantalon habillé qui avait toujours son galon. Manifestement, le galon représentait à ses yeux un vestige de respectabilité, et il prenait soin de le recoudre quand il menaçait de se détacher. Il était dans l'ensemble soigneux de son apparence et se refusait à vendre son rasoir et sa brosse à chaussures, alors qu'il avait depuis longtemps vendu ses « papiers » et même son canif. Cela n'empêchait pas qu'on repère le vagabond en lui à cent mètres de distance. Il y avait quelque chose dans sa démarche flottante, comme dans sa manière de se voûter, de foncièrement avili. En le voyant marcher, on sentait instinctivement qu'il préférait prendre des coups qu'en donner.

Il avait grandi en Irlande, fait la guerre pendant deux ans, avant de travailler dans une fabrique de pâte de polissage, dont il avait été licencié deux ans plus tôt. Il avait terriblement honte d'être un vagabond, mais avait adopté tous les usages propres aux vagabonds. Il scrutait sans relâche les trottoirs, ne passant jamais à côté d'un mégot ou même d'un paquet de cigarettes vide, car il utilisait le papier de soie de l'emballage pour se rouler des cigarettes. Sur la route d'Edbury, il a repéré sur le trottoir un paquet enveloppé dans du papier journal et, se jetant dessus, s'est rendu compte qu'il contenait deux sandwichs au mouton, passablement rognés sur les bords ; il a insisté pour que nous nous les partagions. Il ne passait jamais devant un distributeur automatique sans tirer sur la poignée, déclarant qu'ils étaient parfois détraqués et crachaient des pièces quand on tirait dessus. Il n'avait pas l'étoffe d'une crapule pour autant. Alors que nous étions aux abords de Romton, Paddy a remarqué, sur le seuil d'une maison, une bouteille de lait manifestement laissée là par erreur. Il s'est arrêté, lorgnant avidement la bouteille.

« Bon sang ! s'est-il exclamé, en v'là du gâchis. Quelqu'un pourrait très bien la descendre, hein ? Et facilement encore. »

J'ai bien vu qu'il songeait à la « descendre » lui-même. Il a jeté des coups d'œil autour de lui ; c'était une paisible rue résidentielle et il n'y avait personne en vue. Le teint maladif, l'air abattu, il était dévoré par l'envie. Mais il s'est détourné, déclarant tristement :

« Vaut mieux pas y toucher. Ça vaut rien à un homme de se mettre à voler. Dieu merci, j'ai encore jamais rien volé. »

C'est le bourdon, lié à la faim, qui le maintenait dans le droit chemin. Avec juste deux ou trois bons repas dans le ventre, il aurait trouvé le courage de voler le lait.

Il avait deux grands sujets de conversation : la honte et la déchéance que c'était d'être un vagabond, et la meilleure façon de manger à l'œil. Tandis que nous déambulions de rue en rue, il monologuait en ces termes, de sa voix d'Irlandais geignarde et pleurnicheuse :

« C'est vraiment la galère, hein, l'trimard ? Ça t'brise le cœur de d'voir aller dans ces fichus asiles. Mais qu'est-ce tu veux faire d'aut' ? Ça fait plus d'deux mois qu'j'ai pas mangé d'la viande et y a mes grolles qui partent en morceaux, et bon Dieu de bois ! Qu'est-ce tu dirais d'essayer d'se prendre un thé dans un des couvents qu'y a sur la route d'Edbury ? La plupart du temps, y t'refusent pas ça. Ah, qu'est-ce qu'on f'rait sans la religion, hein ? J'ai d'jà eu du thé dans les couvents, chez les baptistes et les anglicans et plein d'aut'. Moi, j'suis catholique. Enfin, j'suis pas allé à confesse d'puis plus d'dix-sept ans, mais ça n'empêche pas que j'croive, tu vois. Et les couvents, y t'refusent jamais ça... » Et ainsi de suite. Il monologuait comme ça toute la journée, pratiquement sans interruption.

Il était d'une ignorance crasse, proprement abyssale. Il m'a un jour demandé, par exemple, si Napoléon avait vécu avant ou après Jésus-Christ. Une autre fois, alors que je regardais la devanture d'un libraire, il a été très perturbé de voir qu'un des livres était intitulé *Imitation du Christ*. Ça lui a fait l'effet d'un blasphème. « Et pourquoi diable qu'y voudraient imiter Not' Seigneur ? » a-t-il demandé, furieux. Il savait lire, mais il avait une sorte d'aversion pour les livres. Sur la route de Romton à Edbury, je suis entré dans une bibliothèque et, même s'il n'avait pas envie de lire, je lui ai suggéré de venir reposer ses jambes à l'intérieur. Mais il a préféré attendre sur le trottoir. « Non, m'a-t-il dit, rien qu'la vue d'tous ces machins imprimés, ça m'file la nausée. »

Comme la plupart des vagabonds, il lésinait sur la moindre allumette. Quand on s'est rencontrés, il en avait une boîte sur lui, mais je ne l'ai jamais vu en frotter une seule, et il me reprochait de gaspiller dès que j'en frottais une à moi. Son astuce, c'était de mendier du feu aux passants, et il préférait parfois se passer de fumer pendant une demi-heure plutôt que d'utiliser une de ses allumettes.

Il s'apitoyait constamment sur son sort : c'était le trait dominant de son caractère. L'idée qu'il jouait de malchance ne le quittait visiblement pas un instant. Il rompait brusquement de longs silences pour s'exclamer, de but en blanc : « C'est vraiment la galère quand qu'tes frusques commencent à se dépenailler, hein ? » ou « L'thé d'l'asile, c'est pas du thé, c'est d'la pisse », comme s'il n'y avait rien d'autre au monde à quoi occuper ses pensées. Et il était dévoré par une jalousie mesquine à l'endroit de quiconque était mieux loti que lui — pas les riches, car ils échappaient à son horizon social, mais les gens qui avaient du travail. Il mourait d'envie de travailler comme un artiste meurt d'envie d'être célèbre. S'il voyait un vieillard qui travaillait, il disait d'un ton amer : « R'garde-moi c'vieux... Et pendant c'temps-là les gars valides ont pas d'travail. » Et si c'était un jeune type : « C'est ces galopins qui nous ôtent le pain d'la bouche. » Les étrangers, à ses yeux, étaient tous des « sales métèques » ; à l'en croire, c'étaient les étrangers qui étaient responsables du chômage.

Il portait sur les femmes un regard haineux mêlé d'envie. Les femmes jeunes et jolies étaient trop inaccessibles pour qu'il y songe seulement, mais les prostituées le faisaient saliver. Si deux créatures défraîchies aux lèvres fardées venaient à croiser son chemin, le visage de Paddy rosissait brusquement et il se retournait pour les dévorer du regard. « Pouffiasses ! » murmurait-il, pareil à un gamin qui regarde la devanture d'une confiserie. Il m'a confié un jour qu'il n'avait pas été avec une femme depuis deux ans — depuis qu'il avait perdu son travail, en fait — et qu'il avait oublié qu'on pouvait viser plus haut que les prostituées. Il avait la mentalité caractéristique des vagabonds : vil, envieux, un vrai chacal.

C'était malgré tout un brave type, d'un naturel généreux et capable de partager avec un ami jusqu'à la dernière croûte de pain ; c'est du reste ce qu'il a littéralement fait avec moi plus d'une fois. Il aurait sans doute très bien pu travailler, par ailleurs, s'il avait mangé à sa faim pendant quelques mois. Mais deux ans au pain et à la margarine l'avaient irrémédiablement conduit à rabattre de ses exigences. À force de se sustenter de cet immonde simulacre de nourriture, son esprit et son corps n'étaient plus rien d'autre que vulgaire pacotille. C'était la malnutrition, et non un quelconque vice inhérent, qui avait eu raison de sa virilité.

CHAPITRE XXIX

Tandis que nous cheminions vers Edbury, j'ai confié à Paddy que j'avais un ami sur qui je pouvais compter pour m'avancer de l'argent et j'ai proposé qu'on pique directement sur Londres plutôt que de se retrouver à passer encore une nuit à l'asile. Mais Paddy n'était pas passé par l'asile d'Edbury depuis un moment et, en bon vagabond, il refusait de gâcher une opportunité d'être logé gratuitement pour une nuit. On a convenu de gagner Londres le lendemain matin. Il ne me restait qu'un demi-penny, mais Paddy avait deux shillings, ce qui nous permettrait de nous offrir un lit chacun et quelques tasses de thé.

L'asile d'Edbury n'était pas très différent de celui de Romton. Sa caractéristique la plus pénible, c'est qu'on s'y voyait confisquer son tabac à l'entrée, en étant prévenu que quiconque serait pris à fumer se verrait immédiatement mis à la porte. Le Vagrancy Act[1] prévoit que les vagabonds sont passibles de poursuites s'ils fument à l'intérieur d'un asile (ils sont en réalité passibles de poursuites pour tout et n'importe quoi) ; mais les autorités s'épargnent en général le tracas d'entamer des poursuites en mettant à la porte les frondeurs. Il n'y avait pas de corvée à assurer et les cellules étaient plutôt confortables. On était à deux par cellule, « un en haut, un en bas » (ce qui signifie que l'un dormait sur une couchette en bois et l'autre par terre), et on avait droit à des paillasses et à des couvertures en quantité, sales mais exemptes de vermine. La nourriture était la même qu'à Romton, si ce n'est qu'on avait du thé au lieu du cacao. On pouvait avoir du thé en plus le matin, que le *Tramp Major* vendait à un demi-penny la tasse, ce qui n'était sans doute pas réglementaire. On repartait avec un morceau de pain et du fromage pour le casse-croûte de midi.

Quand on est arrivés à Londres, on avait huit heures à tuer avant l'ouverture des pensions. Il est frappant de constater à quel point on ne prête pas attention à certaines choses. J'avais séjourné à Londres un nombre incalculable de fois et pourtant, jusqu'à ce jour-là, je n'avais jamais prêté attention à l'une des pires caractéristiques de cette ville, à savoir que même pour s'y asseoir il faut payer. À Paris, si on n'a pas d'argent et qu'on ne trouve pas de banc public, on s'assoit par terre sur le trottoir. Qui sait ce que pourrait engendrer le fait de s'asseoir sur le trottoir à Londres... Un séjour en prison, sans nul doute. À 4 heures de l'après-midi, on avait déjà passé cinq heures debout et on avait l'impression d'avoir les pieds chauffés à blanc tellement les pavés étaient durs. On était affamés, parce qu'on avait avalé notre casse-croûte sitôt sortis de l'asile, et je n'avais plus de tabac — ce qui gênait moins Paddy, qui ramassait des mégots par terre. On a essayé d'entrer dans deux églises, mais on a trouvé porte close. On a ensuite tenté une bibliothèque publique, mais il n'y avait pas de sièges. En désespoir de cause, Paddy a suggéré qu'on tente notre chance dans une Rowton House[1] ; le règlement interdisait toute admission avant 7 heures du soir, mais on arriverait peut-être à s'y introduire en catimini. On s'est approchés de la somptueuse porte de l'établissement (les Rowton Houses sont vraiment somptueuses) et, l'air de rien, en essayant de se faire passer pour des pensionnaires ordinaires, on a fait quelques pas à l'intérieur. Aussitôt, un type aux traits anguleux qui se tenait dans l'embrasure et occupait visiblement une position d'autorité nous a barré la route.

« Vous avez dormi ici c'te nuit ?

— Non.

— Alors, fichez-moi le camp. »

On a obéi et on est restés encore deux heures à faire le pied de grue au coin de la rue. Ça n'était pas très agréable, mais, au moins, ça m'a appris à ne plus utiliser l'expression « batteur de pavé ».

À 6 heures, on a rejoint un refuge de l'Armée du Salut. On ne pouvait pas réserver de lit avant 8 heures, et il n'était pas certain qu'il y aurait de la place, mais un employé, qui nous donnait du « frère », nous a laissés entrer à condition qu'on prenne deux thés et qu'on les paie. La pièce principale était une sorte de grande grange blanchie à la chaux, à la propreté et au dépouillement oppressants, sans aucune cheminée. Deux cents personnes à l'allure convenable et à l'air assez sombre se serraient sur de longs bancs en bois. Un ou deux employés en uniforme sur le qui-vive faisaient les cent pas. Il y avait des photographies du général Booth[1] au mur, ainsi que des placards signifiant l'interdiction de cuisiner, boire, cracher, jurer, jouer et se quereller. En voici un que j'ai recopié mot pour mot, à titre d'exemple :

> Tout homme pris à jouer à des jeux d'argent ou aux cartes sera expulsé et se verra définitivement interdire l'accès aux lieux.
>
> Une récompense sera offerte en échange de toute information susceptible de mener à la découverte de tels agissements. Les administrateurs comptent sur l'aide de tous les pensionnaires pour préserver ce foyer d'accueil du DÉTESTABLE VICE QU'EST LE JEU.

« Jouer à des jeux d'argent ou aux cartes », voilà qui est délicieux comme expression.

À mes yeux, ces refuges de l'Armée du Salut, quoique bien tenus, sont infiniment plus sinistres que la pire des pensions à dortoirs[1]. Il y a tant de désespoir chez certains de ceux qu'on y rencontre, des braves types fauchés qui ont mis leur faux col au clou sans avoir renoncé pour autant à décrocher un emploi de bureau. Un refuge de l'Armée du Salut, qui a au moins pour lui d'être propre, c'est leur dernier espoir de rester respectable. À la table voisine de la mienne se trouvaient deux étrangers, vêtus de haillons, mais manifestement de bonne extraction. Ils jouaient aux échecs verbalement, sans même noter les coups. L'un des deux était aveugle, et je les ai entendus dire qu'ils économisaient depuis longtemps pour se payer un échiquier, qui coûtait une demi-couronne, sans y être encore arrivés. On voyait ici et là des employés de bureau au chômage, le teint blafard et l'air morose. Au milieu d'un des groupes qu'ils formaient, un jeune homme grand, maigre et blanc comme un linge parlait avec animation. Il tapait du poing sur la table et plastronnait sur un ton étrangement fébrile. Profitant d'un moment où il n'y avait pas d'employé de l'établissement à proximité, il s'est mis à dévider un saisissant chapelet de blasphèmes :

« Moi, j'vous dis, les gars, j'vais l'décrocher d'main ce boulot. Je fais pas partie de votre bande de culs bénis ; j'ai besoin de personne pour m'en sortir. Regardez-moi cette p***** de pancarte, là ! LE SEIGNEUR POURVOIRA À TOUS VOS BESOINS ! J't'en fous qu'Il a pourvu à mes besoins. M'en remettre à ce p***** de Seigneur, c'est pas pour moi. Faites-moi confiance, les gars. Ce boulot, j'vais l'décrocher, ça, vous pouvez en être sûrs. » Et ainsi de suite.

Je l'ai observé, étonné de le voir se déchaîner et s'échauffer à ce point; il paraissait en proie à l'hystérie, ou peut-être légèrement ivre. Une heure plus tard, je me suis dirigé vers une petite pièce à l'écart de la grande salle, réservée à la lecture. Comme on n'y trouvait ni livres ni journaux, rares étaient les pensionnaires qui la fréquentaient. Quand j'ai ouvert la porte, j'y ai découvert le jeune employé, tout seul, à genoux, en train de prier! Avant de refermer la porte, j'ai eu le temps de voir son visage : il était déchiré par la souffrance. J'ai compris brusquement, en voyant l'expression de son visage, qu'il mourait de faim.

Il fallait verser huit pence pour avoir un lit. Il nous restait cinq pence à Paddy et à moi, et nous les avons dépensés au « bar », où la nourriture était bon marché, quoique pas autant que dans certaines pensions à dortoirs. Le thé était manifestement fait à partir de poussière de thé, offerte à l'Armée du Salut à titre gracieux, j'imagine, même s'ils vendaient ça un penny et demi la tasse. C'était infect. À 10 heures, un employé a fait le tour de la salle en donnant des coups de sifflet. Tout le monde s'est immédiatement levé.

« Qu'est-ce qui se passe? j'ai demandé à Paddy, stupéfait.

— Ça veut dire qu'y faut aller au lit. Et t'as pas intérêt à traîner. »

Comme un vrai troupeau de moutons, les deux cents personnes présentes ont docilement pris le chemin des lits, sous la houlette du personnel de l'établissement.

Le dortoir était une grande mansarde aux allures

de chambrée de caserne, qui contenait entre soixante et soixante-dix lits. Ils étaient propres et passablement confortables, mais très étroits et très proches les uns des autres, si bien qu'on avait le souffle du voisin dans le visage. Deux membres du personnel y dormaient, pour veiller à ce que personne ne fume ou ne bavarde après l'extinction des feux. Paddy et moi n'avons pratiquement pas fermé l'œil de la nuit, à cause d'un homme non loin de nous qui souffrait d'un trouble nerveux, résultant sans doute d'un traumatisme lié à la guerre, qui le faisait beugler « Pip ! » à intervalles réguliers. C'était un bruit sonore et saisissant, un peu comme celui d'un petit klaxon d'automobile. Il n'y avait pas moyen de l'anticiper, ce qui ne favorisait vraiment pas le sommeil. Visiblement, Pip, comme le surnommaient les autres, dormait souvent dans ce refuge et empêchait vraisemblablement dix à vingt personnes de dormir à chaque fois. C'est un bon exemple du genre de chose qui empêche systématiquement d'avoir son compte d'heures de sommeil quand on se retrouve entassés comme du bétail dans ce type d'endroit.

À 7 heures, de nouveaux coups de sifflet ont retenti et le personnel est passé de lit en lit pour secouer ceux qui ne se levaient pas immédiatement. Depuis, j'ai dormi dans un certain nombre de refuges de l'Armée du Salut et j'ai pu me rendre compte que, s'il y a de légères différences d'un endroit à l'autre, cette discipline semi-militaire est de rigueur partout. Il faut reconnaître que ça ne coûte pas cher, mais ça ressemble un peu trop aux asiles de pauvres pour mon goût. Parfois, il y a même un office religieux obligatoire une à deux fois par semaine, auquel les pensionnaires doivent assister sous peine d'être mis à la porte. En fait, l'Armée du Salut est tellement habituée à se percevoir comme une œuvre charitable qu'on y est incapable de faire tourner une pension sans que ça suinte la charité.

À 10 heures, je suis allé trouver B. à son bureau et je lui ai demandé de me prêter une livre. Il m'a donné deux livres et m'a dit de revenir en cas de besoin, si bien que Paddy et moi nous retrouvions délivrés de tout problème d'argent pendant au moins une semaine. On a passé la journée à traîner à Trafalgar Square, à la recherche d'un ami de Paddy qui n'est jamais venu, et, le soir, on est allés dans une pension située dans une venelle près du Strand. La nuit était à onze pence, mais c'était un endroit sombre aux relents nauséabonds, et par ailleurs un repaire de « tapettes ». En bas, dans la cuisine obscure, trois jeunes gens à l'allure équivoque et vêtus de costumes bleus plutôt élégants étaient assis sur un banc à l'écart des autres pensionnaires qui les ignoraient. J'imagine que c'étaient des « tapettes ». Ils ressemblaient aux apaches qu'on peut voir à Paris, si ce n'est qu'ils n'avaient pas de favoris. Devant la cheminée, un homme tout habillé et un autre complètement nu se livraient à des marchandages. C'était des vendeurs de journaux. Celui qui était habillé vendait ses vêtements à celui qui était nu. Il lui disait :

« Tiens, la plus belle tenue qu't'aies jamais eue. Un *tosheroon* [une demi-couronne] pour le veston, deux shillings pour l'falzar, un shilling et demi pour les bottillons, et un shilling pour la casquette et l'cache-col ? Ça fait sept shillings en tout.

— C'est ça, ouais ! J'te donne un shilling et demi pour le veston, un shilling pour l'falzar et deux shillings pour le reste. Ça fait quatre shillings et demi en tout.

— Allez, cinq shillings et demi pour le tout, l'ami.

— C'est bon, je prends. Faut qu'j'aille vendre mon édition du soir. »

Celui qui était vêtu s'est déshabillé et, trois minutes plus tard, ils avaient inversé les rôles : l'homme nu habillé et l'autre avec une page du *Daily Mail* en guise de kilt.

Le dortoir, sombre et confiné, comptait quinze lits. Il s'en dégageait une violente odeur d'urine, tellement abominable qu'en entrant on s'efforçait de respirer par brefs à-coups, sans remplir ses poumons. Alors que je m'allongeais, un homme sorti de l'obscurité s'est penché sur moi et s'est mis à bafouiller de la voix d'un homme instruit mais à moitié ivre :

« Vous êtes passé par une *public school*, hein ? (Il avait surpris un échange entre Paddy et moi.) On rencontre pas trop de gens comme ça par ici. J'ai fait Eton. Vous savez : "Dans vingt ans, ce temps..." et tout le tralala. » Il a entonné la barcarole d'Eton[1] d'une voix chevrotante quoique assez juste :

Bien beau temps pour ramer,
Et les foins...

« Ça suffit, ce b***** ! ont crié plusieurs pensionnaires.

— Aucune éducation, a commenté l'ancien d'Eton, vraiment aucune éducation. Drôle d'endroit pour des gens comme vous et moi, hein ? Vous savez ce que mes amis me disent ? Ils me disent "M***, tu es irrécupérable." Et c'est vrai, je suis irrécupérable. Je suis un déclassé ; pas comme ces ****, qui ne pourraient pas tomber plus bas de toute façon. Nous autres déclassés devrions passer un peu de temps ensemble. Le temps n'aura pas de prise sur nous...

vous connaissez la chanson[1]. Puis-je vous offrir à boire ? »

Alors qu'il me tendait une bouteille de cherry, il a perdu l'équilibre et s'est retrouvé allongé en travers de mes jambes. Paddy, qui était en train de se déshabiller, l'a remis debout.

« Retourne dans ton lit, espèce de vieux *** ! »

L'ancien d'Eton a regagné son lit en titubant et s'est glissé sous les draps tout habillé, bottillons compris. À plusieurs reprises pendant la nuit, je l'ai entendu murmurer « M***, tu es irrécupérable », comme si ces mots le charmaient. Au matin, je l'ai retrouvé endormi, toujours tout habillé, la bouteille serrée contre sa poitrine. Il avait la cinquantaine, un visage usé, les traits fins et, chose étonnante, une tenue plutôt élégante. Il était cocasse de voir ses beaux souliers de cuir vernis dépasser de ce lit crasseux. J'ai aussi songé que le cherry devait coûter l'équivalent de quinze nuitées, ce qui signifiait qu'il n'était pas si fauché que ça. Peut-être fréquentait-il les pensions à dortoirs dans l'espoir d'y rencontrer des « tapettes ».

Il n'y avait pas plus de cinquante centimètres entre les lits. Vers minuit, je me suis réveillé et je me suis rendu compte que mon voisin tentait de subtiliser l'argent que j'avais caché sous mon oreiller. Il faisait semblant de dormir tout en glissant sa main sous mon oreiller, avec la discrétion d'un rat. Le lendemain matin, je me suis rendu compte que c'était un bossu avec de longs bras de singe. J'ai raconté à Paddy la tentative de vol avortée. Il s'est mis à rire :

« Seigneur ! Faut qu'tu prennes le pli. Ces pensions, ça grouille de voleurs. Y en a des où la seule solution c'est d'dormir tout habillé. J'ai même vu un infirme se faire piquer sa jambe de bois. Une fois, j'ai vu un gars... y devait faire quelque chose comme quatre-vingt-dix kilos... se pointer avec quatre livres et dix shillings. Il glisse ça sous son matelas. "Alors, écoutez-moi bien, il dit, çui qui touche à ce pognon, faudra qui m'passe sur le corps." Mais ça les a pas empêchés de l'refaire. Le lendemain matin, il était par terre. Y avait quatre types qu'avaient attrapé le matelas chacun par un coin et qu'avaient soulevé le gars comme une plume. Il a jamais r'vu ses quatre livres et dix shillings. »

CHAPITRE XXX

Le lendemain matin, on est repartis une nouvelle fois à la recherche de l'ami de Paddy, Bozo, un *screever,* c'est-à-dire un artiste qui dessine sur les trottoirs. Il n'y avait pas d'adresses dans le monde de Paddy, mais celui-ci avait vaguement dans l'idée qu'on pourrait trouver Bozo à Lambeth, et on a fini par tomber sur lui sur l'Embankment, où il s'était installé à promixité du pont de Waterloo. Il était agenouillé sur le trottoir avec une boîte de craies et faisait le portrait de Winston Churchill d'après un croquis qu'il avait dans un petit calepin. Le portrait était assez ressemblant. Bozo était un petit brun au nez crochu, avec des cheveux bouclés qui lui retombaient sur le front. Sa jambe droite était affreusement déformée, le pied tordu de telle façon que le talon était tourné vers l'avant, ce qui n'était vraiment pas beau à voir. Il avait tout d'un Juif à première vue, mais il niait farouchement l'être. Il décrivait son nez crochu comme « romain » et s'enorgueillissait de ressembler à un empereur romain (Vespasien, je crois).

Bozo avait une curieuse manière de s'exprimer, teintée de cockney quoique très claire et expressive. C'était comme s'il avait lu de la bonne littérature sans se soucier de parler une langue grammaticalement correcte. Paddy et moi, on est restés à bavarder un peu sur l'Embankment et Bozo nous a parlé de son métier. Voici ce qu'il en a dit avec ses mots à lui :

« Je suis ce qu'on appelle dans ma branche un “artiste sérieux”. Je dessine pas avec des craies ordinaires comme certains qu'on voit, mais avec de vraies couleurs, comme les peintres ; et c'est pas donné, la vache, surtout les rouges. Je consomme cinq shillings de couleurs par jour quand la journée est particulièrement longue, et jamais moins de deux shillings*. Ma spécialité, c'est les caricatures — tu sais, la politique, le cricket, tout ça quoi. Regarde (il m'a montré son calepin), là, c'est des portraits de tous les politicards, que j'ai recopiés à partir des journaux. Je fais une caricature par jour. Par exemple, quand ils ont discuté du budget, j'en ai fait une de Winston qui essayait de faire avancer un éléphant où il était marqué “Dette” et, en dessous, j'ai écrit : “Est-ce qu'il va le faire bouger ?” T'as pigé ? Tu peux faire des caricatures sur tous les partis, mais rien qui soit en faveur du socialisme, parce que ça passe pas avec la police. Un jour, j'ai dessiné un boa constricteur marqué “Capital” qui avalait un lapin marqué “Travail”. Le cogne est passé et il l'a vu, et il m'a dit : “Tu m'effaces ça, et en vitesse encore.” V'là c'qui m'a dit. J'ai été obligé de l'effacer. Les cognes

* Ces artistes achètent leurs couleurs sous forme de poudre, dont ils font des barres avec du lait condensé.

ont le droit de t'obliger à circuler, et c'est pas une bonne idée de leur tenir tête. »

J'ai demandé à Bozo ce que ça rapportait ce métier. Il a répondu :

« À cette époque de l'année, quand il pleut pas, je m'fais environ trois livres entre le vendredi et le samedi — parce que les gens ils sont payés le vendredi, tu vois. Je peux pas travailler quand il pleut ; les couleurs partent tout de suite. Sur l'année, je me fais à peu près une livre par semaine, parce qu'on peut pas faire grand-chose l'hiver. Les jours de course d'aviron ou de finale de foot, ça peut monter jusqu'à quatre livres. Mais faut aller les chercher, tu vois ; tu te feras pas un shilling si tu te contentes de rester assis là à regarder les gens. En général, ils te lâchent [donnent] un demi-penny, et encore c'est si tu fais la causette. Une fois que la conversation est engagée, ils se sentent honteux de rien te lâcher. Le truc, c'est de pas arrêter de retoucher ton dessin, parce que, quand ils te voient travailler, ils s'arrêtent pour regarder. Le problème, c'est que les sans-le-sou détalent dès que tu passes avec ton chapeau. Il te faut vraiment un baron [compère] pour t'en sortir à ce petit jeu. Tu t'affaires sur ton dessin et tu fais en sorte d'attirer une foule de badauds, et le baron se pointe l'air de rien par-derrière. Ils savent pas que c'est le baron. Et d'un seul coup, il sort sa casquette et les gens se retrouvent pris entre deux feux, quoi. Tu tireras jamais rien des vrais rupins. C'est le genre miséreux qui donne le plus, et les étrangers. J'ai déjà récolté jusqu'à six pence de Japs, de moricauds, ce genre-là. Ils sont pas aussi radins que les Anglais. Il faut aussi toujours penser à planquer ses sous, en laissant *grosso modo* un penny dans le chapeau. Les gens, ils donneront rien s'ils voient que t'as déjà un shilling ou deux. »

Bozo avait le plus profond mépris pour ses confrères de l'Embankment. Il les appelait « les tocards ». À cette période-là de l'année, il y en avait pratiquement tous les vingt-cinq mètres le long des quais, cette distance correspondant au minimum admis entre les emplacements. Bozo a désigné dédaigneusement un vieillard à barbe blanche installé cinquante mètres plus loin.

« Tu vois ce vieil imbécile là-bas ? Ça fait dix ans qu'il dessine tous les jours la même chose. Il appelle ça “Un ami fidèle”. Ça représente un chien qui sort un enfant de l'eau. Ce vieil abruti est pas capable de dessiner mieux qu'un enfant de dix ans. Il a appris à faire juste ça, au doigt mouillé, comme on apprend à faire un puzzle. Y en a plein comme lui dans les parages. Ils viennent me piquer mes idées des fois ; mais je m'en fiche ; ces p****** d'abrutis sont pas fichus de trouver des idées par eux-mêmes et, du coup, j'ai toujours une longueur d'avance sur eux. Le truc, avec les caricatures, c'est d'être à la page. Un jour, un gosse s'est coincé la tête entre les barreaux du pont de Chelsea. J'en ai entendu parler et mon dessin était sur le trottoir alors qu'ils avaient pas encore réussi à décoincer le gosse. Je suis un rapide, moi. »

Bozo avait l'air d'être un type intéressant et j'avais envie de le revoir. Le soir même, je suis allé le retrouver sur l'Embankment, puisqu'il était convenu qu'il nous emmènerait, Paddy et moi, dans une pension de la rive droite. Bozo a effacé ses dessins et compté ses gains : environ seize shillings, dont douze ou treize, d'après lui, de bénéfice. On a marché jusqu'à Lambeth. Bozo avançait lentement et en boitant, avec une curieuse démarche en crabe, un peu de côté, en traînant son pied écrasé derrière lui. Il avait une canne dans chaque main et sa boîte de couleurs en bandoulière. Quand on a traversé le pont, il a fait une pause dans une des alcôves. Il est resté silencieux une minute ou deux et j'ai été étonné de voir qu'il regardait les étoiles. Il m'a touché le bras en désignant le ciel de sa canne.

« Eh, regarde Aldébaran ! Regarde-moi cette couleur. On dirait... une énorme orange sanguine ! »

On avait l'impression d'avoir affaire à un critique d'art dans une galerie de peinture. J'étais stupéfait. J'ai avoué ne pas savoir laquelle était Aldébaran et, de fait, je n'avais même encore jamais remarqué que les étoiles avaient des couleurs différentes. Bozo a entrepris de me donner quelques rudiments d'astronomie, en me montrant les principales constellations. Il a paru perturbé par mon ignorance. Je lui ai dit, surpris :

« Tu as l'air calé sur les étoiles.

— Pas tant que ça. Je m'y connais un peu quand même. J'ai reçu deux lettres du directeur de l'Observatoire royal de Greenwich, qui me remerciait d'avoir écrit sur les météores. De temps à autre, je sors la nuit pour guetter les météores. Les étoiles, c'est gratuit comme spectacle ; ça coûte rien de se servir de ses yeux.

— Très bonne idée ! Je n'y avais jamais pensé.

— Faut bien s'intéresser à quelque chose. C'est pas parce qu'on fait le trimard qu'on peut pas penser à autre chose qu'à son thé-avec-deux-tartines.

— Mais c'est pas incroyablement difficile de s'intéresser aux choses, comme les étoiles par exemple, quand on mène ce genre de vie ?

— Une vie d'artiste comme moi, tu veux dire ? Pas forcément. C'est pas pour autant qu'il faut se terrer dans son trou comme un vulgaire lapin. Enfin, pas avec un peu de volonté.

— C'est l'effet que ça a sur la plupart des gens, on dirait.

— C'est certain. Regarde Paddy qu'est rien qu'un pique-assiette décati, juste bon à engloutir du thé et à grappiller des mégots. C'est comme ça qu'ils finissent pour la plupart. J'ai que du mépris pour ces gens-là. Mais on n'est pas forcé d'en arriver là. Si on a de l'instruction, qu'est-ce que ça change qu'on fasse le trimard pour le restant de ses jours ?

— Eh bien, je me disais exactement l'inverse. J'ai l'impression que, du moment qu'on prive les gens d'argent, ils ne sont plus bons à rien.

— Non, pas forcément. Avec un peu de volonté, on peut vivre la même vie, qu'on soit riche ou pauvre. Les livres et les idées, ils sont toujours là. Il suffit de se dire "je suis un homme libre là-dedans" (il s'est frappé le front) et tout ira bien. »

Bozo a continué dans la même veine et je l'ai écouté avec attention. C'était visiblement un artiste d'un genre pas commun dans sa branche, sans compter que c'était la première personne que j'entendais affirmer que la pauvreté n'avait aucune importance. Comme il a plu régulièrement et que Bozo ne pouvait pas travailler, on s'est pas mal vus les jours qui ont suivi. Il m'a raconté sa vie, qui n'avait rien de banal.

Fils d'un libraire qui avait fait faillite, il avait commencé à travailler comme peintre en bâtiment à dix-huit ans, avant de servir trois ans en France et en Inde pendant la guerre. Après la guerre, il avait trouvé à s'employer comme peintre en bâtiment à Paris, où il avait passé plusieurs années. La France lui convenait mieux que l'Angleterre (il méprisait les Anglais) et il s'en sortait plutôt bien à Paris ; il avait mis de l'argent de côté et s'était fiancé à une Française. Un jour, la jeune fille était passée sous les roues d'un omnibus. Bozo avait passé une semaine sans dessoûler et il était retourné travailler, un peu flageolant ; le matin même où il avait repris le travail, il était tombé de son échafaudage et, après une chute de douze mètres, il s'était retrouvé avec le pied droit en compote. Pour une raison obscure, il n'avait obtenu que soixante livres d'indemnités. Il était retourné en Angleterre, avait épuisé ses économies en cherchant du travail, tentant de vendre des livres à la criée sur le marché de Middlesex Street, avant de s'essayer à la vente de jouets à la sauvette, pour finir par s'établir comme *screever*. Depuis, il vivait au jour le jour, sans pouvoir manger à sa faim l'hiver et en passant fréquemment la nuit dans un asile ou sur l'Embankment. Quand je l'ai connu, il ne possédait rien d'autre que les vêtements qu'il portait, son matériel de dessin et quelques livres. Il portait les hardes qu'on voit habituellement sur les mendiants, mais aussi un faux col et une cravate dont il était assez fier. Le faux col, qui avait un an ou deux, « lâchait » régulièrement dans le cou et Bozo le rapiéçait avec des bouts de sa chemise taillés dans les pans, si bien qu'il ne restait pour ainsi dire plus de pans à la chemise. L'état de sa jambe blessée se dégradait et il lui faudrait sans doute un jour être amputé, tandis qu'à force de se tenir agenouillé sur le pavé il avait sur les genoux des plaques de peau épaisses comme des semelles de bottillons. De toute évidence, le seul avenir possible pour lui, c'était de mendier et de finir à l'asile de pauvres.

En dépit de tout ça, il ne connaissait ni la peur, ni les regrets, ni la honte, ni l'apitoiement sur soi-même. Il avait choisi de regarder les choses en face et s'était forgé une philosophie personnelle. Ce n'était pas de sa faute, disait-il, s'il avait été réduit à la mendicité, et il refusait d'en éprouver de la culpabilité ou de s'en émouvoir. Ennemi de la société, il n'excluait pas de verser dans la criminalité si une occasion juteuse se présentait. Il refusait par principe de se montrer économe. L'été, il ne mettait rien de côté et passait tout l'argent qui lui restait en boissons, les femmes ne l'intéressant pas. S'il se retrouvait sans le sou l'hiver venu, alors la société devait le prendre en charge. Il était prêt à tirer le maximum possible de la charité, pourvu qu'on ne lui demande pas de dire merci. Il évitait malgré tout les bonnes œuvres religieuses, déclarant que ça lui restait en travers de la gorge de devoir chanter des cantiques en échange d'un petit pain. Il était également sourcilleux sur d'autres points : il se vantait, par exemple, de n'avoir jamais, même affamé, ramassé un mégot de cigarette. Il se jugeait au-dessus du lot des mendiants ordinaires, des êtres abjects, d'après lui, qui n'avaient même pas la décence de se montrer ingrats.

Il parlait un français convenable et avait lu des romans de Zola, tout le théâtre de Shakespeare, *Les Voyages de Gulliver* et un certain nombre d'essais. Il parvenait à évoquer ses aventures en des termes marquants. Voici, par exemple, ce qu'il m'a dit à propos des cérémonies funéraires :

« Tu as déjà vu brûler un cadavre ? Moi, oui, en Inde. Ils ont mis le petit vieux sur le bûcher et, l'instant après, c'est tout juste si j'ai pas fait un bond parce qu'il s'était mis à donner des coups de pied. C'était juste ses muscles qui se contractaient sous la chaleur, mais ça m'a quand même secoué. Il a gigoté encore un peu comme un hareng fumé sur la braise, et ensuite son ventre a enflé et il a éclaté avec un bruit d'explosion qu'on aurait pu entendre à cinquante mètres. Ça a suffi à me dégoûter de la crémation. »

Ou encore, à propos de son accident :

« Le docteur me dit : "Vous êtes tombé sur un pied, mon garçon. Et, la vache, vous avez eu bien du pot de pas être tombé sur les deux pieds", il me fait. "Parce que, si ça avait été le cas, vous vous seriez retrouvé plié comme un accordéon, la vache, avec les os de la cuisse ressortant par les oreilles !" »

Ce n'étaient bien évidemment pas les mots du docteur, mais ceux de Bozo. Il avait le don de la formule. Il avait su rester vif et alerte d'esprit ; rien ne pouvait donc le laisser plier devant la misère. Il avait beau être en haillons, souffrir du froid et même de la faim, tant qu'il pouvait lire, penser et guetter les météores, il était, comme il le disait, libre dans sa tête.

C'était un athée aigri (le genre d'athée qui n'est pas tant animé par une absence de foi en Dieu que par une animosité personnelle à Son égard), qui prenait plaisir à penser que les affaires humaines ne s'amélioreraient jamais. Il disait qu'il avait parfois trouvé de la consolation dans la contemplation de Mars ou de Jupiter, lorsqu'il dormait sur l'Embankment, et dans la pensée qu'il s'y trouvait probablement des dormeurs couchés sur leur propre Embankment. Il avait une curieuse théorie à ce sujet. Selon lui, la vie sur Terre était dure parce que la planète avait des moyens limités pour satisfaire les nécessités de l'existence. Mars, avec son climat froid et ses faibles ressources en eau, devait avoir des moyens plus limités encore, si bien que la vie y était plus dure encore. Alors que sur Terre on était juste emprisonné pour avoir volé six pence, sur Mars on devait sans doute vous faire bouillir vif. Cette idée avait le don de réjouir Bozo, je ne sais pas bien pourquoi. C'était vraiment quelqu'un d'exceptionnel.

CHAPITRE XXXI

La nuit dans la pension que connaissait Bozo était à neuf pence. Cinq cents personnes pouvaient loger dans ce lieu vaste, plein à craquer, et bien connu des vagabonds, des mendiants et des petites crapules. Toutes les races, mêmes les Blancs et les Noirs, s'y mélangeaient sur un pied d'égalité. On y rencontrait des Indiens, dont un qui m'a donné du *tum* quand je me suis adressé à lui dans un mauvais ourdou — de quoi frémir si on avait été en Inde[1]. On avait atteint un stade de déclassement où les préjugés de couleur n'existaient plus. On entrevoyait des existences singulières. « Pépé », un vagabond de soixante-dix ans qui gagnait sa vie, pour l'essentiel, en ramassant des mégots de cigarette dont il revendait le tabac à trois pence l'once. « Le Docteur », un vrai docteur, radié de l'Ordre à la suite d'une quelconque infraction, qui consultait pour quelques pence tout en vendant des journaux. Un petit lascar famélique de Chittagong, qui allait nu-pieds, après avoir déserté son navire et erré dans Londres pendant des jours, à ce point perdu et désemparé qu'il ne savait même pas dans quelle ville il se trouvait, s'imaginant à Liverpool jusqu'à ce que je l'éclaire. Un ami de Bozo, qui écrivait des suppliques pathétiques quémandant de l'aide pour pouvoir payer les obsèques de sa femme et qui, dès qu'il parvenait à ses fins, se livrait à de monstrueuses orgies solitaires où il s'empiffrait de pain et de margarine. C'était un vilain bonhomme qui ressemblait à une hyène. J'ai découvert, en parlant avec lui, que, comme la plupart des escrocs, il croyait à une bonne part de ses propres mensonges. La pension était pour ce genre d'individus comme l'Alsatia d'antan[1].

En fréquentant Bozo, j'en ai appris pas mal sur les techniques de mendicité à Londres. Elles sont plus complexes qu'on ne l'imagine. Il existe une grande variété de mendiants et une distinction sociale très nette entre ceux qui se contentent de demander l'aumône et ceux qui s'efforcent d'offrir quelque chose en échange de l'argent qu'on leur donne. Les gains varient également en fonction des différents « numéros » auxquels ils se livrent. Ce qu'on peut lire dans les journaux du dimanche sur des mendiants qu'on retrouve morts avec deux mille livres cousues dans la ceinture du pantalon est naturellement pure invention; mais les plus doués connaissent parfois des périodes fastes et parviennent à vivre de leur art pendant plusieurs semaines d'affilée. Les plus prospères sont les acrobates et les photographes de rue. Un bon emplacement (devant un théâtre, par exemple) peut permettre à un acrobate de rue de gagner cinq livres par semaine. Les photographes de rue gagnent parfois autant, mais ils sont tributaires du beau temps. Ils ont une combine pour faire marcher le commerce. Quand ils voient s'approcher une victime potentielle, l'un d'eux court se placer derrière l'appareil et fait semblant de prendre une photo. Ensuite, quand la victime arrive à leur hauteur, ils s'exclament :

« V'là pour vous, monsieur, une bien belle photo. Ça f'ra un shilling.

— Mais je ne vous ai jamais demandé de me prendre en photo, se récrie la victime.

— Comment ça ? Vous en vouliez pas ? Ah, mais c'est qu'on croivait que vous aviez fait un signe de la main. Eh ben, v'là une plaque de fichue ! C'est six pence qui s'envolent, tiens. »

En général, ça suffit à éveiller la pitié de la victime, qui finit par céder. Les photographes examinent la plaque et déclarent que la photo est ratée avant de proposer d'en reprendre une gratuitement. Naturellement, la première photo n'a jamais été prise, si bien que, si la victime refuse, ça ne leur coûte rien.

Les joueurs d'orgue de Barbarie, comme les acrobates, sont considérés comme des artistes plus que comme des mendiants. L'un d'entre eux, un ami de Bozo du nom de Shorty, m'a parlé en détail de son métier. Son acolyte et lui « faisaient » les cafés et les pubs du côté de Whitechapel et de Commercial Road. C'est une erreur de croire que les joueurs d'orgue de Barbarie gagnent leur vie dans la rue ; ils tirent quatre-vingt-dix pour cent de leurs revenus des cafés et des pubs — juste les plus accessibles de ces derniers, parce qu'ils ne sont pas autorisés à jouer dans les plus chic. La tactique de Shorty consistait à s'arrêter devant un pub et à jouer un air, après quoi son acolyte, qui avait une jambe de bois de nature à éveiller la compassion, circulait à l'intérieur en tendant son chapeau. Shorty mettait un point d'honneur à toujours jouer un deuxième air — une sorte de *bis* — après avoir « ramassé », l'idée étant de se présenter comme un authentique artiste et pas comme quelqu'un qu'on paie pour qu'il s'en aille. Son acolyte et lui arrivaient à se faire deux à trois livres par semaine à eux deux, mais, comme la location de l'orgue leur coûtait quinze shillings par semaine, ils se retrouvaient avec juste une livre chacun par semaine en moyenne. Ils étaient dans la rue de 8 heures du matin à 10 heures du soir, voire plus tard le samedi.

Les *screevers* méritent pour certains le nom d'artistes, mais pas tous. Bozo m'en a présenté un qui appartenait à la première catégorie, un « vrai » artiste, qui avait étudié les beaux-arts à Paris et exposé au Salon en son temps. Sa spécialité, c'étaient les copies de tableaux de maîtres anciens, qu'il réussissait merveilleusement, si l'on tient compte du fait qu'il dessinait sur des dalles de pierre. Il m'a raconté comment il était devenu *screever*.

« Ma femme et mes enfants mouraient de faim. Un soir, tard, je rentre chez moi, avec sous le bras tout un tas de dessins que j'étais allé proposer à des marchands, me demandant comment j'allais bien pouvoir dégoter un shilling ou deux. Alors, sur le Strand, je vois un type agenouillé sur le trottoir qui dessine et des gens qui lui donnent la pièce. Au moment où je passe devant lui, il se lève et il entre dans un pub. “Merde alors, je me dis, s'il arrive à gagner de l'argent comme ça, je devrais pouvoir y arriver.” Sur un coup de tête, je me mets à genoux et je commence à dessiner avec ses craies. Je ne sais pas ce qui m'a pris ; c'est la faim qui devait m'avoir fait tourner la tête. Ce qui est curieux, c'est que je n'avais encore jamais utilisé de pastels ; j'étais obligé de me former sur le tas. Sur ce, les gens commencent à s'arrêter et à me dire que je me débrouille pas mal, et l'un dans l'autre je me retrouve avec neuf pence. Là-dessus, l'autre type sort du pub. “Mais qu'est-ce tu fous sur mon emplacement ?” il me fait. Je lui explique que j'ai faim et qu'il faut que je trouve de l'argent. “Ah, bon, il fait, viens boire une pinte avec moi.” J'ai pris une pinte avec lui et c'est depuis ce jour-là que je fais ce métier. Je gagne une livre par semaine. On peut pas nourrir six enfants avec une livre par semaine, mais heureusement ma femme gagne un peu de sous en faisant de la couture à domicile.

« Le plus dur dans ce métier, c'est le froid et, ensuite, c'est les gens qui interviennent sans cesse. Au début, j'étais un peu ballot, et ça m'arrivait de dessiner une copie de nu sur le trottoir. Le premier que j'ai fait, c'était sur le parvis de St. Martin's-in-the-Fields. Un type en noir — un sacristain ou quelque chose dans ce genre-là, j'imagine — sort de l'église en furie. “Vous vous imaginez qu'on va tolérer ce genre d'obscénité devant la maison de Dieu ?” qu'il se met à crier. Eh ben, j'ai dû tout effacer. C'était une copie de la Vénus de Botticelli. Une autre fois, j'ai refait le même dessin sur l'Embankment. Un agent de police qui passait par là s'est arrêté pour regarder et, sans un mot, il a marché dessus et il a tout effacé avec ses grands pieds plats. »

Bozo avait lui aussi des choses à raconter sur les interventions de la police. À l'époque où je le fréquentais, il y a eu à Hyde Park une affaire d'« outrage aux mœurs », dans laquelle la police ne s'est pas montrée sous son meilleur jour. Bozo a alors représenté Hyde Park avec des agents de police cachés dans les arbres et la légende « Devinette : où sont les agents de police ? ». Je lui ai fait remarquer que ce serait beaucoup plus parlant s'il écrivait « Devinette : où est l'outrage aux mœurs ? », mais il n'a rien voulu entendre. D'après lui, le premier agent venu qui verrait le dessin le ferait dégager, et là il n'aurait plus qu'à dire adieu à son emplacement.

En dessous des *screevers*, il y a les gens qui chantent des cantiques, les marchands d'allumettes, de lacets, ou encore d'enveloppes contenant quelques grains de lavande — appelés, par euphémisme, parfum. Tous ces gens sont en réalité des mendiants, qui jouent sur leur apparence misérable et ne récoltent jamais plus d'une demi-couronne par jour en moyenne. La raison pour laquelle ils sont obligés de se faire passer pour des marchands d'allumettes et autres plutôt que de demander ouvertement l'aumône, c'est que les grotesques lois anglaises sur la mendicité l'exigent. En vertu des lois existantes, un inconnu que vous abordez pour lui arracher deux pence peut très bien appeler un agent de police et vous faire boucler sept jours pour mendicité. En revanche, si vous empoisonnez tout le monde en débitant *Plus près de toi, mon Dieu*, si vous gribouillez à la craie sur le trottoir, ou si vous faites le pied de grue avec votre plateau d'allumettes (en somme, si vous êtes un véritable enquiquineur), on ne considère pas que vous mendiez mais que vous vous livrez à un commerce tout à fait licite. Vendre des allumettes ou chanter dans la rue ne sont rien d'autre que des délits autorisés. Des délits peu lucratifs, cela dit ; pas un seul des adeptes du cantique ou des marchands d'allumettes qu'on rencontre à Londres ne peut tabler sur cinquante livres par an — un bien maigre salaire quand on a passé quatre-vingt-quatre heures par semaine sur le bord du trottoir, constamment frôlé par les automobiles.

Il n'est pas inutile de s'attarder sur le statut social des mendiants, car, lorsqu'on les a fréquentés de près et qu'on a pu constater à quel point ce sont des êtres humains ordinaires, on ne peut qu'être surpris de l'attitude étrange qu'a la société à leur égard. Les gens ont l'air de penser qu'il existe une différence essentielle entre les mendiants et les « travailleurs » ordinaires. C'est une race à part : des parias, comme les criminels et les prostituées. Les travailleurs « travaillent », les mendiants ne « travaillent » pas ; ce sont des parasites, intrinsèquement bons à rien. On tient pour acquis qu'un mendiant ne « gagne » pas sa vie, à la différence d'un maçon ou d'un critique littéraire qui « gagnent » la leur. Le mendiant n'est rien d'autre qu'une verrue sociale, qu'on tolère parce qu'on vit à une époque pleine d'humanité, mais qui reste foncièrement méprisable.

Pourtant, à y regarder de plus près, on se rend compte qu'il n'y a pas de différence « essentielle » entre la vie d'un mendiant et celle d'innombrables gens respectables. Les mendiants ne travaillent pas, dit-on ; mais alors, qu'est-ce que le « travail » ? Un terrassier travaille en maniant la pioche. Un comptable travaille en additionnant des chiffres. Un mendiant travaille en restant posté dehors par tous les temps, ce qui lui vaut des varices, des bronchites chroniques, etc. C'est un métier comme un autre ; sans grande utilité, certes, mais c'est aussi le cas de nombre de métiers honorables. En outre, en tant que type social, le mendiant soutient largement la comparaison avec quantité d'autres types. Il est honnête si on le compare avec les revendeurs de la plupart des médicaments autorisés, moralement irréprochable si on le compare avec le propriétaire d'un journal du dimanche, aimable si on le compare avec un courtier en location-vente. En somme, c'est un parasite, mais un parasite assez inoffensif. Il est rare qu'il tire de la communauté plus que ses seuls moyens de subsistance, et ce qui devrait pleinement le légitimer compte tenu de l'éthique qui est la nôtre, c'est qu'il ne cesse de le payer de sa souffrance. Je ne crois pas que quoi que ce soit puisse distinguer fondamentalement un mendiant des autres gens ou donner le droit à nos contemporains de le mépriser comme c'est fréquemment le cas.

On en vient à la question suivante : pourquoi les mendiants sont-ils méprisés ? Car ils le sont, universellement. Pour la simple raison, me semble-t-il, qu'ils échouent à gagner correctement leur vie. Dans la pratique, personne ne se soucie de savoir si le travail est utile ou inutile, productif ou parasite ; la seule chose qu'on lui demande, c'est d'être rentable. Les discours contemporains sur le dynamisme, l'efficacité, les services rendus à la société, et ainsi de suite, signifient-ils autre chose que « Gagnez de l'argent, par des moyens légaux et en grande quantité » ? L'argent est devenu le baromètre de la vertu. À l'aune de ce baromètre, les mendiants sont perdants et ne peuvent récolter que du mépris. Si on pouvait gagner ne serait-ce que dix livres par semaine grâce à la mendicité, celle-ci deviendrait immédiatement une profession respectable. Un mendiant, en réalité, n'est jamais qu'un homme d'affaires qui gagne sa vie, comme d'autres hommes d'affaires, en profitant des opportunités qui se présentent. Il n'a pas plus que la plupart de nos contemporains compromis son honneur ; il a simplement commis l'erreur de choisir un métier qui ne permet en aucun cas de devenir riche.

CHAPITRE XXXII

J'aimerais introduire quelques notes, aussi concises que possible, sur l'argot et la langue verte qu'on entend parler à Londres. Voici (omission faite des mots que tout le monde connaît) un peu du jargon londonien actuel.

Un *gagger* : un mendiant ou un artiste de rue de quelque variété que ce soit. Un *moocher* : quelqu'un qui mendie ouvertement, sans feindre de pratiquer un quelconque métier. Un *nobber* : quelqu'un qui récolte des pièces pour le compte d'un mendiant. Un *chanter* : un chanteur de rue. Un *clodhopper* : un danseur de rue. Un *mugfaker* : un photographe de rue. Un *glimmer* : quelqu'un qui surveille les automobiles en l'absence de leurs occupants. Un *gee* (également orthographié *jee*, du fait de la prononciation) : le compère d'un camelot, qui active le commerce en feignant d'acheter quelque chose. Un *split* : un inspecteur de police. Un *flattie* : un agent de police. Un *didecai* : un bohémien. Un *toby* : un vagabond.

Un *drop* : argent donné à un mendiant. *Funkum* : lavande ou autre parfum vendu dans des enveloppes. Un *boozer* : un pub. Un *slang* : un permis de vente ambulante. Un *kip* : un endroit où dormir, un logement pour une nuit. *Smoke* : Londres. Une *judy* : une femme. Le *spike* : l'asile de nuit. Le *lump* : l'asile de nuit. Un *tosheroon* : une demi-couronne. Un *deaner* : un shilling. Un *hog* : un shilling. Un *sprowsie* : une pièce de six pence. *Clods* : de la petite monnaie. Un *drum* : une gamelle. *Shackles* : la soupe. Un *chat* : un pou. *Hard-up* : tabac obtenu à partir de mégots de cigarette. Un *stick* ou *cane* : une pince-monseigneur. Un *peter* : un coffre. Un *bly* : un chalumeau oxyacétylénique de cambrioleur.

To bawl : sucer ou avaler. *To knock off* : voler. *To skipper* : dormir à la belle étoile.

La moitié environ de ces mots se trouvent dans les gros dictionnaires. Il n'est pas inintéressant de s'interroger sur l'étymologie de certains d'entre eux, même si un ou deux — comme *funkum* ou *tosheroon* — laissent perplexe. *Deaner* vient vraisemblablement de « denier ». *Glimmer* (comme le verbe *to glim*) a peut-être un lien avec le mot archaïque *glim*, qui a le sens de « lueur », ou son homonyme *glim*, qui a lui le sens de « coup d'œil » ; mais c'est un cas de mot nouvellement formé, car, dans son sens actuel, il ne peut pas être beaucoup plus ancien que les automobiles. *Gee* est un mot étrange ; il dérive sans doute de *gee* dans le sens de « cheval », plus précisément de *stalking horse*, « homme de paille ». L'origine de *screever* reste un mystère. Il doit venir en définitive de *scribo*, mais il n'y a pas d'équivalent en anglais depuis cent cinquante ans ; et il ne peut pas non plus venir directement du français, car on ne trouve pas d'artistes dessinant sur le trottoir en France. *Judy* et *bawl* sont des termes propres à l'East End, qu'on n'entend pas à l'ouest de Tower Bridge. Seuls les vagabonds utilisent *Smoke*. *Kip* est un mot danois. Jusqu'à une période récente, on utilisait le mot *doss* dans le même sens, mais celui-ci est désormais obsolète.

L'argot et le parler londoniens semblent évoluer très rapidement. Le vieil accent londonien que décrivaient Dickens et Surtees[1], avec des *v* à la place des *w* et inversement, entre autres choses, a maintenant complètement disparu. L'accent cockney, tel que nous le connaissons aujourd'hui, est apparu, semble-t-il, dans les années 1840 (il est mentionné pour la première fois dans un livre américain, *Vareuse-Blanche* d'Herman Melville)[2], et le cockney se transforme déjà ; peu de gens aujourd'hui prononcent *face* comme si ça s'écrivait *fice*, *nice* comme si ça s'écrivait *nawce*, et ainsi de suite, de manière aussi systématique qu'il y a vingt ans. L'argot évolue avec l'accent. Il y a vingt-cinq ou trente ans, par exemple, l'argot à rimes faisait fureur à Londres. En argot à rimes, tout est renommé avec un mot qui rime : *hit or miss* pour *kiss*, *plates of meat* pour *feet*, etc. C'était tellement répandu qu'on en trouvait même dans les romans ; aujourd'hui, il s'est pratiquement perdu*. Peut-être que dans vingt ans tous les autres mots que j'ai évoqués plus haut auront disparu.

Les jurons évoluent aussi ; en tout cas, ils subissent les caprices de la mode. Il y a vingt ans, par exemple, on employait fréquemment le mot *bloody* dans la classe ouvrière à Londres. Il est complètement délaissé aujourd'hui, même si les romanciers continuent de le mettre dans la bouche des ouvriers. Aucun Londonien de souche (ce n'est pas vrai pour les Londoniens d'origine écossaise ou irlandaise) ne dit plus *bloody* à présent, à moins d'avoir de l'instruction. C'est de fait un mot qui a connu une ascension sociale et qui n'est plus un juron propre à la classe ouvrière. L'adjectif londonien du moment, désormais accolé à tous les noms, est *fucking*. Il y a fort à parier que *fucking*, comme *bloody*, gagnera avec le temps les salons et sera remplacé par un autre mot.

Le juron, en particulier le juron anglais, a quelque chose de mystérieux. Par nature, les jurons sont aussi irrationnels que la magie ; ils relèvent de fait de la magie. Mais il y a aussi une forme de paradoxe dans le juron. Le juron a pour but de choquer et de blesser, ce qui se produit quand nous évoquons quelque chose qui devrait rester secret — souvent quelque chose qui se rapporte à la sexualité. Mais,

* Il survit dans certaines abréviations, comme « *Use your twopenny* » pour « *Use your head* ». On arrive à *twopenny* comme ça : *head — loaf of bread — twopenny loaf — twopenny*.

curieusement, une fois bien établis comme jurons, les mots perdent leur sens originel ; c'est-à-dire qu'ils perdent cet élément qui a fait d'eux des jurons. Un mot devient un gros mot parce qu'il a un certain sens et, parce qu'il est devenu un gros mot, il cesse d'avoir le sens qu'il avait. *Fuck*, par exemple. Les Londoniens n'utilisent plus, ou plus guère, ce mot dans son sens originel ; ils l'ont à la bouche du matin au soir, mais ce n'est rien d'autre qu'un explétif qui ne veut rien dire. Il en va de même pour *bugger*, qui perd rapidement son sens d'origine. La même chose se produit en français, avec « foutre », par exemple, qui est devenu un explétif largement dénué de sens. Le mot « bougre » est lui aussi toujours employé à Paris sans que ceux qui l'emploient, pour la plupart d'entre eux, aient la moindre idée de ce qu'il désignait à l'origine. Il semblerait, en règle générale, que les mots admis parmi les jurons aient une dimension magique, qui les range dans une catégorie à part et leur ôte tout intérêt pour la conversation courante.

Les mots qu'on utilise comme insultes paraissent gouvernés par le même paradoxe que les jurons. On a tendance à imaginer qu'un mot devient une insulte parce qu'il désigne quelque chose de détestable ; mais, dans la pratique, son caractère insultant n'a pas grand-chose à voir avec son sens réel. Pour prendre un exemple, la pire insulte que l'on puisse adresser à un Londonien, c'est de le traiter de « bâtard », ce qui, si l'on s'en tient au sens du mot, n'a rien de véritablement insultant. La pire insulte pour une femme, à Londres comme à Paris, est d'être traitée de « vache », ce qu'on peut même voir comme un compliment, quand on songe que les vaches font partie des animaux les plus aimables qui soient. De toute évidence, un mot est une insulte dès lors qu'on décide d'en faire une insulte, sans qu'il y ait de rapport avec le sens qu'il a dans le dictionnaire ; les mots, tout particulièrement les gros mots, étant ce que l'opinion publique choisit d'en faire. À ce propos, il est intéressant de noter qu'un gros mot peut se transformer en passant les frontières. En Angleterre, on peut imprimer « *Je m'en fous** » sans que quiconque trouve à y redire. En France, on est obligé d'imprimer « *Je m'en f...** ». Prenons un autre exemple : le mot *barnshoot*, dérivé du mot hindoustani *bahinchut*. Ce qui, en Inde, est une insulte grossière et impardonnable devient, en Angleterre, un propos badin et sans conséquence. Je l'ai même rencontré dans un manuel scolaire ; il apparaissait dans une pièce d'Aristophane, et l'annotateur y voyait une façon de restituer le charabia parlé par un ambassadeur persan. On peut présumer que l'annotateur connaissait le sens de *bahinchut*. Mais, parce que c'était un mot étranger, il avait perdu toute la magie attachée aux jurons et pouvait donc être imprimé.

Une autre chose qu'on observe à Londres concernant les jurons, c'est que les hommes, en général, ne jurent pas devant les femmes. Il n'en va pas de même à Paris. Un ouvrier parisien peut préférer retenir un gros mot en présence d'une femme, mais il ne s'en fait pas une obligation, sans compter que les femmes ne se privent pas de jurer elles non plus. Les Londoniens sont plus polis, ou plus sensibles sur le sujet.

Ce sont là quelques remarques jetées un peu au hasard. Il est dommage qu'il n'y ait pas quelqu'un d'armé sur le sujet pour tenir à jour un répertoire annuel de l'argot et des jurons londoniens, qui en enregistrerait l'évolution avec précision. Cela pourrait jeter un éclairage utile sur la formation, le développement et la disparition des mots.

CHAPITRE XXXIII

Les deux livres que m'avait données B. ont tenu une dizaine de jours. Cela grâce à Paddy, à qui le trimard avait appris la parcimonie et pour qui un bon repas par jour était déjà une folie. La nourriture en était venue à se résumer pour lui au pain et à la margarine — l'éternel thé-avec-deux-tartines, qui permet de tromper sa faim une heure ou deux. Il m'a appris à vivre (repas, logement, tabac, etc.) avec une demi-couronne par jour. À quoi s'ajoutaient les quelques shillings gagnés par Paddy à surveiller des automobiles (*glimming*) le soir. C'était un travail précaire, car illégal, mais il rapportait un peu d'argent et nous permettait de joindre les deux bouts.

Un matin, on a essayé de se faire embaucher comme hommes-sandwichs. À 5 heures, on a gagné une ruelle derrière des bureaux, mais il y avait déjà une queue d'une trentaine ou d'une quarantaine d'hommes et, au bout de deux heures, on nous a dit qu'il n'y avait pas de travail pour nous. On ne perdait pas grand-chose, la situation des hommes-sandwichs n'ayant rien de particulièrement enviable. Ils sont payés environ trois shillings par jour pour dix heures de travail, un travail pénible, surtout quand il y a du vent, sans possibilité de traînasser, avec l'inspecteur qui vient très régulièrement vérifier si tout le monde est bien sur son circuit. Pour compléter le tableau, ils sont engagés à la journée uniquement, parfois pour trois jours, jamais à la semaine, ce qui signifie qu'ils sont obligés d'attendre des heures tous les matins pour se faire embaucher. Compte tenu du nombre de chômeurs prêts à accepter ce travail, ils n'ont aucun moyen d'obtenir d'être mieux traités. Ce dont tous les hommes-sandwichs rêvent, c'est de distribuer des prospectus, ce qui rapporte la même chose. Si vous voyez quelqu'un qui en distribue, vous pouvez lui rendre service en lui en prenant un, puisqu'il est libéré de ses obligations quand il les a tous distribués.

Parallèlement, la vie à la pension continuait, une vie sordide, monotone, d'un ennui mortel. Pendant des jours, il n'y avait rien d'autre à faire que de rester assis dans la cuisine du sous-sol, à lire le journal de la veille ou, quand on arrivait à mettre la main dessus, un vieux numéro de l'*Union Jack*. Il a beaucoup plu à cette époque-là, et tout le monde rentrait suintant, si bien que la cuisine empestait terriblement. Le seul piment de l'existence, c'était le thé-avec-deux-tartines qui revenait à intervalles réguliers. Je ne sais pas combien d'hommes vivent ainsi à Londres, mais il doit y en avoir des milliers au bas mot. Quant à Paddy, il n'avait pas eu la vie aussi facile depuis deux ans. Quand il ne faisait pas le trimard, quand il avait tant bien que mal réussi à mettre la main sur quelques shillings, c'était à ça que sa vie ressemblait ; le trimard, c'était encore pire. À l'écouter geindre (il geignait sans cesse quand il n'était pas occupé à manger), on se rendait compte à quel point le chômage devait lui être une torture. Les gens ont tort de penser qu'un chômeur ne se soucie que de l'absence de revenus ; au contraire, un illettré, à qui le travail est comme une seconde nature, a plus besoin de travail que d'argent. Un homme instruit peut s'accommoder d'une période d'oisiveté forcée, un des pires fléaux attachés à la pauvreté. Un homme comme Paddy, quand il n'a rien à faire de son temps, est aussi malheureux au chômage qu'un chien à l'attache. C'est pour cette raison qu'il est absurde d'affirmer que les gens « déclassés » sont plus à plaindre que les autres. Ceux qui sont vraiment à plaindre, ce sont ceux qui ont toujours été dans le besoin et qui affrontent la pauvreté sans ressources intellectuelles.

De cette période maussade, il ne me reste pas grand-chose en dehors de mes conversations avec Bozo. Un jour, on a eu la visite de gens du beau monde venus s'encanailler. Paddy et moi, on était sortis et, quand on est rentrés dans l'après-midi, on a entendu de la musique qui venait du sous-sol. Quand on est descendus, on a découvert des gens de la haute, élégamment vêtus, qui célébraient un office religieux dans notre cuisine. Ils étaient trois : un grave et respectable Signor[1] en redingote, une dame installée devant un harmonium portatif et un jeune homme au menton fuyant qui tripotait un crucifix. Visiblement, ils étaient entrés sans façon et s'étaient mis à célébrer l'office sans y avoir été le moins du monde invités.

Ça a été un régal de voir l'accueil réservé à cette intrusion. Les pensionnaires n'ont pas fait preuve de la moindre grossièreté à leur égard; ils se sont contentés de les ignorer. Tout le monde (il y avait une centaine d'hommes dans la cuisine) se comportait, d'un commun accord, comme s'ils n'étaient pas là. Les visiteurs de la haute enchaînaient patiemment cantiques et prêches sans recevoir plus d'attention que des perce-oreilles. Le monsieur à la redingote s'est lancé dans un sermon, dont on n'a pas saisi un mot, noyé qu'il était dans le vacarme habituel de chansons, de jurons et de bruits de casseroles. Les pensionnaires mangeaient et jouaient aux cartes à un mètre de l'harmonium, dans le plus grand détachement. Le trio a fini par renoncer et par quitter les lieux, sans avoir subi le moindre affront, simplement accueilli par une totale indifférence. Ils ont dû se consoler en se disant qu'ils avaient été vraiment courageux de « s'aventurer sans crainte dans les bas-fonds les plus sordides », etc.

Bozo m'a expliqué que ces gens-là venaient plusieurs fois par mois. Ils avaient des contacts dans la police et le « gérant » des lieux ne pouvait pas leur en interdire l'accès. Il est curieux de constater que les gens s'autorisent sans aucun scrupule à vous inonder de leurs sermons et de leurs prières dès que vos revenus tombent en dessous d'un certain seuil.

Au bout de neuf jours, les deux livres de B. s'étaient réduites à un shilling et neuf pence. Paddy et moi avons mis de côté dix-huit pence pour le logement et dépensé trois pence sur le rituel thé-avec-deux-tartines, que nous avons partagé et qui tenait donc plus du hors-d'œuvre que du repas. Dans l'après-midi, nos ventres criaient famine, et Paddy s'est souvenu d'une église près de la gare de King's Cross où les vagabonds pouvaient se voir offrir le thé une fois par semaine. Comme c'était le bon jour, on s'est mis en route. Bozo, quant à lui, alors qu'il pleuvait et qu'il n'avait pratiquement plus un sou, a refusé de nous accompagner, arguant que les églises, ce n'était pas son style.

Il y avait bien une centaine d'hommes qui attendaient devant l'église, des individus crasseux venus des quatre coins de Londres à l'idée de se voir offrir un thé, tels des charognards rassemblés autour d'un buffle mort. Les portes ont fini par s'ouvrir et un homme d'Église assisté de quelques jeunes filles nous a guidés jusqu'à une tribune en haut de l'église. C'était une église évangélique, d'une laideur morne calculée, dont les murs étaient placardés de textes parlant de sang et de feu, et dont le livre de chants ne contenait pas moins de mille deux cent cinquante et un hymnes ; en le feuilletant, je me suis dit qu'il aurait parfaitement fait l'affaire comme anthologie de vers de mirliton. Le thé devait être suivi d'un office et les fidèles étaient assis dans la nef en dessous de nous. Comme c'était un jour de semaine, il y en avait quelques dizaines tout au plus, et parmi eux surtout des vieilles femmes émaciées qui ressemblaient à des poules bonnes pour le bouillon. Nous avons pris place sur les bancs de la tribune et on nous a servi notre thé ; on avait chacun droit à un bocal à confiture d'une livre rempli de thé et à six tartines avec de la margarine. Dès qu'on a eu fini, une dizaine de vagabonds qui avaient pris place près de la porte ont détalé pour couper à l'office ; les autres sont restés, moins par gratitude que par manque de culot.

L'orgue a laissé échapper quelques plaintes préliminaires et l'office a commencé. Aussitôt, comme s'ils obéissaient à un signal convenu, les vagabonds se sont mis à se comporter de la manière la plus irrévérencieuse qui soit. On n'aurait pas imaginé pouvoir assister à de telles scènes dans une église. D'un bout à l'autre de la tribune, on voyait des hommes vautrés sur leur banc, qui riaient, bavardaient, se penchaient pour envoyer des boulettes de pain sur les fidèles ; c'est à peine si je n'ai pas dû recourir à la force pour retenir mon voisin d'allumer une cigarette. Les vagabonds se conduisaient comme si l'office n'était rien d'autre qu'un spectacle comique. Il était de fait passablement grotesque — avec ses brusques envolées d'« Alléluia ! » hurlées à pleins poumons et ses prières improvisées à répétition —, mais leur attitude dépassait les bornes. Il y avait parmi les fidèles un vieux bonhomme — frère Bootle ou quelque chose d'approchant — qui se trouvait régulièrement invité à nous guider dans nos prières ; à chaque fois qu'il se levait, les vagabonds se mettaient à taper du pied comme au théâtre ; ils se rappelaient l'avoir entendu débiter une prière improvisée pendant vingt-cinq minutes, jusqu'à ce que le pasteur l'interrompe. Alors qu'il se levait à un moment donné, un vagabond a lancé « J'te parie deux contre un qu'tu tiens pas plus de sept minutes ! » tellement fort que toute l'église a dû l'entendre. On n'a pas tardé à faire bien plus de bruit que le pasteur. De temps à autre, quelqu'un soufflait un « Chut ! » indigné depuis la nef, sans le moindre effet. On était bien décidés à tourner tout ça en ridicule et il n'y avait pas moyen de nous arrêter.

C'était un spectacle étrange, assez déplaisant. En bas, une poignée de gens simples et bien intentionnés qui faisaient de leur mieux pour pratiquer leur religion ; en haut, la centaine d'hommes qu'ils avaient nourris et qui rendaient la chose impossible. Des visages crasseux, hirsutes et grimaçants alignés sur tout le pourtour de la tribune les raillaient ouvertement. Que pouvaient faire quelques femmes et quelques vieillards contre une horde hostile d'une centaine de vagabonds ? Ils avaient peur de nous et on s'en prenait à eux sans vergogne. C'était notre revanche sur eux, qui nous avaient humiliés en nous donnant à manger.

Le pasteur s'est montré courageux. Il n'a pas dévié du long sermon sur Josué qu'il délivrait d'une voix tonitruante, parvenant presque à ne pas se laisser distraire par les ricanements et les bavardages qui pleuvaient de la tribune. Mais, sans doute à bout, il a fini par annoncer à haute et intelligible voix en insistant sur les derniers mots :

« Les cinq dernières minutes de mon sermon s'adressent aux pécheurs qui ne connaîtront pas le salut ! »

Sur ce, il s'est tourné vers la tribune, qu'il a fixée pendant les cinq minutes qui ont suivi de façon à ce que tout le monde sache bien qui connaîtrait ou pas le salut. Mais ça nous faisait une belle jambe ! Alors même que le pasteur nous menaçait des feux de l'enfer, nous nous roulions des cigarettes et, au dernier amen, nous avons dévalé l'escalier en poussant des hurlements et en convenant, pour bon nombre d'entre nous, de nous retrouver la semaine suivante pour profiter du thé offert.

C'est un épisode que j'avais trouvé intéressant. Il tranchait sur le comportement habituel des vagabonds, sur la gratitude abjecte et servile avec laquelle ils accueillent en général les actes charitables. Cela s'expliquait naturellement par le fait que nous n'avions pas peur des fidèles, qui étaient bien moins nombreux que nous. Un homme à qui l'on fait la charité éprouve presque toujours une profonde aversion pour son bienfaiteur; c'est là une constante dans la nature humaine. Quand il se sent soutenu par une cinquantaine ou une centaine d'hommes comme lui, il le montre.

Dans la soirée qui a suivi ce thé gracieusement offert, Paddy a réussi contre toute attente à gagner dix-huit pence de plus en surveillant des automobiles. La somme correspondant très exactement au prix d'une nuit à la pension, on l'a mise de côté et on est restés sans manger jusqu'à 9 heures le lendemain soir. Bozo, qui aurait pu nous dépanner, n'a pas été là de la journée. Les trottoirs étant mouillés, il était allé jusqu'à Elephant and Castle, où il savait pouvoir trouver un emplacement abrité. Fort heureusement, il me restait du tabac, ce qui signifiait qu'on ne s'en sortait pas si mal.

À 8 heures et demie, Paddy m'a emmené jusqu'à l'Embankment, où il se disait qu'un pasteur distribuait des bons de nourriture une fois par semaine. Une cinquantaine d'hommes attendaient sous le pont de Charing Cross, leurs silhouettes se reflétant dans les flaques tremblantes. Il y avait parmi eux des spécimens franchement épouvantables : c'était des gens habitués à dormir là, sur l'Embankment, qui concentre une population bien pire que les asiles de nuit. Je me rappelle l'un d'eux, vêtu d'un pardessus sans boutons fermé avec des bouts de corde, d'un pantalon en loques et de bottillons qui laissaient voir ses orteils, et de rien d'autre. Il avait une barbe de fakir et il avait réussi à se retrouver avec le torse et les épaules zébrés d'une crasse noire répugnante qui ressemblait à du cambouis. Le peu qu'on voyait de son visage sous la crasse et la barbe était d'un blanc crayeux sous l'effet de quelque maladie maligne. Je l'ai entendu parler et j'ai reconnu un assez bon accent, un accent de commis ou de chef de rayon.

Le pasteur a fini par apparaître, et tout le monde s'est rangé en file indienne par ordre d'arrivée. C'était un homme assez jeune, rondelet et aimable, qui me rappelait curieusement Charlie, mon ami parisien. Gauche et timide, il nous a juste salués d'un rapide « bonsoir » et s'est contenté de remonter toute la queue en glissant un bon à chacun, sans attendre de remerciements. En conséquence de quoi, pour une fois, une gratitude sincère s'est exprimée, tout le monde s'accordant pour dire que le pasteur était un sacré bon gars. Quelqu'un (suffisamment près de lui pour qu'il l'entende) s'est exclamé : « Eh ben, çui-là, ce sera jamais un f**** évêque ! » — ce qui était naturellement conçu comme un chaleureux compliment.

Les bons, d'une valeur de six pence chacun, étaient échangeables dans une gargote du quartier. Une fois sur place, on a découvert que le propriétaire profitait de ce que les vagabonds ne pouvaient pas aller ailleurs pour les escroquer, en leur donnant pour quatre pence de nourriture chacun seulement. En mettant nos bons en commun, Paddy et moi avons mangé l'équivalent de ce qu'on aurait eu pour sept ou huit pence dans la plupart des cafés. Comme le pasteur avait distribué plus d'une livre en bons de nourriture, le propriétaire de la gargote arnaquait clairement les vagabonds à hauteur de sept shillings minimum par semaine. C'est le genre de brimade qu'un vagabond essuie régulièrement, et ça ne changera pas tant que les gens continueront à donner des bons de nourriture plutôt que de l'argent.

On est rentrés à la pension et on a traîné dans la cuisine, en se réchauffant près de la cheminée pour tromper la faim. Bozo est arrivé à 10 heures et demie, épuisé et les traits tirés, sa jambe estropiée le mettant au supplice dès qu'il s'agissait de marcher. Il n'avait pas pu tirer un seul penny de ses dessins parce que tous les emplacements abrités étaient déjà pris et il avait été obligé de mendier ouvertement pendant plusieurs heures, en guettant les agents de police du coin de l'œil. Il avait récolté huit pence, un penny de moins que le prix de la nuit. L'heure réglementaire pour payer était passée depuis longtemps et il n'avait réussi à s'introduire dans les lieux que parce que le gérant avait eu un moment d'inattention ; il risquait d'une minute à l'autre de se faire pincer et d'être mis dehors, sans autre solution que de passer la nuit sur l'Embankment. Bozo a vidé ses poches en cherchant ce qu'il allait bien pouvoir vendre. Il s'est décidé pour le rasoir, qu'il a proposé à la ronde ; quelques minutes plus tard, il en avait tiré trois pence — de quoi se payer un lit et s'offrir un grand bol de thé, en ayant encore un demi-penny d'avance.

Bozo est allé chercher son bol de thé et s'est assis près du feu pour faire sécher ses vêtements. Je l'ai alors vu qui riait sous cape, comme d'une bonne blague. Surpris, je lui ai demandé ce qui le faisait rire.

« C'est à pisser de rire ! C'est du niveau de *Punch*. Qu'est-ce tu crois qu'j'ai réussi à faire ?

— Quoi ?

— Vendre mon rasoir sans m'raser avant ! Mais quel crétin ! »

Il n'avait rien mangé de la journée, il avait fait des kilomètres avec sa patte folle, il était trempé, il lui restait un demi-penny en poche et il était à deux doigts de mourir de faim. Et, malgré tout, il arrivait à rire de la perte de son rasoir. C'était vraiment quelqu'un qui forçait l'admiration.

CHAPITRE XXXIV

Le lendemain matin, n'ayant plus un sou en poche, Paddy et moi, on s'est mis en route pour l'asile de nuit. On a piqué vers Cromley, au sud, en prenant par Old Kent Road ; il était exclu de viser un asile de Londres, puisque Paddy en avait récemment fréquenté un et que c'était trop risqué de retenter sa chance à Londres. Ça représentait vingt-cinq kilomètres de marche sur du bitume, donc des ampoules aux talons, et on avait l'estomac tenaillé par la faim. Paddy inspectait les trottoirs pour se constituer un stock de mégots de cigarette en prévision de la nuit là-bas. Sa persévérance a fini par être récompensée puisqu'il a trouvé un penny. On a acheté un gros morceau de pain rassis et on l'a dévoré tout en marchant.

Une fois à Cromley, on a fait quelques kilomètres de plus, parce qu'il était trop tôt pour aller à l'asile, et on est arrivés à une futaie, en bordure d'un pré, où on pouvait s'asseoir. C'était un caravansérail pour vagabonds, à en juger par l'herbe piétinée, les journaux détrempés et les boîtes de conserve rouillées qu'ils avaient abandonnés derrière eux. D'autres vagabonds arrivaient, seuls ou par deux. C'était une belle journée d'automne. Un épais massif de pieds de tanaisie poussait à proximité et, aujourd'hui encore, j'ai l'impression de pouvoir me rappeler le fumet caractéristique de la tanaisie luttant contre celui que dégageaient les vagabonds. Dans le pré, deux jeunes chevaux de trait à la robe couleur terre de Sienne naturelle, à la crinière et à la queue blanches, broutaient près d'une barrière. On s'est affalés par terre, épuisés et tout transpirants. Quelqu'un a réussi à trouver des brindilles sèches et à allumer un feu, et on a tous profité d'une gamelle (*drum*) de thé sans lait qui passait de main en main.

Certains se sont mis à raconter des histoires. Dont Bill, un type intéressant, un mendiant, un vrai de vrai, et un costaud fort comme un Hercule qui avait une profonde aversion pour le travail. Il se vantait de pouvoir se faire embaucher comme terrassier quand il voulait, compte tenu de ses capacités physiques, mais, dès qu'il touchait sa première paie, il ne dessoûlait pas du week-end et il était renvoyé. Entre deux, il « pilonnait » principalement auprès des boutiquiers. Il s'exprimait comme ça :

« J'vais pas aller loin dans ce f**** Kent. C'est un pays où qu'y sont près de leurs sous. Y a trop de pilons par ici. Ces f***** boulangers, y préfèrent j'ter leur pain plutôt qu't'en filer un bout. Alors qu'à Oxford, là ouais, là c'est l'bon coin pour pilonner. Quand j'étais à Oxford, j'ai réussi à pilonner du pain, et du lard, et du bœuf, et tous les soirs les étudiants y me r'filaient des pièces de six pence pour ma piaule. Le dernier soir, y m'manquait deux pence pour ma piaule, alors j'avise un ratichon et j'lui soutire trois pence. Et v'là-t'y pas qu'y fait trois pas et qu'y m'dénonce pour mendicité. "Tu faisais la manche", que l'cogne me dit. "Certainement pas", que j'lui dis. "Je d'mandais l'heure au m'sieur." Le cogne s'met à farfouiller sous mon manteau et il en sort une livre de viande et deux miches de pain. "Et ça, c'est quoi ?" qu'y m'fait. "Tu vas v'nir au poste avec moi", qu'y m'fait. L'robin, y m'a collé sept jours. D'puis c'temps-là, je d'mande plus rien à ces empaffés de ratichons. Mais tu parles que j'm'en fous d'faire sept jours ! » Etc.

Visiblement, sa vie se résumait à ça : pilon, beuverie et taule, et c'était reparti pour un tour. Il en parlait en riant, comme s'il y avait vraiment de quoi se tordre. Il n'avait pas l'air de s'en sortir si bien que ça comme mendiant : il n'avait rien d'autre sur le dos qu'un costume en velours côtelé, une écharpe et une casquette, et pas de chaussettes ou de linge de corps. Ça ne l'empêchait pas d'être enjoué et bien enveloppé ; et il sentait même la bière, ce qui n'est pas courant chez les vagabonds de nos jours.

Deux des vagabonds étaient passés récemment par l'asile de Cromley et ils se sont mis à raconter une histoire de fantômes. Des années auparavant, à les en croire, cet asile avait été le théâtre d'un suicide. Un vagabond avait réussi à cacher un rasoir dans sa cellule, où il s'était tranché la gorge. Le lendemain matin, quand le *Tramp Major* avait fait sa tournée, il avait trouvé la porte bloquée par le corps, et il avait fallu casser le bras du mort pour ouvrir. Le mort se vengeait en hantant sa cellule et ceux qui y dormaient étaient assurés d'y passer dans l'année ; il y avait de nombreux exemples à l'appui, naturellement. Si une porte de cellule résistait, il fallait éviter la cellule en question comme la peste, parce que c'était celle qui était hantée.

Deux anciens marins se sont fendus d'une autre sinistre anecdote. Un homme (qu'ils juraient avoir connu) avait prévu de s'embarquer clandestinement sur un bateau en partance pour le Chili. Le navire transportait des grandes caisses en bois contenant des produits manufacturés et, avec la complicité d'un docker, le passager clandestin avait réussi à se cacher dans une de ces caisses. Mais le docker s'était trompé sur l'ordre de chargement des caisses. La grue avait attrapé celle du passager clandestin, l'avait soulevée dans les airs et déposée... tout au fond de la cale, où elle se retrouvait sous des centaines de caisses. Personne ne s'en était aperçu avant l'arrivée au port et la découverte du cadavre en décomposition du clandestin, mort d'asphyxie.

Un autre vagabond nous a raconté l'histoire de Gilderoy, le célèbre bandit écossais[1]. Il s'agissait du Gilderoy condamné à la potence qui s'était échappé, avait capturé le juge qui l'avait fait condamner et (quel homme !) l'avait pendu. C'était une histoire qui plaisait naturellement aux vagabonds, mais le plus intéressant, c'était qu'ils tordaient les faits. Dans leur version, Gilderoy trouvait refuge en Amérique, alors qu'en réalité il avait été repris et condamné à mort. L'histoire avait été retouchée, délibérément sans aucun doute ; tout comme les enfants retouchent les histoires de Samson et de Robin des Bois, en leur donnant des dénouements heureux purement imaginaires.

Après quoi on en est venus à parler histoire, un très vieil homme affirmant que « la loi de la première morsure[1] » était une survivance de l'époque où les nobles préféraient la chasse à l'homme à la chasse au chevreuil. Il a eu droit à quelques railleries, mais il n'en démordait pas. Il avait également entendu parler des Corn Laws[2] et du *jus primae noctis* (persuadé que ce droit de cuissage avait réellement existé) ; mais aussi de la Glorieuse Révolution, dont il semblait penser qu'elle avait vu les pauvres se soulever contre les riches, la confondant peut-être avec les révoltes de paysans. Je doute que le vieillard ait su lire, de sorte qu'il ne pouvait pas se contenter de répéter des choses lues dans les journaux. Ses bribes de connaissances en histoire s'étaient transmises de génération en génération chez les vagabonds, peut-être sur des siècles pour certaines. C'était un exemple de tradition orale toujours vivace, comme un vague écho du Moyen Âge.

On s'est présentés à l'asile à 6 heures du soir, Paddy et moi, et on en est sortis le lendemain matin à 10 heures. Il n'était pas très différent de ceux de Romton et d'Edbury, et on n'a pas croisé de fantôme. Parmi les occupants occasionnels se trouvaient deux jeunes gens prénommés William et Fred, d'anciens pêcheurs originaires du Norfolk qui formaient un joyeux duo et adoraient chanter. Ils avaient notamment à leur répertoire une chanson intitulée *Malheureuse Bella*, qui mérite d'être reproduite. Ils l'ont chantée cinq ou six fois au cours des deux jours qui ont suivi, si bien que j'en suis venu à la connaître par cœur, en dehors d'un vers ou deux que j'ai rétablis au jugé. En voici les paroles :

Bella était jeune, Bella était belle,
De vifs yeux bleus et des cheveux dorés,
Ô malheureuse Bella !
Le pas léger et d'humeur enjouée,
Voilà qu'un beau jour cette écervelée
Se retrouve grosse du polichinelle
D'un scélérat sans cœur, perfide et cruel.

La pauvre Bella était jeune et ne croyait pas
Le monde impitoyable et les hommes scélérats,
Ô malheureuse Bella !
Et d'assurer : « Mon homme fera ce qui est droit,
Sans tarder, il m'épousera, puisqu'il le doit. »
Elle plaçait tout son amour et toute sa foi
En un scélérat sans cœur, perfide et cruel.

Elle s'en va le trouver, mais le gredin
S'est fait la malle en un tournemain,
Ô malheureuse Bella !
Sa logeuse lui lance : « Va-t'en, sale catin,
Je ne veux pas chez moi de filles dans le pétrin. »
La pauvre Bella meurt de chagrin
Pour un scélérat sans cœur, perfide et cruel.

Elle erre toute la nuit dans les rues enneigées,
Souffrant un martyre que nul ne peut s'imaginer,
Ô malheureuse Bella !
Et quand paraît l'aube empourprée,
Hélas, hélas, la pauvre Bella est passée de vie à trépas,
Si jeune pour finir seule sur pareil grabat

Pour un scélérat sans cœur, perfide et cruel.

Ainsi voit-on qu'on a beau faire,
Le péché se paie toujours de sa croix,
Ô malheureuse Bella !
Quand ils la mirent en terre,
Les hommes dirent : « Hélas, ainsi va la vie. »
Mais les femmes d'une voix douce et basse entonnèrent :
« Toujours les hommes, quelle vacherie ! »

L'œuvre d'une femme, peut-être.

William et Fred, qui chantaient cette chanson, étaient d'authentiques fripouilles, du genre qui fait une mauvaise réputation aux vagabonds. Ils avaient appris que le *Tramp Major* de Cromley avait tout un stock de vieux vêtements, destinés aux occupants occasionnels en cas de besoin. Avant de passer la porte, William et Fred ont retiré leurs bottillons, qu'ils ont bien ouverts à l'endroit des coutures et dont ils ont arraché des morceaux ici et là dans la semelle, si bien que les bottillons en question étaient *grosso modo* irrécupérables. Ils ont ensuite demandé à bénéficier d'une nouvelle paire de bottillons, et le *Tramp Major*, voyant l'état des leurs, leur en a donné des tout neufs ou presque. Sitôt sortis de l'asile le lendemain matin, ils les ont revendus pour un shilling et neuf pence. Ils avaient l'air de penser que l'argent récolté valait bien qu'ils se retrouvent avec des bottillons pratiquement inutilisables.

Quittant l'asile, c'est une longue procession de traîne-savates qui a piqué vers le sud, en direction de Lower Binfield et de Ide Hill. Deux vagabonds en sont venus aux mains sur le chemin. Ils s'étaient disputés dans la nuit (c'était un *casus belli* au motif ridicule, l'un ayant gratifié l'autre d'un « *Bullshit*[1] ! », que ce dernier avait pris pour « Bolchevique ! », injure impardonnable) et ils ont réglé leurs comptes dans un champ. On est restés à une dizaine pour regarder la scène, qui m'a marqué pour une raison en particulier : quand le perdant est tombé à terre, sa casquette a glissé et laissé apparaître ce qui était pour l'essentiel des cheveux blancs. Après ça, on a été un certain nombre à intervenir et à mettre un terme à la bagarre. Paddy avait enquêté entretemps et découvert que la dispute, comme d'habitude, tournait en fait autour de quelques sous de nourriture.

On est arrivés d'assez bonne heure à Lower Binfield et, pour passer le temps, Paddy est allé frapper à quelques portes de service en demandant du travail. Dans une des maisons, on lui a donné des caisses à débiter à la hache pour en faire du bois de chauffage et, comme il a expliqué qu'il était avec un ami, je l'ai suivi à l'intérieur et on a fait le travail à deux. Quand on a eu terminé, le maître des lieux a dit à la bonne de nous apporter du thé. Je me souviens de son air terrifié quand elle est sortie de la maison avec le thé et comment, perdant tout courage, elle a fini par poser les tasses par terre dans l'allée avant de se dépêcher de rentrer dans la maison et de s'enfermer dans la cuisine. Tel est le redoutable effet du mot « vagabond ». On nous a donné six pence chacun, avec quoi on s'est offert une miche de pain à trois pence et une demi-once de tabac, ce qui nous laissait cinq pence.

Paddy jugeait plus sage d'enterrer les cinq pence quelque part, dans la mesure où le *Tramp Major* de Lower Binfield avait la réputation d'être intraitable et où il pouvait très bien nous refuser l'accès si on avait de l'argent sur nous. C'est une pratique courante chez les vagabonds d'enterrer leur argent. S'ils sont décidés à introduire à tout prix une somme importante à l'intérieur, ils la cousent en général quelque part dans leurs vêtements, ce qui peut naturellement leur valoir la prison s'ils se font prendre. Paddy et Bozo avaient une bonne anecdote sur le sujet. Un Irlandais (Bozo disait que c'était un Irlandais, Paddy que c'était un Anglais), qui n'est pas un vagabond et qui a sur lui trente livres, se retrouve par hasard dans un petit village où il n'arrive pas à trouver une chambre. Il prend conseil auprès d'un vagabond, qui lui recommande de se présenter à l'asile de pauvres. Il n'est pas inhabituel que quelqu'un qui n'a pas d'autre solution obtienne un lit à l'asile de pauvres, moyennant une somme d'argent raisonnable. L'Irlandais, croyant cependant pouvoir jouer au plus fin et dégoter un lit pour rien, se présente à l'asile de pauvres sous les dehors d'un vagabond ordinaire. Il a cousu les trente livres dans ses vêtements. De son côté, le vagabond qui l'a conseillé voit la chance lui sourire et, le soir même, demande en privé au *Tramp Major* la permission de quitter les lieux de bonne heure le lendemain matin pour s'occuper de se trouver un travail. À 6 heures, on le laisse sortir, et il s'en va avec sur lui... les vêtements de l'Irlandais. Celui-ci s'est plaint d'avoir été volé et a écopé de trente jours pour s'être fait loger à l'asile de pauvres sous des prétextes fallacieux.

CHAPITRE XXXV

Arrivés à Lower Binfield, on est restés un bon moment à se prélasser sur le pré communal, sous le regard des villageois plantés près de leurs barrières.

Un pasteur et sa fille se sont approchés et nous ont dévisagés en silence quelque temps, comme si on était des poissons dans un aquarium, puis ils se sont éloignés. On était plusieurs dizaines à attendre. Il y avait William et Fred, toujours en train de chanter, et aussi les types qui s'étaient battus, et puis Bill le pilon. Il avait fait la tournée des boulangers et il avait tout un tas de bouts de pain rassis glissés sous le veston, à même la peau. Il a partagé son butin avec nous, ce qu'on a tous bien apprécié. Il y avait aussi une femme, la première que j'aie rencontrée chez les vagabonds. C'était une grosse femme usée, d'une soixantaine d'années, très sale et vêtue d'une longue robe noire qui traînait par terre. Elle prenait de grands airs très dignes et, dès que quelqu'un s'asseyait à côté d'elle, elle se mettait à renifler avant d'aller s'installer un peu plus loin.

« Z'allez où comme ça, jeune fille ? » lui a demandé un des vagabonds.

Elle s'est mise à renifler, le regard perdu dans le lointain.

« Allez, jeune fille, souriez. Faites pas vot' bêcheuse. On est tous dans le même bateau.

— Merci bien, a répondu la femme avec aigreur. Quand j'aurai envie de me mêler à des vagabonds, je vous ferai signe. »

La manière dont elle prononçait « vagabonds » m'a particulièrement plu. On avait l'impression d'y lire toute son âme en un éclair : une petite âme bornée de femme à laquelle des années de trimard n'avaient absolument rien appris. C'était sans aucun doute une veuve respectable que quelque stupide accident de la vie avait réduite à vagabonder.

L'asile a ouvert à 6 heures. On était un samedi et on allait se retrouver enfermés là tout le week-end, ce qui était l'usage; il était difficile d'en voir la raison, sinon la vague idée que le dimanche méritait son lot de désagréments. Au moment de l'admission, je me suis déclaré « journaliste ». C'était plus juste que « peintre », puisque j'avais eu l'occasion de gagner de l'argent en écrivant pour des journaux, mais ce n'était pas malin de le dire parce que ça allait automatiquement me valoir quelques questions. Sitôt qu'on s'est retrouvés à l'intérieur, alignés pour la fouille rituelle, le *Tramp Major* a appelé mon nom. C'était un homme d'une quarantaine d'années au port rigide et militaire, qui n'avait pas l'air d'être la brute qu'on nous avait dépeinte, mais chez qui on retrouvait le côté bourru des anciens soldats. Il a demandé sèchement :

« Lequel d'entre vous est *** ? » (Je ne me rappelle pas le nom que j'avais donné.)

« Moi, monsieur.

— Alors, comme ça, vous êtes journaliste ?

— Oui, monsieur », ai-je répondu tout tremblant. Il suffisait de quelques questions pour qu'on découvre que j'avais menti, ce qui pouvait me valoir la prison. Mais il s'est contenté de me toiser et il a enchaîné :

« Donc, vous êtes un *gentleman* ?

— J'imagine. »

Il m'a de nouveau longuement examiné. « Eh ben, ça, c'est la guigne, m'sieur; c'est vraiment la guigne. » À compter de ce moment-là, il s'est mis à me traiter avec un favoritisme injuste, voire avec une sorte de déférence. Il ne m'a pas fouillé et, à la salle de bains, j'ai eu droit à une serviette propre pour moi tout seul, du jamais-vu comme luxe. Tel est le prestige du mot *gentleman* pour un ancien soldat.

À 7 heures, on avait englouti notre thé et notre

pain, et on était dans nos cellules. On dormait à un par cellule et, comme il y avait des sommiers et des paillasses, on aurait pu s'attendre à passer une bonne nuit. Mais aucun asile n'est parfait ; le défaut de Lower Binfield, c'était le froid qu'il y faisait. Les tuyaux de chauffage ne marchaient pas et les deux couvertures qu'on nous avait données ne nous étaient pratiquement d'aucune utilité parce qu'elles étaient toutes fines et en coton. On avait beau être en automne, il faisait un froid glacial. On passait la longue nuit de douze heures à se tourner et à se retourner, on arrivait à s'endormir quelques minutes et on se réveillait grelottant. Il était exclu de fumer, puisque le tabac qu'on avait réussi à introduire en cachette se trouvait dans nos vêtements et qu'on ne les récupérerait pas avant le lendemain. D'un bout à l'autre du couloir, ce n'était que des grognements, parfois ponctués par un juron sonore. Je ne pense pas qu'un seul d'entre nous ait réussi à dormir plus d'une heure ou deux.

Le lendemain matin, après le petit déjeuner et la visite du médecin, le *Tramp Major* nous a tous parqués dans le réfectoire, qu'il a pris soin de fermer à clef en sortant. C'était une pièce au sol dallé et aux murs blanchis à la chaux, d'une tristesse ineffable avec ses meubles en pin, ses bancs et son odeur de prison. Les fenêtres garnies de barreaux étaient trop hautes pour qu'on puisse voir à l'extérieur et la décoration se limitait à une horloge et à un exemplaire du règlement. Assis au coude-à-coude sur les bancs, on s'ennuyait déjà ferme alors qu'il était à peine 8 heures. Il n'y avait rien à faire, rien à discuter, et pas même la place pour circuler. Notre seule consolation, c'était qu'on pouvait fumer, la direction fermant les yeux tant qu'on n'était pas pris sur le fait. Scotty, un petit gars hirsute qui avait un accent bâtard fait de celui de Glasgow mâtiné de cockney, se retrouvait sans tabac, sa boîte de mégots lui ayant été confisquée après avoir glissé de sa chaussure pendant la fouille. Je lui ai offert de quoi se rouler une cigarette. On fumait furtivement, en fourrant nos cigarettes dans nos poches, comme des gamins, dès qu'on entendait approcher le *Tramp Major*.

La plupart des vagabonds ont passé dix heures d'affilée dans cette pièce dénuée d'âme et de tout confort. Dieu seul sait comment ils ont fait. J'ai eu plus de chance que les autres, puisque à 10 heures le *Tramp Major* est venu brutalement désigner certains d'entre nous pour nous confier quelques menus travaux et qu'il m'a choisi pour la cuisine de l'asile de pauvres, la corvée la plus convoitée. Comme pour la serviette propre, je devais cela à la magie du mot *gentleman*.

Il n'y avait rien à faire à la cuisine, et je me suis glissé en douce dans une petite remise où on stockait des pommes de terre et où quelques indigents résidant à l'asile de pauvres traînaient pour échapper à l'office du dimanche matin. Il y avait des caisses sur lesquelles s'asseoir sans se gêner, des vieux numéros du *Family Herald* et même un exemplaire de *Raffles*[1] qui venait de la bibliothèque de l'asile. Les indigents m'ont appris des choses intéressantes sur leurs conditions de vie. Ils m'ont expliqué, entre autres choses, que ce qu'ils détestaient le plus, c'était l'uniforme, stigmate de la charité ; s'ils avaient été autorisés à porter leurs propres vêtements, voire juste leur casquette et leur écharpe, ça ne les aurait pas dérangés d'être des indigents. J'ai déjeuné à la table de l'asile de pauvres, où on nous a servi un repas digne d'un boa constricteur, le plus copieux que je mangeais depuis mon premier jour à l'Hôtel X. Les indigents m'ont dit qu'ils mangeaient en général à s'en faire éclater la panse le dimanche et qu'ils étaient sous-nourris le reste de la semaine. Après le déjeuner, le cuisinier m'a mis à la corvée de vaisselle et m'a ordonné de jeter les restes. Le gaspillage était ahurissant et, au vu des circonstances, consternant. On traitait comme de vulgaires ordures des rôtis à moitié consommés et des seaux entiers remplis de bouts de pain et de légumes, qu'on cochonnait ensuite en y jetant des feuilles de thé. J'ai rempli à ras bords cinq poubelles de nourriture tout à fait mangeable. Et, pendant ce temps-là, cinquante vagabonds étaient assis à l'asile de nuit le ventre à moitié vide après un repas composé de pain et de fromage, à quoi s'ajoutaient peut-être deux pommes de terre à l'eau froides par personne parce que c'était dimanche. À en croire les indigents, c'était de propos délibéré qu'on jetait la nourriture plutôt que de la donner aux vagabonds.

À 3 heures, je suis retourné à l'asile de nuit. Les vagabonds étaient là depuis 8 heures, avec tout juste la place de remuer un coude, et ils commençaient à tourner bourrique à force d'ennui. Il n'y avait même plus moyen de trouver une échappatoire dans le tabac, que les vagabonds tirent des mégots ramassés et sans lequel ils sont en manque au bout de quelques heures passées loin du trottoir. Ils étaient pour la plupart tellement assommés qu'ils n'avaient même plus la force de parler ; ils étaient simplement entassés là sur leurs bancs, à regarder dans le vide, leurs visages broussailleux fendus en deux par de prodigieux bâillements. Toute la pièce suintait l'*ennui**.

Comme Paddy, les fesses meurtries par la dureté du banc, était d'humeur geignarde, je me suis mis à bavarder pour passer le temps avec un vagabond qui sortait un peu du lot, un jeune charpentier portant faux col et cravate qui disait se retrouver à faire le trimard faute d'outils. Il gardait ses distances avec les autres et se comportait plus en homme libre qu'en habitué de ce genre d'endroit. Il s'intéressait à la littérature, par ailleurs, et se promenait avec un exemplaire de *Quentin Durward* dans la poche. Il ne fréquentait les asiles de nuit que s'il y était poussé par la faim, préférant coucher à l'abri d'une haie ou d'une meule de foin. Sur la côte sud, plusieurs semaines durant, il avait fait la manche le jour et couché dans des cabines de bain la nuit.

On a parlé de la vie de trimardeur. Il s'en est pris au système qui contraignait les vagabonds à passer quatorze heures par jour dans des asiles de nuit et les dix heures restantes à marcher et à éviter la police. Il a évoqué son cas : six mois à la charge de la société faute de pouvoir s'offrir pour quelques livres d'outils. C'était absurde, selon lui.

Je lui ai alors parlé du gaspillage de nourriture dont j'avais été le témoin en lui disant ce que j'en pensais. Il a changé de ton sur-le-champ. J'ai vu que j'avais réveillé en lui la grenouille de bénitier qui sommeille en tout ouvrier anglais. Il avait beau avoir souffert de la faim comme les autres, il a immédiatement trouvé le moyen de justifier le fait de jeter de la nourriture plutôt que de la donner aux vagabonds. Il m'a assez durement sermonné.

« Ils sont obligés de faire ça. Si ce genre d'endroit devenait trop accueillant, c'est toute la racaille du pays qu'on verrait accourir. C'est la nourriture minable qui tient la racaille à distance. Ces vagabonds, là, ils sont bien trop paresseux pour travailler ;

c'est juste ça, leur problème. Ça sert à rien d'aller les encourager. C'est de la racaille. »

J'ai avancé des arguments démentant ce point de vue, mais il refusait d'écouter. Il répétait en boucle :

« Ça sert à rien de s'apitoyer sur ces vagabonds, là. C'est rien que de la racaille. Ça sert à rien de les traiter comme toi et moi. C'est de la racaille, un point c'est tout. »

La distinction subtile qu'il établissait entre lui-même et « ces vagabonds, là » était frappante. Cela faisait six mois qu'il faisait le trimard, mais, aux yeux du Seigneur, semblait-il dire, lui-même n'était pas un vagabond. J'imagine que de nombreux vagabonds remercient le Seigneur de n'avoir pas fait d'eux des vagabonds. Ils me font penser aux touristes toujours si prompts à critiquer les touristes.

Il s'est écoulé encore trois heures, qui n'en finissaient pas. À 6 heures, on nous a servi le dîner, qui s'est révélé immangeable : le pain, déjà bien ferme le matin (il avait été tranché la veille), était maintenant dur comme du biscuit de mer. Heureusement, il avait été arrosé de graisse de cuisson et on a raclé la graisse, qu'on s'est contentés de manger sans le pain, ce qui était mieux que rien. À 6 heures et quart, on nous a envoyés nous coucher. Une nouvelle fournée de vagabonds arrivait et, pour qu'il n'y ait pas de mélange entre les différentes fournées (la peur des maladies infectieuses), les nouveaux ont eu droit aux cellules et nous aux dortoirs. Notre dortoir ressemblait à une grange où on aurait disposé trente lits tout près les uns des autres, avec un baquet en guise de pot de chambre commun. Il y régnait une puanteur insoutenable, et on a entendu les vieillards tousser et se lever toute la nuit. Mais on était tellement nombreux qu'il y faisait chaud, si bien qu'on a pu dormir un peu.

On s'est dispersés à 10 heures du matin, après un nouvel examen médical, nantis d'un peu de pain et de fromage pour notre déjeuner. William et Fred, forts du shilling qu'ils avaient en poche, ont empalé leur pain sur la grille — en signe de protestation, ont-ils déclaré. C'était le deuxième asile du Kent dont ils se fermaient définitivement la porte et ils trouvaient ça très drôle. Ils étaient plutôt gais, pour des vagabonds. L'imbécile de service (il y en a toujours un dans les bandes de vagabonds) a déclaré qu'il était trop fatigué pour marcher et s'est agrippé à la grille, jusqu'à ce que le *Tramp Major* se retrouve contraint de le déloger d'un coup de pied aux fesses. Paddy et moi, on a pris le chemin de Londres, vers le nord. Les autres continuaient pour la plupart vers Ide Hill, qui avait la réputation d'être sans doute le pire asile de toute l'Angleterre*.

C'était là encore une belle journée d'automne et la route était tranquille, les automobiles s'y faisant rares. Après les relents mêlés de sueur, de savon et d'égouts de l'asile, l'air embaumait presque l'églantine. On aurait pu se croire seuls sur cette route. C'est alors que j'ai entendu derrière nous un bruit de pas précipités et quelqu'un qui appelait. C'était le petit Scotty, le vagabond de Glasgow, qui nous avait couru après et arrivait tout essoufflé. Il a sorti une boîte rouillée de sa poche. Il avait un sourire amical, celui de quelqu'un qui vient s'acquitter d'une dette.

« Tiens, mon pote, a-t-il dit chaleureusement. Je t'dois quelques mégots. Tu m'as dépanné hier. Le

* J'ai eu l'occasion d'y aller depuis et il n'est pas si terrible que ça.

Tramp Major m'a r'donné ma boîte de mégots quand qu'on est sortis ce matin. Chacun son tour de s'donner un coup de main. Tiens. »

Et il a déposé quatre mégots tout humides et dégoûtants, sans aucune valeur, dans le creux de ma main.

CHAPITRE XXXVI

Je souhaite à présent consigner quelques remarques d'ordre général sur les vagabonds. Quand on y pense, les vagabonds sont une curiosité qui mérite qu'on s'y arrête. Il est curieux de voir une tribu d'hommes, qui se comptent par dizaines de milliers, arpenter l'Angleterre comme autant de Juifs errants. Si la question est de toute évidence digne d'intérêt, il importe toutefois avant de s'y intéresser de se débarrasser de certains préjugés. Ces préjugés s'enracinent dans l'idée que tous les vagabonds sont *ipso facto* des fripouilles. Enfants, nous avons appris que les vagabonds étaient des fripouilles, si bien que nous avons en tête une sorte de vagabond idéal ou archétypal : une créature repoussante, assez dangereuse, qui préférerait mourir plutôt que de travailler ou de se laver, et n'aspire à rien d'autre qu'à mendier, boire et voler des poules. Ce vagabond monstrueux n'a pas plus de réalité que le Chinois perfide des magazines, mais il est très difficile de s'en débarrasser. Le mot « vagabond » lui-même en évoque l'image. Et le crédit qu'on y accorde occulte les véritables questions soulevées par le vagabondage.

Commençons par cette question essentielle : pourquoi existe-t-il des vagabonds ? Curieusement, très peu de gens savent ce qui conduit un vagabond à prendre la route. Du fait du crédit accordé à la figure du vagabond monstrueux, on évoque les raisons les plus invraisemblables. On soutient, par exemple, que les vagabonds vagabondent pour éviter d'avoir à travailler, pour mendier tout à loisir, pour trouver des occasions de se livrer à quelque larçin, voire — raison la moins probable — parce qu'ils aiment ça. J'ai même lu dans un ouvrage de criminologie que le vagabondage relevait de l'atavisme, d'un retour au stade nomade de l'humanité. Pendant ce temps-là, la cause assez évidente du vagabondage crève les yeux. Le vagabondage ne relève naturellement pas de l'atavisme nomade ; à ce compte-là, les voyageurs de commerce en relèvent aussi. Un vagabond vagabonde, non parce qu'il aime ça, mais pour la même raison qu'on conduit à gauche : parce qu'il se trouve qu'il existe une loi qui l'y oblige. Un indigent qui ne bénéficie pas de l'assistance publique n'a d'autre choix que de se tourner vers les asiles de nuit et, comme il ne peut y être accueilli que pour une nuit à chaque fois, il est automatiquement obligé de se déplacer constamment. C'est un chemineau parce que, la loi étant ce qu'elle est, c'est ça ou mourir de faim. Mais, comme les gens ont été élevés dans la croyance du vagabond monstrueux, ils préfèrent penser que le vagabondage obéit forcément à des motifs plus ou moins crapuleux.

En réalité, il n'y a pas grand-chose de la figure du vagabond monstrueux qui résiste à l'examen. Prenons l'idée communément admise selon laquelle les vagabonds sont dangereux. Indépendamment de l'expérience qu'on peut en avoir, on peut affirmer *a priori* que très peu de vagabonds sont dangereux, parce que, s'ils l'étaient, on les traiterait comme tels.

Un asile de nuit accueille souvent une centaine de vagabonds, dont s'occupe une équipe constituée de trois gardiens au plus. Trois hommes sans armes seraient incapables de maîtriser une centaine de voyous. De fait, quand on voit à quel point les vagabonds se laissent brutaliser par le personnel des asiles de pauvres, force est de reconnaître que ce sont les créatures les plus dociles et les plus soumises qui soient. Prenons cette autre idée selon laquelle les vagabonds sont tous des ivrognes — idée d'emblée grotesque. Ils seraient sans doute nombreux à boire s'ils en avaient l'opportunité, mais, les choses étant ce qu'elles sont, ce n'est pas le cas. À l'heure actuelle, en Angleterre, il faut compter sept pence pour une pinte du pâle breuvage aqueux qu'on nomme bière. Pour pouvoir se soûler avec ça, il en coûterait au moins une demi-couronne, et un homme qui a une demi-couronne à sa disposition est rarement un vagabond. L'idée selon laquelle les vagabonds sont des parasites éhontés de la société (« mendiants valides[1] ») n'est pas totalement infondée, mais elle ne s'applique qu'à un faible pourcentage de cas. Le parasitisme cynique et délibéré, tel qu'il est évoqué dans les livres que consacre Jack London au vagabondage en Amérique[2], n'est pas dans le caractère anglais. Les Anglais sont une race à la conscience morale aiguë, qui voit dans la pauvreté un authentique péché. On n'imagine pas l'Anglais moyen se muer délibérément en parasite, et ce trait de caractère national ne s'altère pas automatiquement dès lors qu'un individu se retrouve privé d'emploi. De fait, si l'on veut bien se souvenir qu'un vagabond n'est rien d'autre qu'un Anglais sans emploi, forcé par la loi à mener une vie de vagabond, alors la figure du vagabond monstrueux s'évanouit. Je ne prétends pas, naturellement, que les vagabonds sont pour la plupart d'entre eux des anges ; je dis juste que ce sont des êtres humains ordinaires et que, s'ils sont pires que d'autres, il faut y voir la conséquence et non la cause de leur mode de vie.

Il s'ensuit que le « c'est bien fait pour eux » qui prévaut d'ordinaire dans l'attitude qu'on adopte vis-à-vis des vagabonds n'est pas plus justifié que si on l'adoptait vis-à-vis des infirmes et des invalides. Une fois qu'on a pris conscience de cela, on peut commencer à se mettre dans la peau d'un vagabond et à comprendre ce qu'est sa vie. Une vie foncièrement vaine et extrêmement désagréable. J'ai décrit la vie à l'asile de nuit — le quotidien d'un vagabond —, mais trois fléaux en particulier méritent qu'on s'y arrête. Le premier est la faim, le lot de presque tous les vagabonds. On leur octroie, à l'asile de nuit, une ration dont on n'escompte sans doute même pas qu'elle puisse suffire et, pour la compléter, ils sont forcés de recourir à la mendicité, donc d'enfreindre la loi. Il en résulte que presque tous les vagabonds sont rongés par la malnutrition ; il suffit pour s'en convaincre de regarder les individus qui font la queue devant les asiles de nuit. Le deuxième fléau majeur qu'ait à affronter un vagabond — qui peut paraître moins grave à première vue, mais mérite de figurer à la deuxième place — tient à ce qu'il est privé de tout contact avec des femmes. Ce point nécessite quelques éclaircissements.

Les vagabonds sont coupés des femmes pour la simple raison, tout d'abord, que les femmes sont très peu présentes à leur niveau social. On pourrait s'imaginer que, chez les indigents comme ailleurs, les sexes sont représentés à parts égales. Ce n'est pas le cas ; en réalité, on peut pratiquement affirmer qu'en deçà d'un certain seuil, c'est à une société exclusivement masculine qu'on a affaire. Les chiffres suivants, publiés par le conseil municipal de Londres et basés sur un recensement réalisé dans la nuit du 13 février 1931, font apparaître la part relative des hommes et des femmes parmi les indigents :

> Passant la nuit dans la rue : 60 hommes, 18 femmes*.
>
> Dans des refuges et autres lieux d'accueil n'ayant pas le statut de pension à dortoirs : 1 057 hommes, 137 femmes.
>
> Dans la crypte de l'église St. Martin's-in-the-Fields : 88 hommes, 12 femmes.
>
> Dans les pensions et asiles de nuit municipaux de la ville de Londres : 674 hommes, 15 femmes.

On voit, à la lecture de ces chiffres, qu'il y a près de dix hommes pour une femme parmi les individus vivant de la charité. Cela tient vraisemblablement au fait que le chômage touche moins les femmes que les hommes ; sans compter que n'importe quelle femme à peu près présentable peut, en dernier recours, se lier à un homme. Il en résulte que les vagabonds sont condamnés au célibat à vie. Car il va sans dire que, si un vagabond ne trouve pas de femme à son niveau social, celles qui se trouvent à un niveau un tant soit peu supérieur lui sont aussi inaccessibles que la lune. Sans en examiner ici les causes, on peut sans peine affirmer que les femmes ne s'abaissent jamais ou presque à se lier à des hommes bien plus pauvres qu'elles-mêmes. Les vagabonds se retrouvent donc célibataires dès qu'ils se mettent à faire la route. Ils n'ont pas le moindre espoir de se trouver une épouse,

* Il doit s'agir d'une estimation basse, mais les proportions restent vraisemblablement justes.

une maîtresse ou toute autre femme, exception faite — en de très rares occasions, quand ils parviennent à réunir quelques shillings — des prostituées.

Les conséquences de cet état de choses sont évidentes : l'homosexualité, par exemple, et quelques cas de viols. Mais, à un niveau plus profond, il y a aussi le sentiment de déchéance de celui qui sait qu'il n'est pas même jugé apte au mariage. L'instinct sexuel, pour en rester simplement à ça, est un instinct fondamental, dont la non-satisfaction peut être presque aussi démoralisante que la faim. Le fléau que représente la pauvreté tient non pas tant aux souffrances infligées qu'à la déliquescence physique et spirituelle qu'elle entraîne chez un homme. Et il est indubitable que la privation sexuelle contribue à ce processus de déliquescence. Coupé des femmes dans leur ensemble, un vagabond se sent ravalé au rang d'infirme ou d'aliéné. Il n'est pas d'humiliation plus dévastatrice pour l'estime de soi.

Le dernier fléau majeur propre à la vie de vagabond, c'est l'oisiveté forcée. Nos lois sont telles qu'un vagabond se retrouve nécessairement assis dans une cellule quand il n'est pas sur les routes; voire, dans l'intervalle, allongé par terre à attendre l'ouverture de l'asile de nuit. Il est évident que c'est là un mode de vie sinistre et démoralisant, surtout pour un homme sans instruction.

On pourrait énumérer des dizaines d'autres fléaux de moindre importance, comme, pour n'en citer qu'un, l'inconfort, inséparable de la vie sur les routes; il faut se souvenir que le vagabond moyen n'a pas d'autres vêtements que ceux qu'il a sur le dos, qu'il porte des bottillons qui ne sont pas faits à son pied et qu'il peut passer des mois sans s'asseoir sur une chaise. Mais, ce qui importe, c'est que les souffrances des vagabonds sont totalement inutiles. Il mène une vie extraordinairement pénible, et ce sans la moindre raison d'être. De fait, il est impossible d'imaginer routine plus vaine que celle qui consiste à marcher de prison en prison, en passant quelque chose comme dix-huit heures par jour dans une cellule et sur les routes. Il doit bien y avoir en Angleterre plusieurs dizaines de milliers de vagabonds au bas mot. Ils dépensent tous les jours des tonnes d'énergie — assez pour labourer des milliers d'hectares, pour construire des kilomètres de routes, pour bâtir des dizaines de maisons — juste à marcher inutilement. Ils perdent tous les jours l'équivalent de dix ans peut-être à eux tous à fixer du regard des murs de cellule. Ils coûtent à la nation au moins une livre par semaine chacun sans rien donner en retour. Ils tournent en rond, pris dans un jeu assommant et sans fin de chaises musicales, qui n'est d'aucune utilité et n'a pas la moindre prétention à l'être pour qui que ce soit. La loi entretient ce processus, auquel nous sommes tellement accoutumés qu'il ne nous surprend même pas. Mais ça n'a vraiment aucun sens.

Une fois reconnue la vanité de la vie d'un vagabond, se pose la question de savoir si on peut faire quoi que ce soit pour l'améliorer. On pourrait clairement, par exemple, rendre les asiles de nuit un peu plus habitables, ce qui se fait dans certains cas. Durant l'année écoulée, certains asiles de nuit ont fait l'objet d'aménagements — au point d'être méconnaissables, à en croire certains témoignages —, et l'on parle de leur faire subir à tous le même traitement. Mais cela ne règle pas le fond du problème. À savoir : comment s'y prend-on pour faire d'un vagabond plus mort que vif et rongé par l'ennui un être humain qui se respecte ? La simple amélioration de son confort ne suffit pas. Quand bien même les asiles de nuit deviendraient véritablement luxueux (ce qui ne risque pas d'arriver*), la vie d'un vagabond n'en serait pas moins un vrai gâchis. Il n'en serait pas moins un indigent assisté, sans espoir de mariage et de vie domestique, parfaitement inutile à la communauté. Ce qu'il faut, c'est le sortir de la misère, ce qui n'est possible qu'en lui trouvant du travail, pas n'importe quel travail, mais un travail dont il puisse jouir des fruits. À l'heure actuelle, dans la grande majorité des cas, les asiles de nuit ne donnent pas le moindre travail à accomplir aux vagabonds. Fut un temps, on leur faisait casser des cailloux en échange de leur nourriture, mais tout ça a pris fin une fois qu'ils avaient cassé assez de cailloux pour tenir des siècles et que les casseurs de pierre se sont retrouvés au chômage. De nos jours, ils sont oisifs, parce qu'on ne trouve visiblement rien à leur faire faire. Il y aurait pourtant une façon évidente de leur donner une forme d'utilité : tous les asiles de pauvres pourraient se doter d'une petite ferme, ou du moins d'un jardin potager, où tous les vagabonds valides qui se présentent accompliraient une bonne journée de travail. Les produits de la ferme ou du jardin potager pourraient servir à nourrir les vagabonds, ce qui, même dans le pire des cas, serait toujours mieux que leur régime infect à base de pain, de margarine et de thé. Il paraît naturellement exclu que les asiles de nuit puissent jamais être complètement autonomes, mais ils pourraient malgré tout avancer dans cette

* Pour être tout à fait honnête, il convient de préciser que quelques-uns d'entre eux se sont récemment améliorés, du point de vue de l'hébergement en tout cas. Mais la plupart restent inchangés, et il n'y a eu aucune amélioration de la nourriture.

direction, ce qui, sur le long terme, en diminuerait sans doute le coût. Il faut se souvenir que, dans le système actuel, les vagabonds sont on ne peut plus inutiles à la nation, dans la mesure où, en dehors du fait qu'ils ne travaillent pas, ils sont soumis à un régime qui ne peut que leur détériorer la santé ; c'est un système qui a pour conséquence des pertes humaines autant que financières. Cela vaudrait la peine de tester un dispositif leur procurant une alimentation décente tout en les amenant à en produire ne serait-ce qu'une partie.

On peut objecter à cela qu'une main-d'œuvre occasionnelle ne suffit pas pour entretenir une ferme ou même un jardin. Mais il n'y a aucune raison valable pour que les vagabonds ne passent qu'une seule journée dans chaque asile de nuit ; ils pourraient y rester un mois, voire un an, si on leur y offrait du travail. La circulation constante des vagabonds est quelque chose d'assez artificiel. Actuellement, un vagabond représente une charge, ce qui conduit chacun des asiles de pauvres à vouloir l'expédier chez le voisin ; d'où la règle qui veut qu'il ne puisse y séjourner plus d'une nuit. S'il revient moins d'un mois plus tard, on le punit en le consignant pendant une semaine et, comme c'est à peu près comme de faire de la prison, il préfère naturellement circuler sans cesse. Mais, s'il représentait de la main-d'œuvre pour l'asile de pauvres, et si celui-ci représentait pour lui une alimentation saine, il en irait tout autrement. Les asiles de pauvres se changeraient en établissements partiellement autonomes, et les vagabonds, qui se sédentariseraient ici ou là en fonction des besoins, cesseraient d'être des vagabonds. Ils auraient une forme d'utilité, s'alimenteraient correctement et vivraient une vie sédentaire. Avec le temps, si le dispositif fonctionnait bien, ils pourraient même cesser d'être perçus comme des indigents assistés et pourraient se marier et occuper une place respectable dans la société.

Ce n'est là qu'une ébauche, qui peut soulever certaines objections évidentes. Elle n'en esquisse pas moins le moyen d'améliorer le sort des vagabonds sans ajouter encore aux charges de l'Assistance publique. Quoi qu'il en soit, c'est dans quelque chose d'approchant que se trouve la solution. Car le problème posé est de savoir quoi faire d'hommes sous-alimentés et oisifs ; et la réponse — leur faire produire leur nourriture — s'impose d'elle-même.

CHAPITRE XXXVII

Un mot sur les possibilités d'hébergement qui s'offrent aux sans-abri à Londres. Il est à l'heure actuelle impossible de trouver un « lit » à Londres pour moins de sept pence la nuit, en dehors des établissements de charité. Si on ne peut pas débourser cette somme pour un lit, on doit se contenter de l'un des expédients suivants :

1. L'Embankment. Voici le témoignage de Paddy sur ses nuits sur l'Embankment :

« Le truc avec l'Embankment, c'est de s'coucher tôt. Faut qu'tu sois sur ton banc avant 8 heures, parce qu'y a pas trop de bancs et des fois y sont tous pris. Et faut qu't'essaies d't'endormir vite fait. Fait trop froid pour dormir vraiment passé minuit, et pis les cognes y t'virent à 4 heures du mat'. Mais c'est pas fastoche de dormir avec ces fichus trams qui t'passent à côté sans arrêt et pis les enseignes lumineuses de l'aut' côté du fleuve qui te clignotent dans les yeux. Y fait un froid de canard. Ceux qui dorment là, en général, y s'enveloppent de papier journal, mais ça sert pas trop à grand-chose. Tu t'en sors pas mal si t'arrives à roupiller trois heures. »

J'ai couché sur l'Embankment et j'ai trouvé que ça correspondait bien à la description de Paddy. C'est malgré tout infiniment mieux que de ne pas dormir du tout, ce qui est le lot de ceux qui passent la nuit dans la rue, ailleurs que sur l'Embankment. Selon la loi en vigueur à Londres, on est autorisé à s'asseoir pour la nuit, mais la police a l'ordre de déloger ceux qu'elle trouve endormis ; l'Embankment ainsi qu'un ou deux coins perdus (il y en a un derrière le Lyceum Theatre) font exception à la règle. C'est une loi à l'objet clairement et délibérément vexatoire. Elle vise, dit-on, à empêcher les gens de mourir de froid ; mais il est évident qu'un homme qui n'a pas de toit et se prépare à mourir de froid mourra, qu'il soit endormi ou pas. Il n'y a pas l'équivalent à Paris. Là-bas, des dizaines de gens dorment sous les ponts, sous des portes cochères, sur les bancs des squares, près des bouches d'aération du métro et même dans les stations de métro. Ça ne semble pas poser de problème. Personne n'a envie de passer la nuit dehors et, si quelqu'un y est contraint, autant le laisser dormir, s'il y arrive.

2. « La corde à deux pence ». C'est un peu mieux que l'Embankment. À « la corde à deux pence », les pensionnaires sont assis en rang sur un banc ; ils ont devant eux une corde, sur laquelle ils s'appuient comme s'ils se penchaient au-dessus d'une barrière. Quelqu'un, qu'on appelle « le valet » non sans humour, coupe la corde à 5 heures du matin.

Je n'y suis jamais allé, mais Bozo, lui, y était souvent allé. Je lui ai demandé comment on pouvait arriver à dormir dans une telle position, et il m'a dit que c'était plus confortable qu'il n'y paraissait, mieux en tout cas que de dormir à même le sol. Il y a des refuges du même genre à Paris, mais qui ne coûtent que vingt-cinq centimes (un demi-penny) au lieu de deux pence.

3. « Le cercueil », à quatre pence la nuit. Au « cercueil », on dort dans une caisse en bois, avec une bâche en guise de couverture. Il y fait froid et le pire, ce sont les punaises, auxquelles on ne peut pas échapper puisqu'on est enfermé.

Ensuite viennent les pensions à dortoirs, un cran encore au-dessus, avec des tarifs à la nuit allant de sept pence à un shilling et un penny. Les mieux sont les Rowton Houses, où pour un shilling on a droit à un box individuel et à des salles de bains remarquables. On peut aussi avoir accès, pour une demi-couronne, à une « spéciale », pratiquement du niveau d'une chambre d'hôtel. Les Rowton Houses sont de magnifiques établissements, dont le seul défaut est la discipline stricte qui y est appliquée, le règlement interdisant qu'on y cuisine, qu'on y joue aux cartes, etc. La meilleure publicité en faveur des Rowton Houses, c'est qu'elles sont toujours bondées. Les Bruce Houses, à un shilling et un penny, sont elles aussi remarquables.

L'échelon au-dessus, en matière de propreté, ce sont les établissements de l'Armée du Salut, à sept ou huit pence la nuit. Ils ne sont pas tous du même niveau (j'en ai fréquenté un ou deux aussi sales que des pensions à dortoirs ordinaires), mais ils sont propres pour la plupart et ils ont des salles de bains très correctes ; il faut toutefois payer un supplément pour prendre un bain. On peut y accéder à un box individuel pour un shilling. Dans les dortoirs à huit pence, les lits sont confortables, mais tellement nombreux (quarante minimum par chambre, en règle générale) et tellement proches les uns des autres qu'il est impossible d'y passer une nuit tranquille. Les multiples restrictions avec lesquelles on doit composer sur place ont des relents de prison et d'aumône. Les établissements de l'Armée du Salut ne peuvent attirer que ceux qui placent la propreté au-dessus de tout le reste.

Ensuite, il y a les pensions à dortoirs ordinaires. Que l'on paie sept pence ou un shilling, toutes sont bruyantes et sentent le renfermé, les lits y étant par ailleurs immanquablement sales et inconfortables. Ce qui les sauve, c'est le libéralisme qui y règne, ainsi que leurs cuisines chauffées et accueillantes où l'on peut traîner à toute heure du jour et de la nuit. Ce sont des bouges sordides, mais qui autorisent une forme de vie sociale. Les pensions pour femmes ont la réputation d'être pires, pour la plupart, que celles qui sont réservées aux hommes, tandis qu'il existe très peu de pensions accueillant des couples mariés. De fait, il n'est pas rare de voir un sans-abri logé dans une pension tandis que sa femme est logée dans une autre.

Au moins quinze mille Londoniens vivent à l'heure actuelle dans des pensions à dortoirs. Pour un célibataire qui gagne deux livres par semaine, voire moins, la pension à dortoirs est une aubaine. Il pourrait difficilement s'offrir un garni et, dans une pension, il a accès gratuitement à un lieu chauffé et à un semblant de salle de bains tout en ne manquant pas de compagnie. La saleté, quant à elle, est un désavantage mineur. Le véritable défaut des pensions, c'est qu'on paie pour y dormir alors qu'il est impossible d'y faire une bonne nuit. Tout ce qu'on a pour son argent, c'est un lit d'un mètre soixante-dix de long sur quatre-vingts centimètres de large, un matelas rigide et convexe, un oreiller dur comme du bois, un dessus-de-lit en coton pour toute couverture et deux draps gris malodorants. L'hiver, on a droit à des couvertures, mais jamais en nombre suffisant. Et le lit se trouve dans une chambre qui ne compte jamais moins de cinq lits, et peut en compter jusqu'à une cinquantaine ou une soixantaine, distants d'un mètre ou deux. Il est évident que personne ne peut faire une bonne nuit dans un tel environnement. Les seuls autres lieux où l'on parque ainsi les gens, ce sont les casernes et les hôpitaux. Dans les salles communes des hôpitaux, on ne s'attend pas à bien dormir. Dans les casernes, on entasse les soldats, mais ils ont de bons lits et sont en bonne santé ; dans une pension à dortoirs, presque tous les pensionnaires toussent de façon chronique, et bon nombre d'entre eux souffrent de troubles de la vessie qui les obligent à se lever à toute heure de la nuit. Il en résulte un tapage continuel, qui empêche quiconque de trouver le sommeil. Pour ce que j'en ai vu, personne dans une pension ne parvient à dormir plus de cinq heures par nuit — une sacrée escroquerie quand on a payé sept pence, voire plus.

Il ne serait pas inutile de légiférer sur ce point. Le conseil municipal de Londres a édicté toutes sortes de règles relatives aux pensions, mais pas dans l'intérêt des pensionnaires. Le conseil municipal de Londres se contente de s'employer à interdire la boisson, le jeu, les bagarres, etc. Il n'existe pas de texte de loi stipulant que les lits d'une pension doivent être confortables. Ce serait facile à faire appliquer, bien plus, par exemple, que les restrictions portant sur les jeux d'argent. Les tenanciers de ces pensions devraient être tenus de fournir une literie convenable et de meilleurs matelas, et surtout de diviser leurs dortoirs en boxes individuels. Peu en importe la taille, l'essentiel est qu'un homme puisse dormir seul. Ces quelques mesures, appliquées de façon stricte, amélioreraient considérablement la situation. Il n'est pas impossible d'apporter un confort raisonnable aux pensions, sans toucher aux tarifs qui ont cours. Dans les logements municipaux de Croydon, où la nuit ne coûte que neuf pence, on trouve des boxes individuels, de bons lits, des chaises (luxe très rare dans les pensions) et des cuisines qui ne sont pas en sous-sol. Il n'y a pas de raison que toutes les pensions à neuf pence ne puissent pas se mettre à ce niveau-là.

Naturellement, il faudrait s'attendre à ce que les propriétaires de pensions s'opposent *en bloc** à toute amélioration, dès lors qu'il y a là pour eux, en l'état actuel des choses, un commerce extraordinairement lucratif. Une pension rapporte en moyenne cinq à dix livres par nuit, sans créance douteuse (le crédit étant formellement interdit) et avec des dépenses limitées en dehors du loyer. Toute amélioration aurait pour effet de réduire le nombre d'occupants, et par là même le profit. Il n'empêche que les remarquables logements municipaux de Croydon démontrent qu'on peut bel et bien fournir un service de qualité pour neuf pence. Quelques lois judicieusement ciblées pourraient permettre de généraliser ces pratiques. Si l'administration doit s'intéresser aux pensions, elle ferait bien de commencer par en améliorer le confort, plutôt que d'édicter de stupides règlements qu'on ne tolérerait jamais dans un hôtel.

CHAPITRE XXXVIII

Une fois sortis de l'asile de Lower Binfield, Paddy et moi avons gagné une demi-couronne en désherbant et en ratissant chez quelqu'un, puis passé la nuit à Cromley avant de reprendre le chemin de Londres. J'ai fait mes adieux à Paddy un ou deux jours plus tard. B. m'a prêté encore deux livres, les dernières, et, comme je n'avais plus que huit jours à tenir, je voyais le bout du tunnel. Mon imbécile apathique s'est avéré pire que je ne l'avais imaginé, mais pas terrible au point que j'envisage de retourner à l'asile de nuit ou à l'Auberge de Jehan Cottard.

Paddy s'est mis en route pour Portsmouth, où il avait un ami qui pouvait vraisemblablement lui trouver du travail, et je ne l'ai jamais revu depuis. J'ai appris récemment qu'il avait été renversé et qu'il était mort, mais mon informateur le confondait peut-être avec quelqu'un d'autre. J'ai eu des nouvelles de Bozo il y a trois jours seulement. Il est à Wandsworth : quatorze jours d'emprisonnement pour mendicité. Je ne pense pas que la prison l'affecte outre mesure.

Mon histoire s'arrête ici. C'est une histoire assez banale, dont j'espère simplement qu'elle présente le genre d'intérêt que peut présenter un journal de voyage. Ce que je peux affirmer, en tout cas, c'est : « Voici le monde qui vous attend si jamais vous vous retrouvez sans le sou. » J'aimerais un jour explorer ce monde plus à fond. J'aimerais connaître des gens comme Mario, Paddy et Bill le pilon, non au hasard de rencontres fortuites, mais de façon intime ; j'aimerais comprendre ce qui se passe vraiment dans la tête des *plongeurs**, des vagabonds et des dormeurs de l'Embankment. Pour l'heure, j'ai le sentiment de n'avoir vécu qu'à la lisière de la pauvreté.

Il y a malgré tout deux ou trois choses que j'ai apprises en étant fauché et qui me resteront. Je ne m'imaginerai plus jamais que les vagabonds sont tous des ivrognes et des voyous ; je n'attendrai plus d'un mendiant de la gratitude quand je lui donne un penny ; je ne serai plus surpris de voir des hommes au chômage manquer de ressort ; je ne donnerai plus un sou à l'Armée du Salut ; je ne mettrai plus mes habits au clou ; je ne refuserai plus les prospectus qu'on me tend ; je ne savourerai plus le moindre repas dans un grand restaurant. C'est un début.

FIN

DOSSIER

CHRONOLOGIE

1903

25 juin : naissance d'Eric Arthur Blair à Motihari, ville de la province de Bihar située près de la frontière népalaise, dans l'Inde britannique. Son père, Richard Walmesley Blair, né en 1857, est fonctionnaire au département de l'Opium de l'Indian Civil Service ; il a épousé le 15 juin 1897, à quarante ans, Ida Mabel Limouzin, qui en a alors vingt-deux. Ida, née en 1875 dans la banlieue de Londres, a été élevée en Birmanie, où son père, qui était français, faisait le commerce du bois de teck à Moulmein. Le couple a déjà une fille, Marjorie Frances, née le 21 avril 1898.

1904

Ida Blair rentre en Angleterre avec Marjorie et Eric ; la famille s'installe à Henley-on-Thames, dans l'Oxfordshire. Eric semble avoir été très tôt fragile des poumons. À l'exception d'une brève visite à l'été de 1907 — une permission de trois mois lui avait été accordée à l'occasion d'une promotion —, la famille ne reverra pas Richard Blair avant 1912, année de son départ en retraite.

1908

6 avril : naissance de la seconde fille des Blair, Avril Nora. Eric et Marjorie sont externes à l'école du couvent catholique de Henley.

1911

Septembre : grâce à une bourse et à un arrangement financier avantageux (ses droits de scolarité sont réduits de moitié), Eric peut être inscrit comme pensionnaire à l'école préparatoire St. Cyprian à Eastbourne (East Sussex), où il reste jusqu'en 1916. (Les *preparatory schools*, de création récente, étaient censées assurer aux jeunes garçons une formation qui leur permettrait d'accéder ensuite aux *public schools* réputées telles que Eton ou Harrow.) Orwell a dépeint dans « Tels, tels étaient nos plaisirs » (« Such, Such, Were the Joys »), essai écrit en 1947, et publié à titre posthume en 1952, un établissement dirigé par un couple de despotes; mais ce tableau terrifiant de la vie à St. Cyprian — brimades, saleté, favoritisme, mauvaise qualité de l'enseignement, cruauté des rapports de classe, snobisme — est sans doute très exagéré. Le jeune Eric se lie d'amitié avec Cyril Connolly, qui deviendra écrivain et éditeur, et publiera dans sa revue *Horizon* plusieurs essais de son ancien condisciple. Il écrit ses premiers poèmes, découvre Swift (sa mère lui offre les *Voyages de Gulliver* pour son huitième anniversaire).

1914

La famille a déménagé à Shiplake, au sud de Henley, où Eric fait la connaissance des Buddicom; il devient un ami des trois enfants, Jacintha, Prosper et Guinever, entretenant une relation privilégiée avec l'aînée, qui fera paraître en 1974 un livre de souvenirs sur cette époque, *Eric & Us*. Il publie son premier texte dans le *Henley and*

South Oxfordshire Standard du *2 octobre* ; c'est un poème patriotique intitulé « Debout ! Jeunes gens d'Angleterre » (« Awake ! Young Men of England »).

1916

Février : Eric réussit l'examen d'entrée à Harrow, mais se rend à Eton au *printemps* pour passer leurs épreuves. Eton et Harrow, établissements d'enseignement secondaire privés (*public schools*), sont fréquentés par l'élite. *Juin* : il est admis à Eton, où les cours commencent normalement en décembre. *21 juillet* : un second poème, « Kitchener », paraît dans le *Henley and South Oxfordshire Standard.* Il quitte St. Cyprian à *Noël*.

1917

N'ayant reçu que tardivement des nouvelles d'Eton, c'est le *17 mai* seulement qu'Eric intègre le prestigieux collège. Orwell dira en 1940 qu'il n'y a pas appris grand-chose, « si bien que je ne crois pas que mon passage à Eton ait eu la moindre influence formatrice sur le cours de ma vie ». Il écrit des vers satiriques, des nouvelles, collabore aux revues de l'établissement. Aldous Huxley est pendant un an son professeur de français. Lectures nombreuses (dont une partie a dû être faite pendant sa dernière année à St. Cyprian) : Jack London, H. G. Wells, *Le Paradis perdu* de John Milton, Percy Bysshe Shelley, Dickens, Kipling, Sterne, les poètes lyriques (dits « georgiens ») du début du siècle. *Septembre* : sa mère et Marjorie emménagent à Londres (Ida trouve un emploi au ministère des Retraites) ; son père rejoint un obscur bureau de l'armée britannique à Marseille, qu'il quittera le 9 décembre 1919. Ses résultats universitaires sont très médiocres. D'après Jacintha Buddicom, il rêve de devenir un « auteur célèbre ».

1921

Décembre : Eric quitte Eton; ses parents s'installent à Southwold, dans le Suffolk. Le jeune homme ne semble pas avoir envisagé de tenter d'entrer à Oxford, mais les raisons de son choix d'un poste en Birmanie — où il restera cinq ans — n'ont pu être éclaircies. A-t-il voulu effectuer une sorte de « retour » en Orient ? Sa grand-mère maternelle, Theresa Limouzin, vivait toujours à Mandalay. Pour prétendre à un poste dans l'administration civile impériale, un diplôme universitaire était nécessaire, et la police possédait plus de prestige que le médiocre département de l'Opium où avait travaillé Richard Blair.

1922

Janvier-juin : Eric prépare dans une école privée les épreuves du Bureau indien des examens. Il passe l'examen de recrutement de la Police indienne impériale, mentionne la Birmanie comme son premier choix. Le *27 octobre*, il s'embarque à Birkenhead sur le *S.S. Herefordshire* à destination de Rangoun, où il arrive le *27 novembre*. À Mandalay, il reçoit la formation de l'école d'entraînement de la police provinciale de Birmanie ; il y reste cantonné pendant plus d'une année. Il sera pendant cinq ans « policier colonial », avec le titre de commissaire adjoint (*Assistant Superintendant of Police*), affecté à divers postes dans la brousse, à un moment de l'histoire de la province où se développe un climat d'hostilité à l'égard de l'administration britannique. Il apprend le birman et l'hindoustani.

1924

Au début de l'année, il prend son premier poste à Myaungmya, une petite ville du delta de l'Irrawaddy, dans le golfe du Bengale, puis il est affecté à Twante, plus à l'est dans le delta, où il reste six mois. *À la fin de l'année*, il est posté à Syriam, site de la raffinerie de la Burmah Oil Company, dans la plaine alluviale, à une vingtaine de kilomètres au sud de Rangoun ; il y demeure neuf mois.

1925

Fin de septembre : il est affecté à Insein, à une quinzaine de kilomètres au nord de Rangoun, mais cette fois dans un paysage luxuriant, et il y a là une communauté européenne importante et un club. Il y reste six mois.

1926

19 avril : il prend son poste au quartier général de la police à Moulmein, ancienne capitale de la Birmanie britannique de 1827 à 1852. C'est là que vivaient sa grand-mère maternelle et une tante mariée à un haut fonctionnaire ; il dut leur rendre des visites, mais ne fit jamais allusion à ces deux femmes dans ses écrits ou sa correspondance, ni n'évoqua nulle part ce moment de son aventure birmane. Le *23 décembre*, il est transféré à Katha, en Haute-Birmanie, à trois cents kilomètres au nord de Mandalay, dans un décor de jungle exubérante dont il s'inspirera dans son premier roman, *En Birmanie*. Son aversion pour l'administration s'est muée, au fil de ses expériences, en une haine du joug colonial britannique. On a de sa plume deux poèmes désenchantés écrits pendant son séjour, ou peu après son départ. Il reviendra sur les cinq années de son expérience birmane dans le chapitre IX de *Wigan Pier au bout du chemin*.

1927

12 juillet : l'administration lui accorde une permission de cinq mois et vingt jours. « J'ai fini par démissionner », expliquera-t-il en 1940, « en partie parce que le climat m'avait abîmé la santé, en partie parce que je caressais vaguement le projet d'écrire des livres, et surtout parce que je ne pouvais plus continuer à servir un impérialisme que j'avais fini par considérer comme un véritable racket. » Cependant, hormis une dengue contractée à Katha, aucun grave problème de santé susceptible d'expliquer sa décision n'a pu être identifié par les biographes. Il quitte le sol birman le *14 juillet*, touche à Marseille le *22 août* au moment des manifestations suscitées par l'exécution aux États-Unis des anarchistes Nicola Sacco et Bartolomeo Vanzetti. De retour en Angleterre, il envoie le *26 novembre* sa lettre de démission de l'administration impériale, qui ne comporte aucun motif ; la démission prend effet au 1er janvier 1928. *Automne-hiver* : il est à Londres, dans l'East End, menant volontairement, comme Jack London l'avait fait vingt-cinq ans auparavant, une existence de clochard dans les bas-fonds de la capitale, par « haine de l'oppression », précisera-t-il plus tard ; « [à] l'époque, la vertu me paraissait résider exclusivement dans l'échec » (*Wigan Pier au bout du chemin*). Il explore le monde des indigents, des mendiants et des prostituées pendant dix-huit mois, avant de se retrouver pour de bon « dans la dèche » à Paris. Il commence à écrire, notamment son premier récit important, « L'Asile de nuit » (1931).

1928

Printemps : il s'installe à Paris pour écrire, dans une chambre au 6, rue du Pot-de-Fer, dans le quartier Mouffetard, près du Panthéon, que lui a trouvée sa tante maternelle, Nellie Limouzin. Il vit chichement de cours particuliers d'anglais, vend quelques articles alimentaires en France et en Angleterre. Sa première publication, depuis ses poèmes d'écolier, est un papier sur « La Censure en Angleterre », qui paraît le *6 octobre* dans *Le Monde*, hebdomadaire communiste d'Henri Barbusse, où il dénonce « le fort puritanisme anglais, qui ne juge pas la saleté répugnante mais redoute la sexualité et déteste la beauté ». Cinq autres articles de lui en traduction sur des sujets divers sont publiés dans *Le Monde* entre décembre 1928 et mai 1929. Le *29 décembre* paraît, dans le *G. K.'s Weekly*, l'hebdomadaire de G. K. Chesterton, son premier article publié en Angleterre, « Un journal à deux sous » (« A Farthing Newspaper »); il est signé « E. A. Blair ».

1929

7-22 mars : souffrant d'une pneumonie ou d'une grippe sévère, il est soigné à l'hôpital Cochin, épisode qui lui fournira la matière du récit intitulé « Comment meurent les pauvres » (1946). *4 mai* : paraît dans un petit journal radical, *Le Progrès civique*, un article d'E. A. Blair, traduit sous le titre « Comment on exploite un peuple : l'Empire britannique en Birmanie », qui dénonce avec une rare virulence les méfaits de l'impérialisme britannique dans la province birmane. *À l'automne*, il a achevé un ou deux romans (le nombre fluctue sous sa plume), qu'il dit avoir détruits; un nombre indéterminé de nouvelles a sans doute subi le même sort. (Il nous reste cependant de cette séquence de la vie d'Orwell vingt et une pages manuscrites, datant de l'hiver 1927-1928 à Londres ou de l'année 1928-1929 à Paris, qui constituent, sous le titre « L'Histoire de John Flory », la première ébauche de ce qui deviendra *En Birmanie*.) Victime d'un vol, il doit travailler, *entre octobre et la mi-décembre*, comme plongeur à l'hôtel-restaurant Lotti, établissement chic de la rue de Castiglione, à proximité de la place Vendôme. *À la fin de l'année*, il quitte Paris et rentre en Angleterre, où il passe Noël avec ses parents dans leur maison de Southwold.

1930

Eric Blair est maintenant tuteur, s'occupe d'abord d'un enfant attardé, puis de trois garçons dont le père sert dans la Police impériale des Indes. *À partir d'avril*, il reprend ses vagabondages, vivant comme un clochard, dans le Kent, l'Essex, le Suffolk, puis refaisant surface chez tel ou tel de ses amis londoniens. *Été* : lors d'un séjour à Southwold, il rencontre Mabel Fierz, qui devient pour lui une sorte de mécène, sauvera le manuscrit de *Dans la dèche à Paris et à Londres*, lui trouvera un éditeur et l'aidera de diverses manières. En *octobre*, il achève la première version de ses aventures parisiennes sous le titre « Journal d'un garçon de cuisine » (« A Scullion's Diary »). Max Plowman, responsable des pages littéraires de la revue *The Adelphi* — fondée par John Middleton Murry en 1922 et reprise en 1930 par Richard Rees —, propose à Blair de faire des recensions d'ouvrages récents; son premier compte rendu porte sur la biographie de Herman Melville que venait de publier Lewis Mumford aux États-Unis. Aux responsables de la revue, il se présente comme un « anarchiste conservateur », terme qu'il emploiera plus tard pour caractériser Jonathan Swift.

1931

Ses liens avec l'équipe de l'*Adelphi* se resserrent; la revue publie « L'Asile de nuit » (« The Spike ») en *avril* et « Une pendaison » (« A Hanging ») en *août*. *25 août — 19 septembre* : il fait la cueillette du houblon à Maidstone (Kent) et rédige « Hop-picking » sous la forme d'un Journal; il en tire un bref article homonyme publié dans le *New Statesman and Nation* le *17 octobre*. Il lit *Ulysses* de Joyce, dont il a réussi à se procurer un exemplaire (on ne le trouve qu'à Paris), et qui l'impressionne durablement. *14 décembre* : il adresse « Journal d'un garçon de cuisine » à T. S. Eliot chez Faber and Faber, après avoir essuyé par deux fois un refus de Jonathan Cape. En dépit de l'ajout de l'épisode londonien, le récit, lui écrira T. S. Eliot le 15 février 1932, « est décidément trop court et pas assez construit ». Dernière aventure au bord de l'abîme : *une semaine ou dix jours avant Noël*, il se met en tête de se faire arrêter pour vivre l'expérience avilissante de la prison; il ne passera que quarante-huit heures au poste. Le récit de ce fiasco, « Le Violon » (« The Clink »), rédigé en août de l'année suivante, ne sera pas publié de son vivant.

1932

Printemps : Mabel Fierz apporte le manuscrit du « Journal d'un garçon de cuisine » (que son auteur lui avait demandé de détruire) à un agent littéraire compétent et efficace, Leonard Moore, qui le propose à Victor Gollancz. *Avril* : Blair enseigne dans une petite école privée pour garçons à Hayes (Middlesex), dont il est par ailleurs le principal. *En Birmanie* est alors en chantier depuis plusieurs mois. *Juin* : Victor Gollancz accepte le manuscrit que lui a remis Mabel Fierz moyennant quelques modifications (noms de lieux et de personnes, jurons, mots grossiers) que l'auteur effectue en *juillet*. Il souhaite que le livre, dont il se dit insatisfait, paraisse sous un nom de plume. *19 novembre* : Eric Blair propose à son agent littéraire une liste de pseudonymes possibles (P. S. Burton, Kenneth Miles, George Orwell et H. Lewis Allways), en indiquant qu'il « penche plutôt » pour « George Orwell », qui est le nom d'une rivière du Suffolk. Il continuera cependant à signer ses articles et ses critiques littéraires de son véritable patronyme pendant plusieurs années.

1933

***9 janvier* : publication de *Dans la dèche à Paris et à Londres* (*Down and Out in Paris and London*), dont le titre définitif fut choisi au tout dernier moment, à Londres, chez Victor Gollancz ; le livre paraît le *30 juin* à New York chez Harper & Brothers.** Le premier tirage est de 1 500 exemplaires, le deuxième de 500, le troisième de 1 000. (L'ouvrage paraîtra en français chez Gallimard en mai 1935 sous le titre *La Vache enragée*, dans une traduction de René-Noël Raimbault et Gwen Gilbert, avec une préface de Panaït Istrati.) *Septembre* : il enseigne au Frays College à Uxbridge (Middlesex), près de Hayes. Achève *à l'automne* la composition d'*En Birmanie*. *Décembre* : hospitalisation pour pneumonie à l'hôpital d'Uxbridge Cottage.

1934

Janvier : début de la rédaction d'*Une fille de pasteur*, un deuxième roman dont il enverra le manuscrit définitif à son agent le *30 octobre*. Gollancz refuse de publier *En Birmanie* (*Burmese Days*) par crainte de procès en diffamation. *Mars* : il signe avec Harper & Brothers un contrat d'édition pour *En Birmanie*, après avoir été approché à Londres par un directeur éditorial de la maison américaine. Ce premier roman sort à New York le *25 octobre*, expurgé de tous les détails qui auraient pu donner lieu à des actions en justice ; l'ouvrage est tiré à 2000 exemplaires, et réimprimé deux mois plus tard. *Mi-octobre* : Orwell s'installe à Hampstead (Londres), et commence à travailler à mi-temps dans une librairie du quartier, « Le Coin des amoureux des livres » (Booklovers' Corner), qui appartient à Francis et Myfanwy Westrope, des amis de sa tante Nellie Limouzin ; il loge dans un appartement au-dessus de la librairie. Par l'entremise des propriétaires du magasin, qui en sont membres, il se frotte aux idées et thèses de l'aile progressiste du Labour, l'Independent Labour Party (I.L.P.), organisation « de gauche, égalitariste, mélange anglais d'évangélisme sécularisé et de marxisme non communiste » (Bernard Crick), sans pourtant s'engager ouvertement.

1935

Février : Gollancz revient sur son refus et, moyennant des changements de noms, accepte de publier *En Birmanie*, qui paraît à Londres le *24 juin*, dans un tirage de 2500 exemplaires. Orwell essaie vainement d'obtenir de Chatto & Windus la commande d'une courte biographie de Mark Twain, commence la composition d'un troisième roman (*Et vive l'aspidistra !*), signe sa première recension pour l'*Adelphi* de son nouveau nom de plume.

11 mars : parution, après de longues hésitations de l'éditeur, d'*Une fille de pasteur* (*A Clergyman's Daughter*) chez Victor Gollancz, tiré à 4000 exemplaires. Comme pour son roman précédent, Orwell fait un constat d'échec : « C'était une bonne idée, mais je crains de l'avoir complètement gâchée ! » Il le renia plus tard complètement, laissant des instructions pour qu'il ne soit ni traduit ni réédité. *Printemps* : il fait la connaissance d'Eileen Maud O'Shaughnessy. (La jeune femme, née en 1905 et diplômée d'Oxford en 1927, a eu une carrière quelque peu chaotique ; elle est alors étudiante en psychologie à University College London.) *Août* : il commence à écrire régulièrement dans le *New English Weekly*, qui publie une fois par mois une chronique sur les romans récemment parus ; la rémunération est médiocre, mais la liberté d'expression très grande ; le *14 novembre*, il fait une recension du *Tropique du Cancer* de Henry Miller. Par ailleurs, ses poèmes continuent de paraître dans l'*Adelphi* : deux en 1933, un en 1934, un autre en *novembre* de cette année-là.

1936

Janvier : Orwell termine *Et vive l'aspidistra !* (*Keep the Aspidistra Flying*), envoie le *15* le manuscrit à Victor Gollancz, qui le fera paraître le *20 avril*, diminué de tout ce qui risquait, une fois encore, d'entraîner des procès. Le livre, tiré à 3000 exemplaires, recevra un accueil mitigé. En attendant, Gollancz passe commande à l'écrivain d'un ouvrage sur la condition des chômeurs dans les régions industrielles du nord de l'Angleterre, en lui offrant une avance considérable (£ 500). Orwell renonce à son travail de vendeur dans la librairie de Hampstead. Du *31 janvier au 30 mars*, il mène son enquête sur les ouvriers de Wigan, Barnsley et Sheffield, se présentant ouvertement comme un écrivain et un journaliste. *2 avril* : il s'installe avec Eileen O'Shaughnessy à Wallington, un petit village du Hertfordshire, dans un magasin d'alimentation (The Stores) qui avait fait faillite, menant une vie spartiate. *Mai* : début de la rédaction de *Wigan Pier au bout du chemin*. Le *9 juin*, il épouse Eileen O'Shaughnessy à l'église de Wallington. Le *12*, il envoie « Le Jour où j'ai tué un éléphant » (« Shooting an Elephant ») à John Lehmann pour sa revue *New Writing*; le croquis y sera publié en *septembre*. *17 juillet* : début de la guerre civile espagnole. *17 août* : publication chez Harper & Brothers, à New York, d'*Une fille de pasteur*. *Octobre* : il achève le premier jet de *Wigan Pier au bout du chemin*, et envoie le manuscrit final à Leonard Moore le *15 décembre*. Le *23 décembre*, il part pour la Catalogne combattre les troupes de Franco aux côtés du P.O.U.M. (Parti ouvrier d'unification marxiste), que l'I.L.P. considérait comme un parti frère; il est à Barcelone le *26*. (De passage à Paris pour obtenir des documents espagnols, il rend visite à Henry Miller, dont il admire *Tropique du Cancer*. L'Américain, racontera plus tard Orwell, est totalement indifférent à la guerre en Espagne et lui explique qu'aller défendre la démocratie est une « foutaise ».) Le *30 décembre*, à la caserne Lénine de Barcelone, il s'engage dans la milice du P.O.U.M.

1937

Orwell est d'abord caporal dans les tranchées sur le front d'Aragon à Alcubierre. *À la fin de janvier*, il est transféré sur les hauteurs de Saragosse. *À la mi-février*, Eileen arrive à Barcelone pour servir de secrétaire au bureau de l'I.L.P., hébergé dans les locaux du P.O.U.M. *8 mars* : publication de *Wigan Pier au bout du chemin* (*The Road to Wigan Pier*) chez Victor Gollancz (1750 exemplaires) et au Left Book Club (44039 exemplaires), institution proche de la ligne communiste fondée en mai 1936 par Gollancz, qui exerce donc une influence déterminante sur les choix éditoriaux du club. (Le récit-reportage ne sera jamais réédité du vivant de son auteur, et ne sera publié aux États-Unis qu'en 1958, chez Harcourt, Brace and Company.) *13 mars* : Eileen rend visite à son mari sur le front. Le *28 avril*, Orwell demande à quitter les rangs du P.O.U.M. pour rejoindre les Brigades internationales. Du *2 au 8 mai*, combats de rue à Barcelone entre républicains et anarchistes, les communistes faisant courir le bruit que le P.O.U.M. a conclu une alliance secrète avec les fascistes de Franco, « information » largement relayée par la presse communiste, au grand scandale d'Orwell. Le *10 mai*, il retourne sur le front d'Aragon, près de Huesca, en qualité de lieutenant de la section de l'I.L.P. Le *20 mai*, il est grièvement blessé à la gorge par un tireur isolé, et doit être hospitalisé. Il écrit de Barcelone à Cyril Connolly, le *8 juin*, qu'il croit « enfin réellement au socialisme, ce qui n'avait jamais été le cas auparavant ». *16 juin* : début de la chasse aux membres du P.O.U.M., mis hors la loi par le gouvernement espagnol. Orwell fait une demande de démobilisation. Du *20 au 22 juin*, il est traqué par la police communiste; le *23*, Eileen et lui réussissent à quitter Barcelone, passent la frontière à Banyuls-sur-Mer, et rejoignent l'Angleterre. *Début de juillet* : retour à Wallington. Orwell commence aussitôt à écrire *Hommage à la Catalogne*, dont il achève une première version *à la fin de l'année*. Victor Gollancz refuse son futur ouvrage sur la guerre d'Espagne, qui intéresse Fredric Warburg, lequel a racheté, avec Roger Senhouse, en 1935, la maison d'édition de Martin Secker menacée de mise sous séquestre.

1938

8 mars : victime d'une hémorragie pulmonaire, Orwell est hospitalisé six mois dans un sanatorium à Aylesford (Kent), où on lui interdit d'écrire, excepté quelques critiques littéraires de temps à autre. *25 avril* : parution d'*Hommage à la Catalogne* (*Homage to Catalonia*) chez Martin Secker & Warburg. Le tirage est modeste (1 500 exemplaires), la réception souvent hostile. (Le récit-reportage ne sera pas publié aux États-Unis avant 1952, chez Harcourt, Brace and Company.) *Juin* : il adhère à l'Independent Labour Party, le seul parti qui corresponde à l'idée qu'il se fait du socialisme; il rend cette adhésion publique le *24 juin* dans un article intitulé « Why I Join the I.L.P. » (*New Leader*). *2 septembre* : il part avec Eileen pour le Maroc (un riche ami écrivain, L. H. Myers, a financé ce voyage à son insu), loue une villa à Marrakech, où il restera plus de six mois pour se rétablir. Il commence la composition d'un quatrième roman mûri depuis un moment, *Un peu d'air frais*, où il exprime son angoisse d'une guerre qu'il sent proche.

1939

26 mars : les Blair embarquent à Casablanca et arrivent à Londres le *30* avec le manuscrit achevé d'*Un peu d'air frais*, que l'auteur confie à Victor Gollancz. *24 mai* : retour à Wallington. Orwell commence à travailler à un recueil d'essais qui deviendra *Dans le ventre de la baleine*. *12 juin* : publication d'*Un peu d'air frais* (*Coming Up for Air*). Tiré à 2000 exemplaires, puis retiré à 1000 exemplaires peu après, ce roman est bien accueilli par la critique, qui n'est cependant pas sensible à son contenu politique. *28 juin* : mort de son père, Richard Walmesley Blair, âgé de quatre-vingt-deux ans. *3 septembre* : entrée en guerre du Royaume-Uni et de la France contre l'Allemagne. À cause de sa tuberculose, Orwell ne peut s'engager dans les forces armées. Dès le début de la guerre, Eileen trouve un poste au département de la Censure de l'information de Whitehall. *Septembre* : Orwell rend sa carte de l'I.L.P., dont il désapprouve l'opposition à la guerre contre l'Allemagne.

1940

11 mars : publication chez Victor Gollancz du recueil *Dans le ventre de la baleine et autres essais* (*Inside the Whale and Other Essays*), qui le fait reconnaître comme un essayiste de première grandeur. *Mi-mai* : les Blair quittent Wallington et s'installent à Londres, non loin de Regent's Park. (Orwell conservera The Stores comme maison de campagne jusqu'en septembre 1947.) *12 juin* :

il rejoint les volontaires de la Garde nationale (Home Guard), entraînant, avec le grade de sergent, une troupe de dix hommes ; parmi eux, son éditeur Fredric Warburg. Il publie des critiques de films et surtout de pièces de théâtre pour *Time & Tide*, des essais et recensions pour *Horizon* (magazine littéraire fondé par Cyril Connolly en décembre 1939). Il tient un Journal de la guerre du 28 mai 1940 au 28 août 1941, qu'il reprendra du 14 mars au 15 novembre 1942.

1941

3 janvier : *Partisan Review*, ancienne revue du Parti communiste américain, qui a pris ses distances avec le stalinisme, publie la première des quinze « Lettres de Londres » de l'écrivain. *19 février* : publication chez Martin Secker & Warburg, dans la collection « Searchlight Books », dont il est, avec T. R. Fyvel, le directeur associé, du *Lion et la Licorne : le socialisme et le génie anglais* (*The Lion and the Unicorn : Socialism and the English Genius*), où Orwell explique que seule une révolution socialiste démocratique pourrait permettre de vaincre l'Allemagne nazie. *Début d'avril* : les Blair déménagent dans un immeuble d'Abbey Road, dans le quartier de St. John's Wood. *18 août* : il entre comme producteur d'émissions radiophoniques au département de l'Outre-Mer de la B.B.C. Pendant deux ans, il réalise des programmes littéraires et culturels à destination des intellectuels indiens et du Sud-Est asiatique.

1942

8 mars : début de sa collaboration avec le périodique *The Observer*, qui est prêt à l'envoyer comme correspondant de guerre en Algérie et en Sicile, mais les services de santé du War Office s'y opposent. Il écrira régulièrement jusqu'à sa mort pour le journal de David Astor, qui l'a recruté pour parler de politique. *Avril* : Eileen entre au ministère du Ravitaillement, où elle travaille à la préparation des émissions culinaires diffusées chaque matin par la B.B.C. *Été* : nouveau déménagement, dans le quartier de Maida Vale.

1943

Mars : publication de « Retour sur la guerre d'Espagne » (« Looking Back on the Spanish War ») dans *New Road*, modeste anthologie socialiste paraissant une fois l'an. *19 mars* : mort de sa mère, Ida Blair, à l'âge de soixante-huit ans. Le *23 novembre* : réformé pour « raisons médicales », Orwell quitte la Garde nationale; le *lendemain*, il cesse ses fonctions à la B.B.C. *Ce même mois*, le *Tribune*, magazine bimensuel de l'aile gauche du parti travailliste, lui confie la responsabilité d'une rubrique hebdomadaire; le premier texte de sa chronique « As I Please » (« À ma guise ») paraît le *3 décembre*; il en écrira quatre-vingts jusqu'en avril 1947, traitant une très grande variété de sujets. Il commence à écrire *La Ferme des animaux* après la conférence de Téhéran, et entame en *décembre* sa collaboration hebdomadaire avec le *Manchester Evening News*, qui durera trois ans. De la fin de *cette année-là* date le plan très détaillé d'un roman intitulé « Le Dernier Homme en Europe » (« The Last Man in Europe »), dans lequel on reconnaît aisément l'essentiel de l'intrigue et des thèmes de *Mil neuf cent quatre-vingt-quatre.*

1944

Fin de février ou *début de mars* : il achève *La Ferme des animaux*, qui est refusé par de nombreux éditeurs (dont Victor Gollancz en *avril*, Jonathan Cape en *juin*, Faber and Faber en *juillet*), avant d'être accepté le *29 août* par Fredric Warburg, qui ne le publiera que l'année suivante. (D'après Orwell, l'éditeur n'osait pas le faire paraître avant la fin de la guerre; il a aussi expliqué que ce délai était dû à la pénurie de papier.) Dès l'achèvement de son « conte de fées », il travaille à une commande alimentaire de l'éditeur Collins : un opuscule intitulé *Le Peuple anglais* (*The English People*), qui paraîtra en août 1947. *Juin* : adoption par Eric et Eileen Blair de Richard Horatio, né le *14 mai*. En *septembre*, Orwell fait avec David Astor une visite dans l'île écossaise de Jura, dans les Hébrides intérieures, au large de Glasgow; il est à la recherche d'une nouvelle habitation, suite au bombardement de l'appartement de Maida Vale en *juin*. Alors que sa femme, souffrante, réside régulièrement chez son frère Lawrence O'Shaughnessy, à Carlton (Durham), Orwell s'installe dans un appartement du quartier londonien d'Islington. *Cette année-là*, il écrit plus de cent critiques pour le *Manchester Evening News*, le *Tribune* et l'*Observer*.

1945

Janvier : il met la dernière main à un recueil d'essais à paraître chez Martin Secker & Warburg. *Février* : fin de sa collaboration au *Tribune*. L'*Observer* et le *Manchester Evening News* l'envoient trois mois comme correspondant de guerre couvrir à Paris la libération de la France et à Cologne l'avancée des Alliés en Allemagne. En dépit de tous les obstacles (un nouveau roman en cours, sa mauvaise santé et celle de son épouse, un enfant en bas âge), il part le *15 mars*. À Paris, à l'hôtel Scribe, il rencontre Ernest Hemingway. Il envoie de Paris trois articles sans grand relief, un autre sur le « chaos de Cologne ». Tombant alors malade (il est hospitalisé à Cologne pour des problèmes pulmonaires), il rédige des « Notes à l'intention de [s]on exécuteur testamentaire », datées du *31 mars*, indiquant celles de ses œuvres qu'il souhaite voir rééditées et celles qu'il ne veut pas voir réimprimées. *29 mars* : mort d'Eileen Blair à Newcastle lors d'une hystérectomie pratiquée pour tenter de guérir un cancer de l'utérus. Retour précipité d'Orwell à Londres, quatre jours après les obsèques. *8 avril* : il repart sur le continent (en France, en Allemagne et en Autriche) achever ses reportages, puis rentre en Angleterre *à la fin de mai* pour couvrir la campagne des élections générales. *3 juillet* : il annonce à son agent Leonard Moore qu'il vient de commencer un nouveau roman (c'est la première mention dans sa correspondance du début de la composition de *Mil neuf cent quatre-vingt-quatre*). *La Ferme des animaux* sort chez Martin Secker & Warburg le *17 août* (à cause de la pénurie de papier, le premier tirage est seulement de 4500 exemplaires; le deuxième, en novembre, de 10000). *Août* : il est élu vice-président du Comité pour la défense de la liberté (Freedom Defense Committee), créé en mars par Herbert Read, avec le soutien d'E. M. Forster et Bertrand Russell, pour sauvegarder la liberté d'expression — les milieux anarchistes et pacifistes étaient harcelés par le gouvernement. *10-22 septembre* : nouveau séjour sur l'île de Jura. *25 décembre* : passe Noël avec son fils Richard chez les Koestler au pays de Galles. Il demande en mariage Celia Kirwan, la belle-sœur d'Arthur Koestler, qui refuse.

1946

Janvier : parution de « The Prevention of Literature » (« La Littérature empêchée ») dans *Polemic*. *14 février* : publication du recueil *Critical Essays* chez Martin Secker & Warburg. L'ouvrage contient deux textes de *Dans le ventre de la baleine*, épuisé, les meilleurs essais donnés à *Horizon* et un inédit sur Dali et l'obscénité; il paraît à New York le *29 avril* chez Reynal & Hitchcock sous le titre *Dickens, Dali & Others : Studies in Popular Culture*. *Avril* : parution de « Politique et langage » (« Politics and the English Language ») dans *Horizon*. *3 mai* : mort de sa sœur aînée, Marjorie Frances Dakin, à l'âge de quarante-huit ans. *23 mai* : Orwell arrive à Barnhill, la ferme qu'il a louée à la pointe nord de l'île de Jura. *Juin* : parution de « Why I Write » (« Pourquoi j'écris ») dans *Gangrel*. *Début d'août* : il achève la première cinquantaine de pages du roman qui deviendra *Mil neuf cent quatre-vingt-quatre*. *26 août* : publication de *La Ferme des animaux* (*Animal Farm*) à New York par Harcourt, Brace and Company (tirage de 50000 exemplaires);

le roman est également publié par le club américain The Book of the Month (430 000 puis 110 000 exemplaires sont imprimés). *9 octobre* : il quitte Barnhill. *Novembre* : son croquis parisien « Comment meurent les pauvres » (« How the Poor Die ») paraît dans la revue anarchiste *Now*.

1947

Avril : Victor Gollancz libère Orwell de son contrat. *4 avril* : dernière chronique « À ma guise » dans le *Tribune*. *11 avril* : il retourne avec son fils et sa sœur Avril à Jura, où il reste *jusqu'au 20 décembre*. (Après la mort de l'écrivain, c'est Avril Blair et son mari Bill Dunn qui élèveront Richard.) *Septembre-octobre* : dégradation de son état de santé, qui le condamne à travailler au lit. Il achève cependant, *au début de novembre*, la première version de son roman. Le *24 décembre*, il est hospitalisé près de Glasgow et soigné pour une tuberculose au poumon gauche ; il restera sept mois à l'hôpital Hairmyres d'East Kilbride.

1948

Mars : Orwell écrit « Writers and Leviathan » (« Les Écrivains et le Léviathan »), qui sera publié *au cours de l'été* dans le dernier numéro de la revue *Politics and Letters*. *13 mai* : publication par Martin Secker & Warburg du premier volume (*Un peu d'air frais*) de l'édition des œuvres d'Orwell dite « Uniform Edition ». Ayant recouvré quelques forces, il écrit de la critique littéraire et, de retour à Barnhill le *28 juillet*, reprend son roman, auquel il travaille au lit. Il en assure la dactylographie lui-même, malgré l'épuisement, en *novembre* et *décembre*. Le *4 décembre*, il annonce à son agent, Leonard Moore, qu'il a envoyé des copies de son tapuscrit à ses éditeurs anglais et américain.

1949

6 janvier : Orwell entre au sanatorium de Cranham dans les monts Cotswolds (Gloucestershire). *Mars* : lecture et correction des épreuves de *Mil neuf cent quatre-vingt-quatre*. *8 juin* : publication de *Nineteen Eighty-Four* chez Martin Secker & Warburg (dans un tirage de 25 500 exemplaires) ; le *13*, l'ouvrage paraît chez Harcourt, Brace and Company à New York sous le titre *1984*. Il est très favorablement accueilli des deux côtés de l'Atlantique. Ses deux dernières recensions critiques paraissent en *février* et en *mai*. *Juillet* : Sonia Brownell accepte la demande en mariage d'Orwell ; il avait rencontré la jeune femme, qui était l'assistante de Cyril Connolly à la direction de la revue *Horizon*, en 1945 (ou peut-être dès 1940), et demandé une première fois sa main, vainement. En *août*, il commence à préparer une édition d'un choix de ses essais, incluant une étude inédite sur Joseph Conrad, seulement ébauchée. *3 septembre* : une grave rechute oblige à l'admettre, sur la recommandation d'un ami de Fredric Warburg, au University College Hospital, à Londres. *13 octobre* : il épouse à l'hôpital Sonia Brownell, de quinze ans sa cadette.

1950

Janvier : Orwell prépare un séjour dans un sanatorium en Suisse. Le *18 janvier*, il fait de son épouse Sonia et de Richard Rees ses exécuteurs testamentaires, et interdit qu'on publie sa biographie. *21 janvier* : Orwell meurt d'une hémorragie pulmonaire, à l'âge de quarante-six ans. Les obsèques se tiennent à Londres le *26 janvier*, selon les rites de l'Église anglicane, comme l'auteur — bien que réputé athée — l'avait demandé, et dans l'église la plus proche de l'hôpital, Christ Church (aujourd'hui cathédrale St. George). Pour l'enterrement, qui eut lieu *le même jour*, David Astor, le riche propriétaire de l'*Observer*, trouva une concession près de sa demeure familiale, dans le cimetière de l'église d'All Saints, à Sutton Courtenay (Oxfordshire). La pierre tombale, d'une grande sobriété, ne mentionne que le nom de baptême de l'écrivain, pas son nom de plume.

PHILIPPE JAWORSKI

BIBLIOGRAPHIE

Traductions françaises
de Down and Out in Paris and London

La Vache enragée, traduction de René-Noël RAIMBAULT et Gwen GILBERT, avec une préface de Panaït Istrati, Gallimard, 1935.
Dans la dèche à Paris et à Londres, traduction de Michel PÉTRIS, Éditions Ivréa, 1982.
Dans la dèche à Paris et à Londres, traduction de Véronique BÉGHAIN, dans *Œuvres*, Gallimard, Bibliothèque de la Pléiade, 2020.

Correspondances

DAVISON, Peter (éd.), *George Orwell : A Life in Letters*, Londres, Harvill Secker, 2010 ; Penguin Books, 2011.
ORWELL, George, *Correspondance avec son traducteur René-Noël Raimbault*, Éditions Jean-Michel Place, 2006.

Études critiques et biographiques sur Dans la dèche à Paris et à Londres

BÉGHAIN, Véronique, « Notice » sur *Dans la dèche à Paris et à Londres*, dans George Orwell, *Œuvres*, Gallimard, Bibliothèque de la Pléiade, p. 1355-1371.

COOMBES, John E., « Construction of poverty : around Orwell's *Down and Out in Paris and London* », *Cycnos*, vol. 11, n° 2, 1994, p. 75-83.

CRICK, Bernard, *George Orwell*, traduction de Stéphanie Carretero et Frédéric Joly, Flammarion, coll. « Grandes biographies », 2020, p. 206-256.

KUBAL, David L., « *Down and Out in Paris and London* : The Conflict of Art and Politics » [1970], dans *Critical Essays on George Orwell*, éd. Bernard Oldsey et Joseph Browne, Boston, G. K. Hall, 1986, p. 161-168.

MEYERS, Jeffrey (éd.), *George Orwell : The Critical Heritage*, 1975, Londres, Routledge, 1997, p. 39-49.

PATAI, Daphne, *The Orwell Mystique : A Study in Male Ideology*, Amherst, The University of Massachusetts Press, 1984, p. 53-69.

ROBERTS, Duncan, *Orwell à Paris. Dans la dèche avec le capitaine russe*, traduction de Nicolas Ragonneau, avec une préface de Thomas Snégaroff, Exils, 2024.

SEABER, Luke, « Trust the Teller and not the Tale : Reflections on Orwell's Hidden Rhetoric of Truthfulness in the London Section of *Down and Out in Paris and London* », dans *George Orwell Now !*, éd. Richard Lance Keeble, New York, Peter Lang, 2015, p. 99-112.

Études critiques et biographiques sur George Orwell en français

BÉGHAIN, Véronique, « Notice » sur *Wigan Pier au bout du chemin*, dans George Orwell, *Œuvres*, Gallimard, Bibliothèque de la Pléiade, p. 1409-1431.

BÉGOUT, Bruce, *De la décence ordinaire. Court essai sur*

une idée fondamentale de la pensée politique de George Orwell, Éditions Allia, 2017.

BORDES, François, *La Canne à pêche de George Orwell*, Clichy, Éditions de Corlevour, 2018.

Dossier « Orwell plus actuel que jamais », *Revue des Deux Mondes*, décembre 2020-janvier 2021, p. 4-87.

GENSANE, Bernard, *George Orwell. Vie et écriture*, Nancy, Presses universitaires de Nancy, 1994.

HITCHENS, Christopher, *Dans la tête d'Orwell. La vérité sur l'auteur de 1984*, traduction de Bernard Cohen, Éditions Saint-Simon, 2019.

JAWORSKI, Philippe, « Préface » de George Orwell, *Œuvres*, Gallimard, Bibliothèque de la Pléiade, p. IX-XXXVIII.

LEYS, Simon, *Orwell ou l'horreur de la politique* [1984], Flammarion, coll. « Champs essais », 2014.

NOTICE

GENÈSE

Eric Blair termine en octobre 1930 ce qui s'appelle alors encore « A Scullion's Diary » (« Journal d'un garçon de cuisine ») et constitue une première version de *Down and Out in Paris and London*, exclusivement centrée sur l'expérience parisienne. Une lettre à son agent Leonard Moore, datée du 26 avril 1932, évoque les difficultés rencontrées par l'auteur pour faire publier son livre, dont le manuscrit est mentionné dans ce même courrier sous le titre « Days in London and Paris » — manuscrit refusé par Jonathan Cape, qui le trouvait « trop court et fragmentaire[1] ». Alors que Blair soumet à Cape une version étoffée de son récit, celui-ci le refuse de nouveau, et Blair explique avoir alors proposé le texte à Faber and Faber, sur les conseils de T. S. Eliot, lecteur pour cette maison d'édition et avec lequel il avait un ami en commun. Les registres de Faber and Faber font apparaître que le manuscrit leur a été proposé sous le titre « A Scullion's Diary » le 14 décembre

1. *George Orwell : A Life in Letters*, éd. Peter Davison, Londres, Harvill Secker, 2010 ; Penguin Books, 2011, p. 14 (je traduis).

1931 et qu'ils l'ont rejeté le 25 février 1932[1]. Dans une lettre de novembre 1932 à Moore, qui lui a entre-temps trouvé un autre éditeur, Victor Gollancz, Blair propose le titre « The Confessions of a Dishwasher » (« Les Confessions d'un plongeur »), qu'il dit préférer à « The Confessions of a Down and Out » (« Les Confessions d'un crève-la-faim »). C'est dans le même courrier qu'il évoque plusieurs pseudonymes possibles, dont « George Orwell », qui a sa préférence[2]. *Down and Out in Paris and London* paraît le 9 janvier 1933 chez Victor Gollancz. D'abord imprimé à 1 500 exemplaires, il est rapidement réimprimé à 500 exemplaires, puis à 1 000 exemplaires en février[3]. Harper & Brothers en publie une édition américaine le 30 juin de la même année et Gallimard le fait paraître en français le 8 mai 1935.

La correspondance de Blair avec son premier traducteur français, René-Noël Raimbault, met en lumière les difficultés qu'a eues ce dernier à choisir un titre approprié pour la version française :

> Je suis bien embarrassé pour trouver à la traduction de votre livre un titre adéquat. Il est évident que la traduction littérale de *Down and Out in Paris and London* ne donne rien du tout en français. J'avais pensé à « La Mouise » (mouise est le mot argot qui signifie pauvreté, misère) ou « Confessions d'un *mouisard* » ou encore, et ce serait plus pittoresque, « La Vache enragée » avec en sous-titre : « Paris-Londres ». Vous connaissez certainement notre expression française « manger de la vache enragée » correspondant à peu près à votre « *to go to the dogs* ». Il me semble que c'est bien cela que vous avez voulu peindre. « Confessions d'un mangeur de vache enragée » aurait un petit air Thomas De Quincey assez réjouissant[4], mais serait trop long pour un titre, qui doit frapper par sa brièveté même.

1. Voir Bernard Crick, *George Orwell*, trad. Stéphanie Carretero et Frédéric Joly, Flammarion, 2010, p. 255.
2. Voir *George Orwell : A Life in Letters*, p. 22.
3. Voir Bernard Crick, *George Orwell*, p. 273.
4. Allusion à son récit *Confessions d'un mangeur d'opium* (1822).

À quoi Blair répond que Raimbault est « plus capable à juger que [lui] », et qu'il lui semble que « "La Vache enragée : Paris-Londres" serait un titre très convenable » et qui lui « plaît beaucoup ». Le livre paraît finalement sous le titre *La Vache enragée*, avec — et sur une idée de Malraux, alors membre du comité de lecture des Éditions Gallimard, qui avait lu les épreuves et aimait beaucoup le livre[1] — une préface de Panaït Istrati, qui meurt quelques jours après l'avoir écrite.

RÉCEPTION : ANNÉES 1930

Dans cette préface, l'auteur roumain vante le « naturel » et la « simplicité » du livre, dont il loue l'écriture « sans façons » et le refus de « *faire* de l'art », tout en notant qu'il « se lit comme le roman le plus passionnant et de la plus rare qualité artistique[2] ». René-Noël Raimbault lui-même vante du reste la « clarté » du style d'Orwell, qu'il dit n'avoir pas eu « beaucoup de difficulté à traduire » et qu'il oppose à celui des écrivains américains[3]. Le poète Cecil Day-Lewis, qui signe une

1. George Orwell, *Correspondance avec son traducteur René-Noël Raimbault*, Éditions Jean-Michel Place, 2006, p. 28, 31 et 49.

2. Préface de *La Vache enragée*, trad. René-Noël Raimbault et Gwen Gilbert, Gallimard, coll. « Du monde entier », 1935, p. I et IV.

3. Raimbault lui écrit ainsi : « Auprès des écrivains américains, les écrivains anglais sont la clarté même. Et votre argot est beaucoup plus près de nous que celui des fermiers californiens ou des nègres du Missisipi [*sic*], auquel les romans de Sinclair et de Faulkner ont pourtant fini par m'habituer » (*Correspondance avec son traducteur René-Noël Raimbault*, p. 28). Raimbault a traduit onze volumes de William Faulkner, romans et nouvelles, pour les Éditions Gallimard entre 1933 et 1958, certains en collaboration. Sa traduction de *Sanctuaire* a paru en 1933, avec une préface de Malraux. Il est ainsi le premier traducteur de Faulkner en France, même si son rôle d'introducteur et de principal traducteur de Faulkner a été éclipsé par la figure de Maurice-Edgar Coindreau,

recension dans l'*Adelphi* en février 1933, verra à son tour « un modèle de clarté et de bon sens[1] » dans l'examen par Orwell du système hiérarchique propre à l'hôtellerie tel qu'il apparaît dans le volet parisien. Au-delà de sa clarté, c'est la valeur de « vérité » de l'ouvrage que saluent au premier chef ses commentateurs des années 1930[2]. L'écrivain Eugène Dabit, qui a rencontré Orwell lors d'un séjour à Londres et signe une recension de la traduction française du livre, y voit quant à lui, plutôt qu'un roman ou un reportage, un « document [...], dur, animé, ardent, sensible » et « un témoignage humain »[3]. Tout en disant aimer « énormément » son livre, Henry Miller écrit de son côté à Orwell, en 1936, qu'« il ne pense pas que [son] raisonnement tienne la route », ajoutant : « Je ne crois pas un seul instant que nous parviendrons jamais à nous débarrasser de la classe des esclaves, ni de l'injustice. Je critiquerais l'attitude qui est la vôtre tout au long du livre, si je devais être dur et juste, et je dirais que ce que vous avez enduré était largement le résultat de votre propre inadaptation, de votre fausse "respectabilité" ou de votre foutue éducation anglaise. »[4]

également traducteur de Faulkner pour les Éditions Gallimard. Il a par ailleurs traduit trois romans d'Upton Sinclair entre 1928 et 1931, pour Gallimard toujours, en collaboration avec Henri Delgove, ainsi que des œuvres de John Dos Passos, Damon Runyon et Thomas Wolfe.

1. *George Orwell : The Critical Heritage*, éd. Jeffrey Meyers, Londres, Routledge, 1997, p. 42 (je traduis).

2. Voir *ibid.*, p. 41-49.

3. Eugène Dabit, « *La Vache enragée*, par George Orwell », *La Nouvelle Revue Française*, n° 266, novembre 1935, p. 785-786.

4. Cité par Bernard Crick, *George Orwell*, p. 356.

RÉCEPTION : ANNÉES 1970-1980

Il faudra véritablement attendre les années 1970 pour que l'objectivité supposée du narrateur fasse l'objet d'approches plus nuancées et plus critiques. En 1970, David L. Kubal, qui assimile le livre à une « autobiographie dramatique », souligne le détachement de celui qui reste de bout en bout « un Anglais de la classe moyenne », ne serait-ce que parce qu'il est dans « un état constant de stupéfaction ». Cependant qu'il loue la justesse du tableau qui est fait de la pauvreté et des bas-fonds de la ville moderne, Kubal attire l'attention sur la propension d'Orwell à la caricature et sur les simplifications et la faiblesse structurelle du livre qui découlent, selon lui, d'une tension formelle entre dramatisation et démonstration polémique[1]. Dans le sillage des travaux de Peter Keating sur l'« exploration sociale », Peter Beresford souligne l'ambiguïté d'une démarche comme celle d'Orwell, entachée à ses yeux d'un sentimentalisme résultant d'une incapacité à s'affranchir de la « perspective de contrôle social » qui domine à l'époque dans l'approche des vagabonds. Il en signale l'inefficacité, en comparaison, par exemple, de rapports gouvernementaux comme celui sur les asiles de nuit que publie le ministère de la Santé en 1930[2]. En d'autres termes, les prétentions littéraires propres au genre de l'exploration sociale en limitent la portée, dès lors qu'elles influent sur la présentation même du sujet.

Parmi les *leitmotive* des relectures critiques de *Dans la dèche à Paris et à Londres* dans les années 1970-1980, on

1. David L. Kubal, « *Down and Out in Paris and London* : The Conflict of Art and Politics », 1970, *Critical Essays on George Orwell*, éd. Bernard Oldsey et Joseph Browne, Boston, G. K. Hall, 1986, p. 163, 164 et 166-167 (je traduis).

2. Peter Beresford, « The Public Presentation of Vagrancy », *Vagrancy : Some New Perspectives*, éd. Tim Cook, Londres, Academic Press, 1979, p. 146 (je traduis).

relève l'occultation par l'auteur du biais qu'introduit dans son récit sa propre appartenance aux classes moyennes, en même temps que de la dimension expérimentale de sa plongée dans les bas-fonds et de l'inscription de son livre dans une tradition d'exploration sociale bien établie. Certains s'appuient sur un épisode évoqué dans la correspondance d'Orwell des années 1920 pour mettre en évidence l'écart existant entre les motivations du jeune Eric Blair à l'époque des tribulations narrées et la justification qu'il devait en donner rétrospectivement. Dans une lettre de l'été 1920, Blair, encore étudiant, évoque sa « première aventure comme vagabond amateur », occasionnée par un train manqué qui l'a conduit à passer une nuit dans le champ d'un paysan, concluant qu'il est « très fier de cette aventure[1] ». Daphne Patai voit ainsi dans l'entreprise propre à ce premier livre une manifestation ultérieure de l'attrait de l'écrivain pour l'aventure, qui contraste avec les motivations politiques et idéologiques mises en avant au chapitre IX de *Wigan Pier au bout du chemin*. Il est frappant, en outre, que la critique de cette période, s'étant avisée des liens étroits qu'entretient *Dans la dèche à Paris et à Londres* avec *Le Peuple de l'Abîme*, s'emploie fréquemment, non sans une certaine partialité manifestant une propension à héroïser Orwell, à vanter l'originalité et l'audace de ce dernier, au motif notamment que London était, lui, déjà célèbre, mais aussi que les expériences de Blair étaient « bien réelles », « plus intenses, plus variées et plus soutenues[2] ».

Dans les années 1980, alors que l'on relit Orwell pour en attaquer le statut mythique, voire la béatification, Patai s'attache à mettre en lumière l'androcentrisme qui caractérise l'ensemble de son œuvre, occulté tant par ses contemporains que par nombre de ceux qui l'avaient encensé et avaient créé autour de lui un véritable culte

1. Cité par Daphne Patai, *The Orwell Mystique : A Study in Male Ideology*, Amherst, University of Massachusetts Press, 1984, p. 54 (je traduis).
2. Bernard Crick, *George Orwell*, p. 214.

dans les décennies suivant sa mort. Elle souligne l'invisibilisation de la pauvreté des femmes par Orwell et relève, à juste titre, le sexisme frappant de certains passages du livre, qu'il s'agisse de portraits stéréotypés comme celui des deux femmes qui se querellent au tout début du volet parisien ou de la réduction implicite des femmes, quand elles ne sont pas purement et simplement invisibilisées, à de simples instruments de satisfaction sexuelle pour les hommes[1]. Le récit détaillé, au chapitre II, du viol d'une « petite paysanne » par Charlie, dans un bordel parisien, signale, par la place importante qui lui est accordée, mais aussi par sa seule vocation à illustrer le pittoresque du personnage (sommairement épinglé en conclusion du chapitre comme « un drôle de spécimen », sans qu'à aucun moment le narrateur d'Orwell formule la moindre réserve sur la brutalité injustifiable de l'épisode de viol rapporté[2]), le biais genré manifeste dans la démarche de celui qui devait par la suite se présenter comme le champion des opprimés et asseoir notamment sur cette première enquête le combat livré en leur nom. Ce qui, aux yeux de Patai, sauve cependant en partie *Dans la dèche à Paris et à Londres* et en fait « le reportage "le plus sympathique" d'Orwell », c'est qu'il y « dévoile ses préjugés sans en faire des étendards[3] », quand, quelques années plus tard, dans *Wigan Pier au bout du chemin*, le pharisaïsme dans lequel il allait verser a déjà pris le dessus.

1. Voir *The Orwell Mystique*, p. 63-69.

2. Voir chap. II, p. 44-49. — Bernard Gensane voit, de son côté, dans le récit de cet épisode, « un pur exercice littéraire » et, dans la mise en scène d'un « narrateur servant d'intercesseur, d'entremetteur », la manifestation de « l'habile trouvaille d'un auteur qui s'assume comme le parfait manipulateur de ses personnages mais qui, dans le même temps, admet que ses créations peuvent à tout moment lui échapper » (*George Orwell : vie et écriture*, Nancy, Presses universitaires de Nancy, 1994, p. 187).

3. *The Orwell Mystique*, p. 69 (je traduis).

RÉCEPTION : ANNÉES 1990

Bernard Gensane, qui consacre de nombreuses pages à *Dans la dèche à Paris et à Londres* dans son étude sur les liens entre vie et écriture chez Orwell, parue au milieu des années 1990, voit quant à lui, dans ce qu'il décrit comme « un essai romancé sous forme de documentaire », le lieu même où Orwell a « posé, et souvent résolu, les problèmes afférents à sa propre technique narrative », notamment dans la mise en œuvre d'un « contrat narratif d'un genre un peu particulier » qui implique que « le récit n'est pas véritablement donné comme tel au lecteur mais offert comme la résultante d'une sorte de marchandage entre un personnage que le lecteur identifie le plus souvent à l'auteur et un protagoniste-narrateur à qui le romancier délègue ses pouvoirs ». D'où la voix délibérément « floue, brouillée[1] » caractéristique de ce premier livre et qui traduit le glissement d'Eric Blair à George Orwell, par le truchement d'un « Orwell » masque et narrateur, qu'il convient de distinguer tant de l'individu historique que de l'écrivain public.

RÉCEPTION CONTEMPORAINE

Tandis que Bernard Gensane fait de *Dans la dèche à Paris et à Londres* un « laboratoire » de l'œuvre, en mettant en exergue le changement d'optique perceptible entre les deux volets du récit[2], qu'on peut lire comme un indicateur de ce qu'Orwell cherche sa voix d'écrivain dans ce premier livre, celui-ci se lit aussi bien comme une

1. Bernard Gensane, *George Orwell : vie et écriture*, respectivement p. 184, 88, 185 et 184.
2. *Ibid.*, p. 14 et 191-196.

leçon d'ethnographie, illustrant la thèse selon laquelle les romanciers seraient « de meilleurs connaisseurs des réalités humaines et sociales que les spécialistes des sciences dites sociales », les premiers se livrant sans réserve et avec bonheur au travail de terrain qui « reste le chemin obligé de [la] profession », quand les seconds se contentent de pratiquer trop souvent une « anthropologie "de cabinet[1]" ». En France, cependant, ce premier récit, dans sa dimension ethnographique notamment, reste encore négligé[2]. Il faut remonter à 2009 pour en trouver une évocation en périodique, dans un article signé de l'écrivain François Taillandier, qui en souligne la dimension testimoniale, la parenté avec les œuvres de Zola, de London et des romanciers populistes, ainsi que le « souci [...] de la dignité de chacun » qui le caractérise[3].

Ce premier récit autobiographique est cependant érigé désormais en modèle du journalisme d'immersion. Florence Aubenas, à l'instar d'autres praticiens de ce type d'enquête, ne cache pas son admiration pour ce pan de l'œuvre d'Orwell : « Ce que j'admire dans l'expérience d'Orwell, ce qui me la rend plus précieuse qu'une autre, c'est qu'il a toujours dit qu'on ne met pas à distance les problèmes de classe, qu'on "ne fraternise pas avec les clochards". [...] Orwell place le regard au cœur de l'expérience et non pas le ressenti, qui est un faux ami. Et c'est selon moi le propre du journalisme[4]. »

1. *Terrains d'écrivains : littérature et ethnographie*, éd. Alban Bensa et François Pouillon, Toulouse, Anacharsis, 2012, respectivement p. 15, 32, 10 et 13. Le livre d'Orwell n'est pas évoqué dans cet ouvrage collectif, et pour cause, puisque les auteurs se sont donné pour règle de se limiter à des écrivains alors « parus dans la Pléiade ».

2. Il n'est pour ainsi dire jamais évoqué dans les dossiers consacrés à Orwell qui ont paru dans les magazines littéraires français en 2020-2021, lors de l'entrée de l'auteur dans le domaine public.

3. François Taillandier, « Chroniques du caniveau », *Le Magazine littéraire*, n° 492, décembre 2009, p. 68-69.

4. Florence Aubenas, « La leçon de journalisme d'Orwell » (entretien avec Valérie Toranian), *Revue des Deux Mondes*, décembre 2020-janvier 2021, p. 39.

Selon le romancier et essayiste Sébastien Lapaque, outre les traductions déficientes de ses premiers livres et « l'aversion idéologique » d'une partie de la gauche, ce serait le « côté populaire et bricoleur » d'Orwell qui expliquerait le mépris dans lequel sa prose a longtemps été tenue[1]. En dépit de ces critiques, l'entreprise littéraire inaugurale d'Orwell présente les vertus propres à toute authentique fabrique de la pensée et illustre cet « art de la bricole intellectuelle[2] » qui caractérise l'écrivain.

1. Sébastien Lapaque, « Faire de l'écriture politique un art véritable », *Revue des Deux Mondes*, décembre 2020-janvier 2021, p. 15-19. Selon Lapaque, « ses premiers livres ont paru en France dans des versions tronquées, avec des titres fantaisistes », tandis que la publication par les Éditions Ivréa, entre 1995 et 2001, des quatre volumes des *Essais, articles, lettres* n'a pas reçu l'accueil critique qu'elle méritait (*ibid.*, p. 19).

2. Philippe Jaworski, « Préface », dans George Orwell, *Œuvres*, Gallimard, Bibliothèque de la Pléiade, p. XVI.

NOTES

Page 35.

1. *Ô mal détestable, vie de pauvreté !* : épigraphe empruntée au vers 99 du Prologue du « Conte du Juriste » apparaissant dans *Les Contes de Canterbury* (v. 1387-1400) de Geoffrey Chaucer. Nous en proposons ici la traduction d'André Crépin. Selon ce dernier, ce Prologue est inspiré du *De miseria condicionis humane* (XIIe s.), traité d'Innocent III que Chaucer venait de traduire ou était en train de traduire. En voici les premiers vers : « Ô mal détestable, vie de pauvreté, / Proie de la soif, du froid, et de la faim. / Demander secours t'emplit l'âme de honte / Mais si tu t'y refuses, la détresse te navre / Et dénude alors tes blessures cachées. / Tu as beau faire, l'indigence te force / À voler, mendier, emprunter ton pain » (*Les Contes de Canterbury*, Folio classique, p. 152).

Page 37.

1. La *rue du Coq-d'Or* n'existe pas à Paris. Au printemps de 1928, Orwell a résidé dans le quartier Mouffetard (V[e] arrondissement), dans un hôtel situé 6, rue du Pot-de-Fer.

Page 43.

1. *Les Fraises et les Framboises* : chanson paillarde des années 1920 (paroles : Robert Engel et Serge Goron ;

musique : Yves Puech). Elle sera de nouveau mentionnée au chapitre XVII (voir p. 144).

Page 44.

1. Orwell cite ici deux vers de la strophe LXXXVI du chant III du *Don Juan* (1819-1824) de Lord Byron — « *Fill high the bowl with Samian wine ! / We will not think of themes like these !* » —, que Charlie prononce avec un accent français. Laurent Bury et Marc Porée en proposent la traduction suivante : « Versez donc le vin de Samos ! / C'est au vin que nous penserons » (*Don Juan*, Folio classique, p. 221).

Page 51.

1. Orwell aurait raconté à son amie Mabel Fierz une tout autre version de ce vol : une prostituée rencontrée dans un bar parisien et qu'il avait fréquentée pendant quelque temps l'avait un beau jour dépouillé de toutes ses possessions, argent compris. Bernard Crick indique que l'écrivain aurait pu choisir la version qui apparaît dans son livre afin de ne pas embarrasser sa famille (voir *George Orwell : A Life*, Londres, Penguin Books, 1982, p. 198).

Page 54.

1. *Le* jeune squelette *du poème de Baudelaire* : allusion au vers 12 de l'un des quatre poèmes intitulés « Spleen » inclus dans la section « Spleen et idéal » des *Fleurs du mal* (1857) de Baudelaire : « Pour tirer un souris de ce jeune squelette ».

Page 63.

1. Dans l'exemplaire de son amie Brenda Salkeld, Orwell indique en marge de cette référence au « bouillon Zip » qu'il a préféré ce nom à celui du bouillon Kub, par peur d'une poursuite pour diffamation (voir *Orwell and the Dispossessed*, Londres, Penguin Books, 2001, p. 60).

Page 71.

1. *Petit bleu* : télégramme, ou pneumatique.

Page 75.

1. Sur la question de l'antisémitisme, voir la Préface, p. 27-29.

Page 77.

1. Pendant le siège de Paris (1870), les habitants de la capitale encerclée par les Prussiens meurent de faim. Si les poissons de la Seine sont devenus « rusés », c'est sans doute pour échapper aux pêcheurs cherchant à se nourrir par tous les moyens. Pendant cette période, les Parisiens ont mangé du rat, du chat, du chien, du cheval, et même les animaux de la ménagerie du Jardin des Plantes ont été dévorés.

2. *The Memoirs of Sherlock Holmes* : ce recueil d'Arthur Conan Doyle (1859-1930) contenant onze enquêtes du célèbre détective a paru en 1893 au Royaume-Uni. Orwell évoquera notamment l'œuvre de Conan Doyle dans un article paru le 17 novembre 1943, dans une traduction française, dans la revue *Fontaine*, sous le titre « Grandeur et décadence du roman policier anglais » (voir *Seeing Things as They Are : Selected Journalism and Other Writings*, éd. Peter Davison, Londres, Penguin Books, 2016, p. 236-241, pour la version anglaise).

Page 90.

1. *Petit père* et *petite colombe* : en russe, on emploie fréquemment ce type de diminutifs pour exprimer toute une palette de sentiments, comme la tendresse, l'attachement, la familiarité ou la compassion.

Page 93.

1. *Hôtel X, près de la place de la Concorde* : il pourrait s'agir de l'Hôtel Lotti, toujours situé au numéro 7 de la rue de Castiglione, à proximité de la place Vendôme, et non loin de celle de la Concorde.

Page 96.

1. *En casserole* : c'est-à-dire cuit à la cocotte.

Page 102.

1. *Benvenuto Cellini* (1500-1571) est surtout célèbre en tant qu'orfèvre et sculpteur, mais la comparaison singulière avec le serveur italien est peut-être une allusion à sa vie d'aventurier, relatée dans ses Mémoires : *Vie de Benvenuto Cellini, orfèvre et sculpteur florentin, écrite par lui-même.*

Page 106.

1. Orwell évoque l'ouverture d'un hymne missionnaire intitulé *From Greenland's Icy Mountains*, dont les paroles ont été écrites en 1819 par le prêtre anglican et poète anglais Reginald Heber (1783-1826), et qui fut mis en musique en 1823 par le compositeur américain Lowell Mason (1792-1872), figure de proue de la musique religieuse.

Page 113.

1. Eton College est une *public school* (établissement d'enseignement secondaire privé) située dans le Berkshire, près de Windsor, et fréquentée par l'élite. George Orwell est un ancien élève d'Eton.

Page 120.

1. Sur la question de l'antisémitisme et de la xénophobie, voir la Préface, p. 27-29.

Page 123.

1. Orwell fait allusion, de façon approximative, au monologue d'Hamlet qui conclut l'acte II de la tragédie de Shakespeare : « *This is most brave, / That I, the son of a dear murthered, / Prompted to my revenge by heaven and hell, / Must like a whore unpack my heart with words, / And fall a-cursing like a very drab, / A stallion !* » On trouve dans le texte original, selon les éditions, « *stallion* » (« prostitué ») ou « *scullion* » (« souillon »). Dans sa

traduction, Jean-Michel Déprats, tout en s'appuyant sur le second *in-quarto*, où figure « *stallion* », retient l'image de la souillon, plus cohérente dans le voisinage de celle de la « grue » (*drab*) : « Et qu'il est admirable / Que moi, le fils d'un très cher père assassiné, / Porté à me venger par le ciel et la terre, / Telle une putain je déballe mon cœur avec des mots, / Et m'abîme à jurer comme une vraie grue, / Une souillon ! » (*La Tragique Histoire d'Hamlet, prince de Danemark*, acte II, sc. II, v. 509-514 ; Folio théâtre, p. 163).

Page 132.

1. Céréales de petit déjeuner, les *Grape-Nuts* furent lancées à la fin du XIXe siècle par C. W. Post, un concurrent du docteur John Harvey Kellogg, et devinrent populaires aux États-Unis au XXe siècle.

Page 133.

1. La *rue Sainte-Éloïse* est une invention d'Orwell.

Page 140.

1. *La Case de l'oncle Tom Uncle* : *Tom's Cabin; or, Life Among the Lowly* (1852, traduction en français la même année), roman anti-esclavagiste de l'Américaine Harriet Beecher Stowe.

Page 141.

1. Aucune rue de Paris n'a été baptisée en l'honneur de l'abbé *Sieyès* (1748-1836), renommé pour ses essais et son action politique pendant la Révolution française.

Page 147.

1. *Le grondement du premier train esseulé...* : à l'époque où se situe ce récit, l'Arpajonnais, un petit train à vapeur, traversait la capitale en empruntant les rails du tramway pour approvisionner les Halles en produits frais, toutes les nuits entre 1 heure et 4 heures du matin. Il descendait notamment le boulevard Saint-Michel. Apparu à la fin du

XIXe siècle, il disparaît à la fin des années 1930, remplacé par des camions.

Page 174.

1. *Bahinchut* : l'origine et le sens de cette insulte se trouvent expliqués par Orwell lui-même dans une lettre en français (à la correction parfois approximative), datée du 9 octobre 1934, qu'il envoie à son premier traducteur, René-Noël Raimbault : « *Bahinchut* est un mot d'hindustani qu'on ne doit jamais employer à un Hindou, mais qu'on emploie, malheureusement, assez souvent. Il est un peu difficile à traduire. *Bahin* veut dire "sœur" et *chut* veut dire l'organe sexuel. En disant *bahinchut* à un homme, vous voulez dire "Je suis bien familier des organes sexuels de votre sœur" — c'est-à-dire, j'ai couché avec elle. On pourrait donc peut-être traduire *bahinchut* comme "beau-frère". Les soldats anglais ont remporté ce mot des Indes dans la forme *barnshoot*, ce qu'on a accepté en Angleterre comme un mot assez innocent » (George Orwell, *Correspondance avec son traducteur René-Noël Raimbault*, Éditions Jean-Michel Place, 2006, p. 24). Cette insulte sera employée de nouveau au chapitre XXXII (voir p. 248).

Page 176.

1. *L'esclave [...] doit travailler ou dormir* : cette formule, fréquemment attribuée à Caton l'Ancien, se trouve en réalité au chapitre XLIII de la « Vie de Caton le Censeur » par Plutarque : « [Caton] avait toujours grand nombre de serfs qu'il achetait petits et jeunes [...] parce qu'ils [...] en étaient plus faciles à dompter, ni plus ni moins que de petits poulains ou de jeunes chiens. [...] Si on leur demandait que faisait Caton, ils ne répondaient sinon : Je ne sais; et fallait, quand ils étaient en la maison, qu'ils fissent quelque chose de nécessaire, ou qu'ils dormissent; car il aimait fort ceux qui dormaient volontiers, estimant que les serfs qui aimaient à dormir étaient plus maniables » (trad. par Jacques Amyot; *Les Vies des hommes illustres*, Bibl. de la Pléiade, t. I, p. 782-783).

Page 177.

1. Sur la question du racisme et de la xénophobie, voir la Préface, p. 27-29.

Page 178.

1. Orwell cite une formule du roi Lear apparaissant dans la tragédie de Shakespeare, que nous donnons ici dans la traduction de Jean-Michel Déprats (voir *La Tragédie du roi Lear*, acte IV, scène V, Folio théâtre, p. 179).

2. Orwell fait référence au *Testament Villon*, strophe XXX, v. 235-236 : « Les autres mendient tous nuz / Et pain ne voient qu'aux fenestres » (François Villon, *Œuvres complètes*, Folio classique, p. 103).

Page 180.

1. *Daniel Dancer* (1716-1794) : avare anglais célèbre, dont l'existence est évoquée dans des périodiques et ouvrages parus après sa mort, ainsi que dans le chapitre VI du livre III de *Our Mutual Friend* (1865) de Charles Dickens (*L'Ami commun*, trad. Lucien Carrive et Sylvère Monod, Folio classique, p. 706-708).

Page 189.

1. *Élixir parégorique* : « préparation à base d'opium, utilisée pour soigner les coliques et les douleurs intestinales » (*Trésor de la Langue Française*).

Page 194.

1. *Des parties de Napoléon* : « *games of nap* » dans l'original. Né en Angleterre dans le dernier tiers du XIXe siècle, ce jeu de cartes apparenté à l'euchre a été baptisé en l'honneur de Napoléon III.

Page 195.

1. Le narrateur arpente les quartiers pauvres de l'est de la capitale britannique, qui incluent Whitechapel et Spitalfields, au nord de la Tour de Londres, ainsi que Wapping, Limehouse et Poplar, proches des docks. (C'est à Poplar que se situe la pension de Pennyfields.)

Page 200.

1. *Oxo* : cube de bouillon de bœuf déshydraté créé en 1899.

2. Orwell utilise le mot *spike*, qui fait partie du sociolecte des bas-fonds londoniens du début du XXe siècle et désigne, comme il l'indique entre crochets, un « asile de nuit » (*casual ward*). La seule expression argotique française équivalente qui soit contemporaine de la publication, « la petite lampe bleue », renvoie à un contexte trop spécifiquement français pour être utilisée. Nous avons choisi de traduire *spike* partout dans le texte par « asile ». Le mot *spike*, qui désigne ordinairement une pointe ou un clou, renvoie, dans l'argot britannique de l'époque, à des lieux d'hébergement temporaire destinés aux sans-abri et situés dans les « asiles de pauvres » (*workhouses*), qui accueillent, eux, sur la durée, des indigents assistés (*paupers*). Diverses origines sont attribuées à ce terme : il pourrait renvoyer à la pointe utilisée pour séparer la filasse (travail fréquemment confié aux indigents qui y étaient accueillis), à la pointe métallique sur laquelle les portiers de certains asiles enfonçaient les tickets d'admission, ou encore à l'inconfort des lits qui donnaient l'impression d'être hérissés de pointes. Orwell avait intitulé « The Spike » un essai publié dans le périodique *The Adelphi* en avril 1931, qui relatait une nuit passée dans un asile de nuit près de Londres, et qu'il avait soumis pour publication dès août 1929 alors qu'il se trouvait à Paris.

Page 218.

1. *Vagrancy Act* : cette loi de 1824 visait à punir strictement le vagabondage et la mendicité, tandis que le nombre de sans-abri et de pauvres avait augmenté avec la démobilisation des soldats de l'armée britannique au lendemain des guerres napoléoniennes et l'afflux de migrants venus d'Irlande et d'Écosse pour chercher du travail en Angleterre. Elle a connu plusieurs amendements au fil du temps, mais reste en vigueur en Angleterre et au pays de Galles.

Page 219.

1. Les *Rowton Houses* étaient des pensions pour travailleurs célibataires qu'avait créées le philanthrope Lord Rowton (1838-1903), secrétaire particulier de Benjamin Disraeli de 1866 à 1881.

Page 220.

1. L'évangéliste William *Booth* (1829-1912) avait fondé l'Armée du Salut en 1878. À ne pas confondre avec Charles Booth (1840-1916), réformateur britannique resté célèbre pour *Life and Labour of the People in London*, une vaste enquête sociale sur la population de Londres, dont les dix-sept volumes furent publiés de 1889 à 1903.

Page 221.

1. Orwell a consacré à ces pensions à dortoirs (*common lodging houses*) un article paru dans le *New Statesman and Nation* le 5 septembre 1932 (voir *Seeing Things as They Are*, p. 25-28).

Page 225.

1. L'*Eton Boating Song* est chantée depuis 1863 par les élèves de la *public school* (voir n. 1, p. 58) lors des grandes occasions, notamment lors des courses d'aviron sur la Tamise. Les paroles sont de William Johnson Cory (1823-1892) et la musique d'Algernon H. Drummond (1844-1932).

Page 226.

1. *Le temps n'aura pas de prise sur nous* : « *Youth will be still in our faces* » ; il s'agit encore d'une citation de l'*Eton Boating Song* (voir la note précédente).

Page 236.

1. Dans sa lettre en français du 9 octobre 1934 à son premier traducteur, René-Noël Raimbault, Orwell explique : « En hindustani il y a deux mots pour "vous" — *ap* et *tum*. *Ap* est le mot le plus respectueux. *Tum* ne s'emploie qu'entre des amis intimes, ou d'un supérieur à

un inférieur. Dire *tum* est à peu près la même chose que de tutoyer. Un Anglais aux Indes serait donc très fâché si un Hindou l'adressait comme *tum* » (*Correspondance avec son traducteur René-Noël Raimbault*, p. 24).

Page 237.

1. *Alsatia* : ancien quartier de Londres aux limites correspondant à celles du quartier de Whitefriars, surnommé Alsatia (Alsace) en référence à la province que se disputaient la France et le Saint Empire romain germanique. Autorisé à partir de 1580 à ne plus dépendre de la juridiction de la City, il était devenu une enclave d'immunité où trouvaient refuge des criminels de toutes sortes, ses privilèges n'ayant été abolis qu'en 1697.

Page 245.

1. *Le vieil accent londonien que décrivaient Dickens et Surtees* : Orwell fait sans doute allusion à l'accent cockney du personnage le plus connu du romancier Robert Smith Surtees (1805-1864), Jorrocks.

2. Ce n'est pas dans *Vareuse-Blanche* (1850) que l'idiolecte de l'East End londonien est mentionné, mais dans *Redburn* (1849). Au chapitre XVIII de ce roman, on apprend que le matelot Jack Blunt est « un "Cockney irlandais" ».

Page 251.

1. Orwell reprend les termes d'une réplique d'Othello (« *Most potent, grave, and reverend Signiors* ») que nous donnons ici dans la traduction de Jean-Michel Déprats. Voir Shakespeare, *Othello ou le Maure de Venise*, acte I, sc. III, v. 66 ; Folio théâtre, p. 114.

Page 261.

1. Patrick McGregor († 1636), dit *Gilderoy* ou Gilroy, était un bandit écossais dont les aventures ont alimenté divers récits plus ou moins romancés, ballades et chansons.

Page 262.

1. *La loi de la première morsure* : dans sa lettre en français du 9 octobre 1934 à son premier traducteur, René-Noël Raimbault, Orwell explique : « Selon la loi anglaise, si un chien a mordu deux hommes, son maître est obligé de le tuer. La première fois le chien est pardonné. D'où vient l'expression *one bite law* » (*Correspondance avec son traducteur René-Noël Raimbault*, p. 25).

2. *Corn Laws* : législation protectionniste destinée à protéger la production de blé britannique de la concurrence par le biais de fortes taxes douanières ou de l'interdiction des importations, que le Parlement britannique adopte entre 1773 et 1815 — le texte de 1815 étant le plus souvent celui que désigne l'appellation « Corn Laws ». Le débat sur les Corn Laws et leur abrogation, qui agite l'Angleterre du XIXe siècle, oppose notamment les milieux manufacturiers aux milieux agrariens, la bourgeoisie urbaine à l'aristocratie foncière, tandis qu'il cristallise le clivage entre partisans du libre-échange et protectionnistes.

Page 264.

1. *Bullshit* : « foutaises ».

Page 270.

1. Arthur J. *Raffles* est un personnage de gentleman-cambrioleur qui apparaît dans un cycle créé en 1898 par Ernest William Hornung (1866-1921), beau-frère de Conan Doyle. Il sera repris, dans les années 1930, dans des nouvelles et romans de Philip Atkey (1908-1985) publiés sous le pseudonyme de Barry Perowne. L'Arsène Lupin de Maurice Leblanc s'en inspire en partie. Orwell lui consacrera un article intitulé « Raffles and Miss Blandish », publié d'abord en octobre 1944 dans le magazine littéraire anglais *Horizon*, puis en novembre 1944 dans la revue américaine *Politics* (voir *Essays*, Londres, Penguin Books, 2000, p. 257-268).

Page 277.

1. Le concept de *mendiants valides* (*sturdy beggars*) est apparu au XVIe siècle dans la législation anglaise et désignait une personne apte au travail mais choisissant le vagabondage ou la mendicité.

2. Dans un récit autobiographique intitulé *Le Trimard* (*The Road*, 1907), Jack London relate son périple de l'année 1894, aux côtés de vagabonds et de chômeurs, qui le conduit d'une côte à l'autre des États-Unis. (Voir *Romans, récits et nouvelles*, Bibl. de la Pléiade, t. II, p. 1-189.)

DOSSIER

COLLECTION
FOLIO CLASSIQUE

Éditions révisées

1151 E.T.A. Hoffmann : *Le Magnétiseur et autres contes*. Traduction de l'allemand d'Olivier Bournac, Henri Egmont, André Espiau de La Maëstre, Alzir Hella et Madeleine Laval. Édition d'Albert Béguin. Préface de Claude Roy.

1024 Honoré de Balzac : *La Vieille Fille*. Édition de Robert Kopp. Nouvelle mise en page.

1437 Émile Zola : *L'Œuvre*. Édition d'Henri Mitterand. Préface de Bruno Foucart. Nouvelle mise en page.

2658 Marcel Proust : *Le Côté de Guermantes*. Édition de Thierry Laget et Brian G. Rogers. Nouvelle mise en page.

693 Jean de La Bruyère : *Les Caractères*. Nouvelle préface de Pascal Quignard. Édition d'Antoine Adam.

728 François de La Rochefoucauld : *Maximes et Réflexions diverses*. Édition de Jean Lafond.

1356 Sébastien-Roch-Nicolas Chamfort : *Maximes et pensées*. Caractères et anecdotes. Préface d'Albert Camus. Édition de Geneviève Renaux.

2736 Émile Zola : *Lourdes*. Édition de Jacques Noiray.

3296 Émile Zola : *Rome*. Édition de Jacques Noiray.

3735 Émile Zola : *Paris*. Édition de Jacques Noiray.

3319 Charles Baudelaire : *Les Fleurs du mal*. Édition collector illustrée. Photographies de Mathieu Trautmann.

3512 Gustave Flaubert : *Madame Bovary*. Édition collector. Préface d'Elena Ferrante.

2599 Hans Christian Andersen. *La Petite Sirène et autres contes*. Édition et traduction de Régis Boyer.

2047 MARCEL PROUST : *Sodome et Gomorrhe*. Édition révisée et augmentée par Antoine Compagnon. Nouvelle mise en page.

380 HONORÉ DE BALZAC : *Le Cousin Pons*. Nouvelle édition annotée par Isabelle Mimouni. Nouvelle préface d'Adrien Goetz. Postface d'André Lorant.

2089 MARCEL PROUST : *La Prisonnière*. Édition de Pierre-Edmond Robert. Nouvelle mise en page.

2139 MARCEL PROUST : *Albertine disparue*. Édition d'Anne Chevalier révisée par Pierre-Edmond Robert. Nouvelle mise en page.

2203 MARCEL PROUST : *Le Temps retrouvé*. Préface de Pierre-Louis Rey. Édition de Pierre-Edmond Robert. Notes de Jacques Robichez, avec la collaboration de Pierre-Edmond Robert et Brian G. Rogers. Nouvelle mise en page.

2358 VOLTAIRE : *Romans et contes*, tome II. Édition de Frédéric Deloffre et Jacques Van den Heuvel. Postface de Roland Barthes.

5274 JULES VERNE : *Voyage au centre de la terre*. Édition de William Butcher. Illustrations de Riou.

5879 EDGAR ALLAN POE : *Le Scarabée d'or*. Traduction de l'anglais et préface de Charles Baudelaire. Édition de Jean-Pierre Naugrette.

6249 VICTOR HUGO : *Bug-Jargal*. Édition de Roger Borderie.

1536 OCTAVE MIRBEAU : *Le Journal d'une femme de chambre*. Édition de Noël Arnaud, révisée par Michel Delon.

3302 ÉMILE ZOLA : *La Curée*. Édition d'Henri Mitterand. Préface de Jean Borie.

2070 ÉMILE ZOLA : *Une page d'amour*. Édition d'Henri Mitterand.

3218 ÉMILE ZOLA : *Au Bonheur des Dames*. Édition d'Henri Mitterand. Préface de Jeanne Gaillard.

3128 FÉDOR DOSTOÏEVSKI : *L'Adolescent*. Traduction du russe par Pierre Pascal. Préface de Georges Nivat.

Dernières parutions

6419 Honoré de Balzac : *La Femme abandonnée*. Édition de Madeleine Ambrière-Fargeaud.

6420 Jules Barbey d'Aurevilly : *Le Rideau cramoisi*. Édition de Jacques Petit.

6421 Charles Baudelaire : *La Fanfarlo*. Édition de Claude Pichois.

6422 Pierre Loti : *Les Désenchantées*. Édition de Sophie Basch. Illustrations de Manuel Orazi.

6423 Stendhal : *Mina de Vanghel*. Édition de Philippe Berthier.

6424 Virginia Woolf : *Rêves de femmes. Six nouvelles*. Précédé de l'essai de Woolf « Les femmes et le roman » traduit par Catherine Bernard. Traduction de l'anglais et édition de Michèle Rivoire.

6425 Charles Dickens : *Bleak House*. Traduction de l'anglais et édition de Sylvère Monod. Préface d'Aurélien Bellanger.

6439 Marcel Proust : *Un amour de Swann*. Édition de Jean-Yves Tadié.

6440 Stefan Zweig : *Lettre d'une inconnue*. Traduction de l'allemand de Mathilde Lefebvre. Édition de Jean-Pierre Lefebvre.

6472 Jaroslav Hašek : *Les Aventures du brave soldat Švejk pendant la Grande Guerre*. Traduction du tchèque de Benoît Meunier. Édition de Jean Boutan.

6510 Virginia Woolf : *Orlando*. Traduction de l'anglais et édition de Jacques Aubert.

6533 Anthony Trollope : *Le Directeur*. Traduction de l'anglais de Richard Crevier, révisée par Isabelle Gadoin. Édition d'Isabelle Gadoin.

6547 René Descartes : *Correspondance avec Élisabeth de Bohême et Christine de Suède*. Édition de Jean-Robert Armogathe.

6556 Denis Diderot : *Histoire de Mme de La Pommeraye* précédé de *Sur les femmes*. Édition d'Yvon Belaval.

6584 MIKHAÏL BOULGAKOV : *Le Maître et Marguerite*. Traduction du russe et édition de Françoise Flamant.

6585 GEORGES BERNANOS : *Sous le soleil de Satan*. Édition de Pierre Gille. Préface de Michel Crépu.

6586 STEFAN ZWEIG : *Nouvelle du jeu d'échecs*. Traduction de l'allemand de Bernard Lortholary. Édition de Jean-Pierre Lefebvre.

6587 FÉDOR DOSTOÏEVSKI : *Le Joueur*. Traduction du russe de Sylvie Luneau. Préface de Dominique Fernandez.

6588 ALEXANDRE POUCHKINE : *La Dame de Pique*. Traduction du russe d'André Gide et Jacques Schiffrin. Édition de Gustave Aucouturier.

6589 EDGAR ALLAN POE : *Le Joueur d'échecs de Maelzel*. Traduction de l'anglais de Charles Baudelaire. Chronologie et notes de Germaine Landré.

6590 JULES BARBEY D'AUREVILLY : *Le Dessous de cartes d'une partie de whist*. Suivi d'une petite anthologie du jeu de whist dans la littérature. Édition de Jacques Petit. Préface de Johan Huizinga.

6604 EDGAR ALLAN POE : *Eureka*. Traduction de l'anglais de Charles Baudelaire. Édition de Jean-Pierre Bertrand et Michel Delville.

6616 HONORÉ DE BALZAC : *Gobseck et autres récits d'argent* (*Gobseck, L'Illustre Gaudissart, Gaudissart II, Un homme d'affaires, Le Député d'Arcis*). Édition d'Alexandre Péraud.

6636 *Voyageurs de la Renaissance. Léon l'Africain, Christophe Colomb, Jean de Léry et les autres*. Édition de Grégoire Holtz, Jean-Claude Laborie et Frank Lestringant, publiée sous la direction de Frank Lestringant.

6637 FRANÇOIS-RENÉ DE CHATEAUBRIAND : *Voyage en Amérique*. Édition de Sébastien Baudoin.

6654 ANTOINE HAMILTON : *Mémoires du comte de Gramont*. Édition de Michel Delon.

6668 ALEXANDRE DUMAS : *Les Quarante-Cinq*. Édition de Marie Palewska.

6696 ÉSOPE : *Fables*, précédées de la *Vie d'Ésope*. Traduction du grec ancien de Julien Bardot. Édition d'Antoine Biscéré.

6697 JACK LONDON : *L'Appel de la forêt*. Traduction de l'anglais, postface et notes de Marc Amfreville et Antoine Cazé. Préface de Philippe Jaworski.

6729 *Scènes de lecture. De saint Augustin à Proust*. Textes choisis et présentés par Aude Volpilhac.

6747 JULES VERNE : *Cinq semaines en ballon*. Édition de William Butcher. Illustrations de Montaut et Riou.

6748 HENRY JAMES : *La Princesse Casamassima*. Traduction de François-René Daillie, révisée par Annick Duperray. Édition d'Annick Duperray.

6764 VIRGINIA WOOLF : *Un lieu à soi*. Traduction de l'anglais et préface de Marie Darrieussecq. Édition de Christine Reynier.

6780 COLLECTIF : *Notre-Dame des écrivains. Raconter et rêver la cathédrale du Moyen Âge à demain*. Préface de Michel Crépu.

6795 FAMILLE BRONTË : *Lettres choisies*. Préface de Laura El Makki. Traduction de l'anglais et édition de Constance Lacroix.

6797 GUY DE MAUPASSANT : *Les Dimanches d'un bourgeois de Paris et autres nouvelles*. Édition de Catherine Botterel.

6817 GEORGE ELIOT : *Felix Holt, le radical*. Préface de Mona Ozouf. Traduction inédite de l'anglais et édition d'Alain Jumeau.

6818 GOETHE : *Les Années de voyage de Wilhelm Meister*. Traduction de l'allemand de Blaise Briod, revue et complétée par Marc de Launay. Édition de Marc de Launay.

6820 MIGUEL DE UNAMUNO : *Contes*. Traduction de l'espagnol de Raymond Lantier, revue par Albert Bensoussan. Édition d'Albert Bensoussan.

6831 ALEXANDRE DUMAS : *Le Comte de Monte Cristo*. Édition de Gilbert Sigaux. Préface de Jean-Yves Tadié. Nouvelle édition en un volume, série « XL ».

6832 FRANÇOIS VILLON : *Œuvres complètes*. Traduction de l'ancien français et édition de Jacqueline Cerquiglini-Toulet. Édition bilingue.

6855 ALEXANDRE DUMAS : *Les Compagnons de Jéhu*. Édition d'Anne-Marie Callet-Bianco.

6864 COLLECTIF : *Anthologie de la littérature grecque. De Troie à Byzance. VIIIe siècle avant J.-C. - XVe siècle après J.-C.* Traduction nouvelle du grec ancien d'Emmanuèle Blanc. Édition de Laurence Plazenet.

6866 AUGUSTE DE VILLIERS DE L'ISLE-ADAM : *Histoires insolites*. Édition de Jacques Noiray.

6891 GEORGE ORWELL : *Mil neuf cent quatre-vingt-quatre*. Édition et traduction nouvelle de l'anglais de Philippe Jaworski.

6892 JACQUES CASANOVA : *Histoire de ma vie*. Édition de Michel Delon.

6920 COLLECTIF : *La Commune des écrivains. Paris, 1871 : vivre et écrire l'insurrection*. Textes choisis et présentés par Alice de Charentenay et Jordi Brahamcha-Marin.

6932 MARCEL PROUST : *Le Mystérieux Correspondant et autres nouvelles retrouvées*. Édition de Luc Fraisse.

6947 JEAN DE LA FONTAINE : *Les Amours de Psyché et de Cupidon* précédé d'*Adonis* et du *Songe de Vaux*. Édition de Céline Bohnert, Patrick Dandrey et Boris Donné.

6959 JAMES FENIMORE COOPER : *Le Corsaire Rouge*. Traduction de l'anglais de Defauconpret. Édition et traduction révisée par Philippe Jaworski.

6969 MAURICE LEBLANC : *Arsène Lupin, gentleman-cambrioleur*. Édition d'Adrien Goetz.

6981 MAURICE LEBLANC : *Arsène Lupin contre Herlock Sholmès*. Édition d'Adrien Goetz.

6982 GEORGE ORWELL : *La Ferme des animaux*. Traduction de l'anglais de Jean Queval. Édition de Philippe Jaworski. Préface d'Hervé Le Tellier.

7001 COLLECTIF : *Contes du Chat noir*. Choix et édition de Marine Degli. Édition illustrée.

7002 EDMOND et JULES DE GONCOURT : *Journal*. Choix et édition de Jean-Louis Cabanès.

7028 HENRY CÉARD : *Une belle journée*. Édition de Thierry Poyet.

7042 FRANÇOISE DE GRAFFIGNY : *Lettres d'une Péruvienne*. Édition de Martine Reid.

7056 LAURENCE STERNE : *Voyage sentimental en France et en Italie*. Traduction de l'anglais d'Alfred Hédouin. Édition et traduction révisée par Alexis Tadié.

7090 H. G. WELLS : *L'Homme invisible*. Édition et traduction de Philippe Jaworski. Préface d'Hervé Le Tellier.

7102 CHARLES DICKENS : *L'Ami commun*. Traduction de l'anglais de Lucien Carrive et Sylvère Monod. Annotation de Lucien Carrive. Préface de Philippe Roger.

7126 COLLECTIF : *Proust-Monde. Quand les écrivains étrangers lisent Proust*. Choix des textes et édition de Blanche Cerquiglini, Antoine Ginésy, Étienne Sauthier, Guillaume Lefer et Nicolas Bailly.

7127 VICTOR HUGO : *Carnets d'amour à Juliette Drouet*. Édition de Danièle Gasiglia-Laster, Jean-Marc Hovasse, Arnaud Laster, Charles Méla et Florence Naugrette.

7143 SÉNÈQUE : *Tragédies complètes*. Édition et traduction du latin de Blandine Le Callet.

7172 Henry David Thoreau : *Sept jours sur le fleuve*. Édition et traduction de l'anglais de Thierry Gillybœuf. Préface de Sébastien Baudoin.

7173 Honoré de Balzac : *Pierrette*. Édition de Jacques Noiray.

7178 George Eliot : *Silas Marner, le tisserand de Raveloe*. Traduction de l'anglais de Pierre Leyris, révisée par Alain Jumeau. Édition d'Alain Jumeau. Préface de Marie Darrieussecq.

7205 Claire de Duras : *Œuvres romanesques*. Édition de Marie-Bénédicte Diethelm.

7206 Alexandre Dumas : *Les Trois Mousquetaires*, tome I : *D'Artagnan*. Édition de Gilbert Sigaux.

7217 François-René de Chateaubriand : *Atala* suivi de *René*. Édition de Sébastien Baudoin. Préface d'Aurélien Bellanger. Gravures de Gustave Doré.

7218 Victor Hugo : *Le Rhin*. Édition d'Adrien Goetz. Illustrations de Victor Hugo.

7233 Jack London : *Le Loup des mers*. Édition et traduction de l'anglais de Philippe Jaworski.

7248 Gustave Flaubert : *Récits de jeunesse*. Édition de Claudine Gothot-Mersch, révisée par Yvan Leclerc.

7273 Collectif : *Scènes de mort. Mourir en littérature*. Choix des textes et édition de Yann Coillot. Préface de Laurent Mauvignier.

7288 Voltaire : *Dieu et les hommes* précédé d'*Épître à Uranie*. Édition de Nicholas Cronk.

7301 Honoré de Balzac : *Honorine*. Édition de Jacques Noiray.

7302 Alexandre Dumas : *Les Trois Mousquetaires*, tome II : *Milady*. Édition de Gilbert Sigaux.

7319 Rachilde : *Monsieur Vénus* suivi de *Madame Adonis*. Édition de Martine Reid.

7334 Diderot : *Paradoxe sur le comédien*. Édition de Laurence Marie.